Hornstein / Rosenstiel

Ziele vereinbaren – Leistung bewerten

Elisabeth von Hornstein
Lutz von Rosenstiel

Ziele vereinbaren – Leistung bewerten

360 Grad Beurteilung
Feedback-Führerschein
Personalentwicklung

Wirtschaftsverlag Langen Müller / Herbig

© 2000 by Wirtschaftsverlag Langen Müller Herbig in
F. A. Herbig Verlagsbuchhandlung GmbH, München
Alle Rechte vorbehalten
Schutzumschlag: Monika Ihl, München
Illustrationen: Monika Ihl, München
Satz: Fotosatz Völkl, Puchheim
Druck: Jos. C. Huber KG, Dießen
Binden: Thomas Buchbinderei, Augsburg
Printed in Germany
ISBN 3-7844-7375-X

INHALT

8 So treibt man den Mitarbeiter zur Konkurrenz – eine Zusammenschau wichtiger Punkte

In diesem Buch geht es um Führung.

Auch Sie sollen geführt werden, durch eine eigens
für diesen Zweck eingestellte Führungskraft –

durch FELIX

Vorwort der Herausgeber

In der Theorie unbestritten, in der Praxis jedoch selten verwirklicht, ist das Logistik-Prinzip der Ganzheitlichkeit, der integrativen Gesamtschau von Systemen und Problemen. Sie erschöpft sich keineswegs nur in einer Erweiterung der konventionellen Logistikkette zu einer tief in den Beschaffungs- und Absatzmarkt reichenden »Supply chain«, sondern umfaßt auch die Gestaltungsaspekte Mensch und Organisation. Das Wirken von Mitarbeitern und Führungskräften in einem Logistiksystem entscheidet über Erfolg oder Mißerfolg der in die Versorgungs- bzw. Wertschöpfungskette eingebundenen Unternehmen.
Logistik ist keine klassische Funktion im Unternehmen, sie lebt vielmehr vom Zusammenwirken von Betriebswirtschaft, Technik und Informatik. Die vierte Säule, auf der die Logistik als wettbewerbsentscheidender Faktor ruht, ist die Organisationspsychologie, die Lehre vom Erleben und Verhalten des Menschen in Organisationen. Hier sind – nicht nur in der Logistik – wegen einschlägiger Mängel im Bildungssystem häufig Defizite speziell bei Führungskräften festzustellen, was in der Meinung gipfelt, das Standortrisiko Deutschlands läge nicht so sehr in den hohen Lohnnebenkosten als vielmehr in Mängeln der sozialen Kompetenz der Manager.
Es war den Herausgebern seit langem ein Anliegen, im Kontext der Logistik diese Lücke zu schließen. Dass hierfür zwei in ihrem Fach weithin bekannte Organisationspsychologen gewonnen werden konnten, verleiht dem Thema zusätzliches Gewicht, zumal beide Autoren über reiche Praxiserfahrung in der Industrie verfügen. Diese Erfahrung schlägt sich auch in der lebhaften, anschaulichen und didaktisch gekonnten Aufbereitung des Themas nieder, wodurch zweifellos Berührungsängste und Mißtrauensbarrieren von seiten fachlich bisher anders orientierter heutiger oder künftiger Führungskräfte abgebaut werden können. Dieser Band der Reihe »Logistikpraxis« wendet sich an alle, die Ziele vereinbaren und Leistungen bewerten möchten, um zu einem höheren Leistungsniveau zu kommen. Dieser Weg führt über eine Intensivierung der menschlichen Kommunikation zu einem permanenten Fließen von Informationen im Unternehmen und hebt damit die Unternehmenskultur auf eine reifere Stufe. Die Herausgeber und die die Buchreihe wieder großzügig mit ihrer Wissensbasis sponsernde Firma Siemens hoffen, damit einen weiteren praktischen Beitrag zur Sicherung und Entwicklung des Wirtschaftsstandortes Deutschland zu leisten.

Magdeburg und München   Prof. Dr. Ing. habil. Michael Schenk
Im Frühjahr 2000   Prof. Dr. Ing. Siegfried Augustin

VORWORT DER AUTOREN

Es gibt nicht viel – sieht man von Zwang und Gewalt oder schwerer körperlicher Beeinträchtigung einmal ab –, was unser Handeln so intensiv steuert und verändert wie klare Ziele und eindeutige Rückmeldung anderer auf unser Tun. Andererseits haben unangemessen formulierte Ziele und falsches Feedback keine oder gar negative Wirkung. Um diese Themen soll es in diesem Buch gehen, und zwar – zum Verständnis der Grundlagen – ganz allgemein und sodann spezifisch mit Blick auf Führung in Organisationen der Wirtschaft und Verwaltung.

Dieses Buch fühlt sich der angewandten Wissenschaft verpflichtet. Deren Aussagen sollen nicht nur »wahr« und richtig, sondern auch nützlich sein. Zu dieser Nützlichkeit zählt auch die leichte Verständlichkeit für jene, die nicht vom Fach sind, aber Gewinn aus dessen Erkenntnissen ziehen wollen. Um diese Verständlichkeit haben wir uns bemüht. Wir haben davon abgesehen, bei jeder Aussage auf die Fundstelle zu verweisen, und es bei wenigen Literaturhinweisen belassen. Auf Fußnoten haben wir gänzlich verzichtet, um den Lesefluß nicht zu stören.

Eine Comicfigur – wir haben sie Felix genannt – gibt Hinweise auf das, was im Text angestrebt wird. Beispiele konkretisieren grundsätzliche Aussagen. Graphische Darstellungen sollen Zusammenhänge verdeutlichen. Verständlichkeit wird aber auch durch einfache Sätze und den Verzicht auf allzu häufige Wortwiederholung erreicht. Wir haben darum mit ein wenig schlechtem Gewissen darauf verzichtet, jeweils bei der Bezeichnung von Personen die männliche und weibliche Form zu nennen. Es liest sich holprig, wenn stets von Mitarbeitern und Mitarbeiterinnen, Managern und Managerinnen, Lieferanten und Lieferantinnen etc. gesprochen wird. Wir haben uns daher für die männliche Form entschieden und bitten unsere Leserinnen, die wir ebenfalls ansprechen wollen, um Verzeihung. Der Lesbarkeit soll es aber auch dienen, wenn wir Worte wie Training, Schulung oder Führungskräfte, Vorgesetzte oder Organisationen, Betriebe, Unternehmen oder Gruppe, Team etc. mit gleicher Bedeutung verwenden, obwohl spitzfindiges Denken hier Unterschiede entdecken könnte. Es ging uns hier lediglich um Abwechslung bei der sprachlichen Darstellung. Die Begriffe Feedback und Beurteilung werden zwar weitgehend synonym verwendet, an der entsprechenden Stelle jedoch kontextbezogen eingesetzt.

Dieses Buch richtet sich an alle, die beruflich oder privat mit anderen Menschen zu tun haben, also an Eltern, die ihre Kinder erziehen, an Lehrer, die Jugendliche unterrichten, an Freunde, die gemeinsam etwas unternehmen wollen, und somit eigentlich an jede und jeden. Speziell aber sollen Personen angesprochen werden, die sich für menschliches Verhalten in Organisationen aus beruflichen Gründen interessieren, also alle, die eine betriebliche Organisation gestalten, um damit das Verhalten der Organisationsmitglieder zu steuern. Es wendet sich an Vorgesetzte, die für Mitarbeiter Verantwortung übernommen haben, an Trainer, die sich im Rahmen von Schulungen darum bemühen, das Verhalten von Vorgesetzten und ihren Mitarbeitern zu modellieren, an Nachwuchskräfte, die die Leitung von Projektgruppen übernehmen und mit Blick auf die Zukunft eine Führungsposition anstreben, und schließlich an all jene Mitarbeiter einer Organisation, die sich über ihr eigenes Verhalten und das ihrer Vorgesetzten Gedanken machen.

Diese Schrift ist kein Rezeptbuch. Sie verzichtet nicht darauf, etwas zu den Grundlagen menschlichen Erlebens und Verhaltens zu sagen, tut dies aber in einer einfachen, auch für den Nichtpsychologen leicht verständlichen Sprache. Dann aber wird das Grundsätzliche auf die Bedingungen einer Leistungsorganisation bezogen und mit konkreten Beispielen verdeutlicht. Wie wirken Ziele? Was gilt es beim Setzen oder Vereinbaren von Zielen zu beachten? Wie lassen sich Verhaltensweisen von Mitarbeitern beurteilen, und welche Fehler kommen dabei vor? Wie formuliert man Feedback, ohne den anderen dabei zu verletzen? Welche Wege gibt es, um neben der Beurteilung von oben nach unten auch die Aufwärtsbeurteilung, die Gleichgestelltenbeurteilung oder gar die 360 Grad Beurteilung einzuführen? All dies soll vermittelt werden, und wem diese Darstellung zu trocken ist, der darf im letzten Kapitel auf eine paradoxe Intervention hoffen. Aussagen, die zum Widerspruch anregen, haben nicht selten intensive Lernwirkung. Eine Parodie, durchsetzt mit einer Prise von Zynismus – so dachten wir – kann nicht schaden.

Wir hoffen, daß dieses Buch dazu beiträgt, daß Führen erfolgreicher wird, mehr Freude bereitet und das Geführtwerden nicht zu Zwang oder Unterdrückung wird, sondern eine Hilfe, eigene Möglichkeiten kreativ zu nutzen.

München, im Februar 2000

Elisabeth von Hornstein
Lutz von Rosenstiel

EINLEITUNG

Dieses Buch wendet sich an all jene, die zwischen ihrer persönlichen Leistung am Arbeitsplatz und dem Gesamterfolg ihrer Organisationseinheit oder sogar ihres Unternehmens einen Zusammenhang sehen. An all jene, die einen Bezug herstellen zwischen persönlichen Zielen, entsprechender Rückmeldung über deren (Nicht-)Erreichen, daraus abgeleiteten Konsequenzen sowie persönlicher Leistung und Motivation. An all jene, die wissen wollen, warum Kollegen oder Mitarbeiter in ihrem Privatleben erstaunliches organisatorisches Geschick und Ausdauer beweisen, am Arbeitsplatz aber eher Zurückhaltung in der Nutzung ihrer Fähigkeiten zeigen. An all jene, die Vorgehensweisen anderer Organisationen kennenlernen, übertragen und anwenden wollen, um dieses brachliegende Potential zu heben. Schließlich an all jene, die an den Erfolgs- und Mißerfolgsfaktoren interessiert sind, die erfolgreiche von weniger erfolgreichen Organisationen unterscheiden.

Dies ist ein Buch aus der reflektierten Praxis für die Praxis. Hintergründe und Mechanismen über das Erleben und Verhalten von Menschen in Organisationen werden in Form von Beispielen aufgezeigt, in denen diese Hintergründe und Mechanismen an Problemen und Lösungen aus der Praxis gespiegelt und verdeutlicht werden. Durch die branchen- und größenunabhängigen Beispiele wird die Möglichkeit gegeben, eigene Erfahrungen, Ideen und Lösungsansätze mit dem Gelesenen zu verknüpfen und direkt umzusetzen.

Hierzu erfolgt eingangs ein kurzer Abriß über die Entwicklungen der letzten Jahre. Ausgangspunkt ist die veränderte Wettbewerbslandschaft, die zu »neuen« Unternehmensmodellen und Konzepten führte. Darüber hinaus werden die veränderten Anforderungen an Mitarbeiter und Führungskräfte und die daraus resultierenden Konsequenzen für die Personal- und Organisationsentwicklung beschrieben. In diesem Zusammenhang wird aufgezeigt, warum konsequente Ziel- und Beurteilungssysteme aus (betriebs-)wirtschaftlicher Sicht zwingend notwendig sind.

Es werden methodische Aspekte und grundsätzliche Überlegungen anhand der Gestaltung und Umsetzung eines Beurteilungssystems erörtert.

Beschrieben wird hier insbesondere die systematische Einbindung von Mitarbeitern und Vorgesetzten in der Konzeptions- und Umsetzungsphase. Der hier geschilderte Verlauf kann je nach Reifegrad der eigenen Organisation modifiziert werden.

Im Rahmen der Beschreibung einer Konzeption und Umsetzung des 360 Grad Feedbacks werden auch Erfahrungen mit Projektorganisationen reflektiert.

Im letzten Kapitel geht es um die Beantwortung der nicht (ganz) ernst ge-
meinten Frage, wie motivierte und leistungsorientierte Mitarbeiter gezielt zur
Konkurrenz getrieben werden können. Eine aufschlußreiche Zusammenfassung für all jene, die glauben, daß nur Geld und/oder Angst um den Arbeitsplatz Motivation genug sind, um Mitarbeiter zu Spitzenleistungen anzuspornen.

1

WARUM SIND ZIELVEREINBARUNGS- UND BEURTEILUNGSSYSTEME AUS WIRTSCHAFTLICHER SICHT NOTWENDIG?

1.1 Was hat sich in der Unternehmensumwelt und in den Unternehmen geändert?

Unternehmen mußten schon immer auf bedrohliche Ereignisse in der Unternehmensumwelt und auf Mängel im Unternehmen selbst reagieren. Seit einigen Jahren befindet sich die deutsche Industrie jedoch in einem tiefgreifenden Strukturwandel, in dem sich wirtschaftliche, politische und gesellschaftliche Einflüsse überlagern. Dies hat zu einer hohen Komplexität von Problemen geführt, die mit herkömmlichen Problemlösungskonzepten nicht mehr zu bewältigen sind.

»Die Probleme, die es in dieser Welt gibt, können nicht mit den gleichen Denkweisen gelöst werden, die sie erzeugt haben« (Albert Einstein)

1.1.1 Was sind die einschneidendsten Veränderungen der letzten Jahre?

Der Umbruchprozeß, der im letzten Jahrzehnt dess vorigen Jahrtausends eingesetzt hat, bringt für die deutsche Industrie bisher ungewohnte Herausforderungen mit sich. Nicht nur Neuerungen im herkömmlichen Sinn, sondern auch unberechenbare Ereignisse und Turbulenzen, die nicht vorhersehbar oder planbar sind, prägen das Erscheinungsbild von Politik, Gesellschaft, Wirtschaft und damit auch jeder einzelnen Person am Standort Deutschland. Die Menschen müssen sich in einem Netzwerk zunehmend komplexer werdender Abhängigkeiten und Randbedingungen zurechtfinden. Immer weniger greifen kausale »Wenn-dann«-Schlußfolgerungen, immer häufiger sind komplexe Problemstellungen nur noch mit einem »Sowohl-als-auch«-Ansatz zu lösen.

In den folgenden Bereichen sind in den letzten Jahren die größten Veränderungen aufgetreten, denen sich Unternehmen bei der Gestaltung der Arbeitsorganisation stellen müssen (Betzl, 1996):

- technologische Entwicklung,
- Entwicklung einer Dienstleistungsgesellschaft,
- Arbeitsmarkt- und Wertewandel sowie
- Marktanforderungen (Globalisierung).

Am Beispiel der Deregulierung von Post und Bahn werden die veränderten Marktanforderungen besonders deutlich. Nicht nur ehemals staatliche Betriebe wurden gezwungen, wirtschaftlicher zu arbeiten, sondern auch deren Zulieferer. Befanden sich viele Unternehmen bisher in einer »Hoflieferantenposition«, kamen durch die Deregulierung nun mehrere Anbieter hinzu. Der erhöhte Wettbewerbsdruck, verstärkt durch Anbieter aus Billiglohnländern und den asiatischen Regionen, veränderte die statische und dynamische Wettbewerbsumwelt zu einer turbulenten Wettbewerbsumwelt. Kundenorientierung in Form von Flexibilität wurde mehr denn je zum bestimmenden Wettbewerbsfaktor.

Neben den Zielgrößen Kosten, Zeit und Produktqualität wurden nun ausgeprägte Servicequalität und extrem hohe Anforderungen an die Logistikleistung bei akzeptablen Kosten zum entscheidenden Differenzierungsmerkmal.

Die Betrachtung des Endkunden als abstrakte Größe führt jedoch noch zu keiner nachhaltigen Veränderung der Kundenorientierung oder des Qualitätsverständnisses innerhalb der Organisation selbst. Zu *Die Optimierung einzelner Abteilungen führt zur Suboptimierung* viele Abteilungsschnittstellen und Prozeßschritte, zu wenig Transparenz über Ursache und Wirkung von Problemen lassen für den Mitarbeiter seinen Beitrag zum Kundennutzen nicht erkennen. Ebenso sind schnelle Reaktionen oder zielgerichtete Verbesserungen nicht mehr möglich. So werden zwar einzelne Abteilungen optimiert, dies führt jedoch häufig nur zu einer Suboptimierung, die in einem anderen Bereich wieder neue Probleme zur Folge hat und damit in letzter Konsequenz oft rein gar nichts zum Kundennutzen beiträgt.

1.1.2 Welche Anforderungen werden dadurch an die Qualitätspolitik eines Unternehmens gestellt?

Kundenerwartungen müssen in Kundenbegeisterung umgesetzt werden Die konsequente Ausrichtung eines Unternehmens, Kundenerwartungen in Kundenzufriedenheit bzw. sogar Kundenbegeisterung umzusetzen, erfordert eine hohe Reaktionsfähigkeit und ein umfassendes Qualitätsverständnis

(Total quality) in allen Bereichen und Aspekten. Eine zentrale Stelle nimmt hierbei die Qualität in der Führung ein (Abb. 1.1).

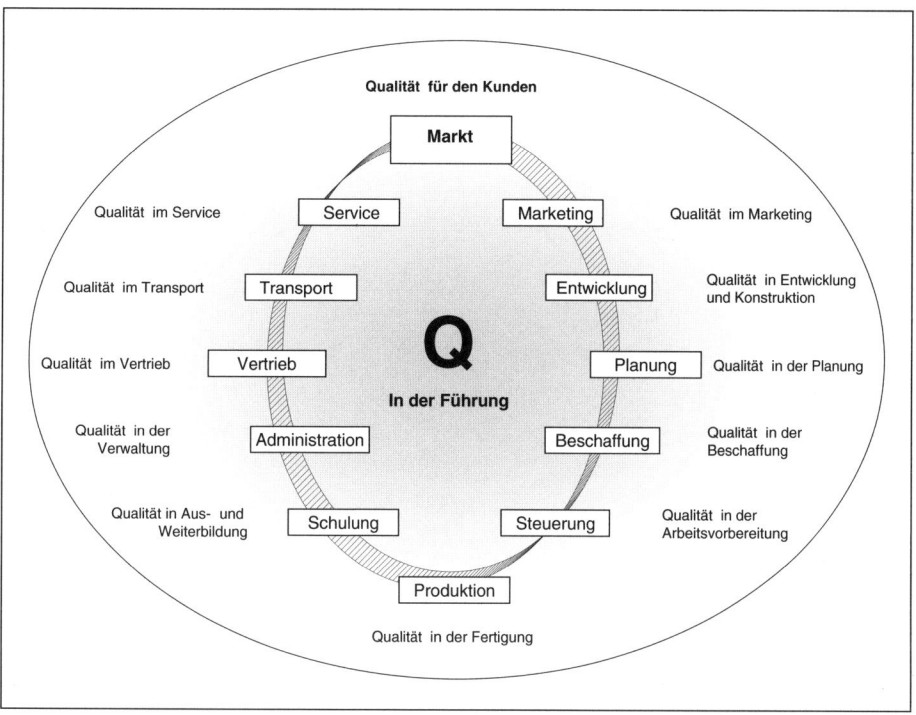

Abb. 1.1: »Total quality« für den Kunden bedeutet Qualität im ganzen Unternehmen (Quelle: Augustin, 1999)

Qualität und Preise haben sich zu sehr aneinander angeglichen, um allein kaufentscheidend zu sein. Der Kunde erwartet zudem, daß die nachgefragten Produkte bzw. Dienstleistungen zum richtigen Zeitpunkt in der richtigen Menge am richtigen Ort sind. Die wechselnden Kundenanforderungen können allerdings nur von Unternehmen mit hoher Flexibilität und transparenten, gut organisierten Prozessen sowie qua- **Die logistische Leistungsfähigkeit ist wettbewerbs- entscheidend** lifizierten und motivierten Mitarbeitern schnell erfüllt werden. Die logistische Leistungsfähigkeit eines Unternehmens ist also wettbewerbsentscheidend hinsichtlich der raschen Berücksichtigung von Markteinflüssen.

Aber auch synchronisierte Prozesse, harmonisierte Abläufe, motivierte und qualifizierte Mitarbeiter sind noch keine dauerhaften Erfolgsgaranten. Diese

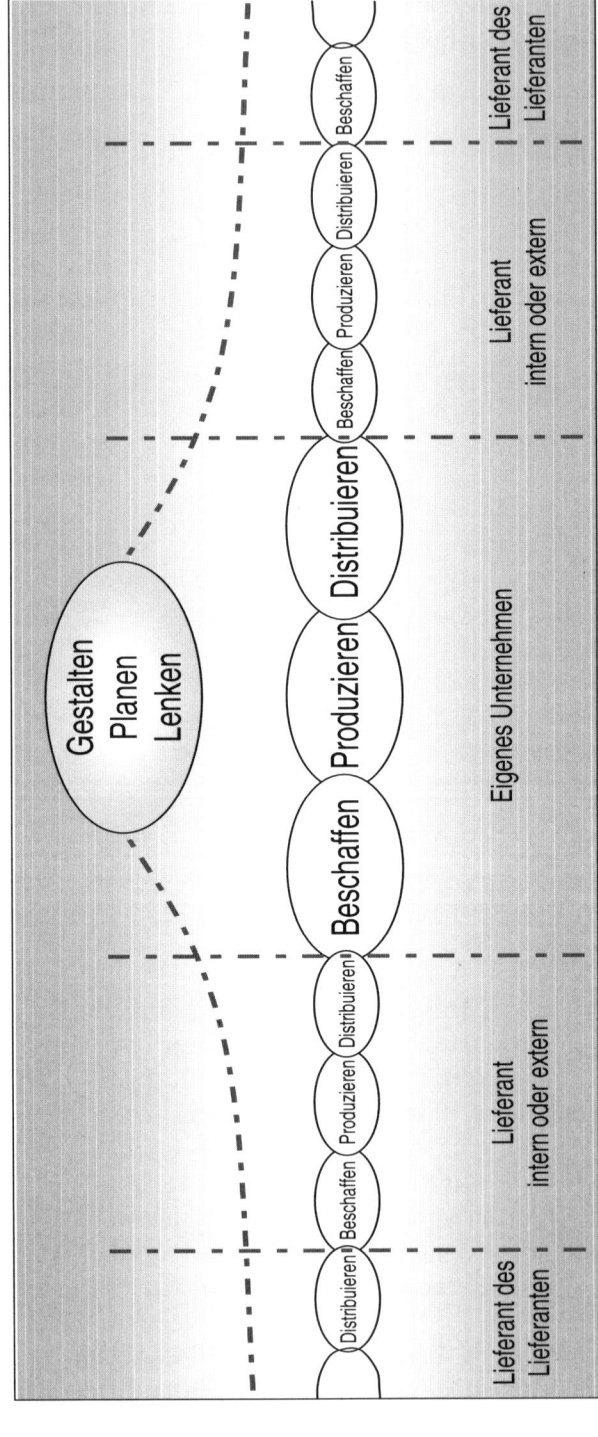

Abb. 1.2: Supply chain management (Quelle: Siemens AG EL, 1999)

schmerzliche Erfahrung machen Unternehmen, die ihre Lieferanten nur aus der Perspektive niedriger Einkaufspreise auswählen. Häufig wird so zwar »billig eingekauft«, allerdings werden damit auch oftmals Qualitätsmängel und Lieferverzöge-rungen in Kauf genommen. Das Logisitikverständnis eines Unternehmens darf nicht durch die Unternehmenspforte begrenzt sein. Der logistische Reifegrad einer Organisation zeigt sich nicht nur bei der Ge-staltung der internen Abläufe, sondern in der ganzheitlichen Betrachtungs-weise aller Geschäftsprozesse über Unternehmensgrenzen hinweg. Das be-deutet, daß alle internen und externen Kunden-Lieferanten-Beziehungen definiert und gestaltet werden müssen. Die bei dieser Betrachtung aufge-spannte Wertschöpfungskette stellt sich aus Sicht des jeweiligen Kunden als Versorgungskette, als »Supply chain« dar, weshalb in diesem Zusammenhang auch von einem Supply chain management gesprochen wird (Abb. 1.2).

Billig ist nicht preiswert

Eine derart konsequent prozeßorientierte Ausrichtung erfordert allerdings Entscheidungs- und Handlungsprozesse, die durch herkömmliche, zentral gesteuerte Organisationsstrukturen stark behindert werden. Aus dieser Er-fahrung heraus haben sich viele Unternehmen zu einer radikalen Neuent-wicklung ihrer Prozesse entschlossen. Allerdings sind langfristige Erfolge selten, was nicht ausschließlich unter-nehmensspezifisch zu interpretieren ist. Auch wenn große Beratungsfirmen oftmals höhere Erfolgsraten angeben, zeigt die Praxis, daß ca. 75 % dieser Projekte scheitern. Die unterschiedliche Betrachtungsweise läßt sich auf zwei Hauptursachen zurückführen: zum einen auf die Meßgröße selbst. So wird häufig fälschlicherweise die Kennzahl Um-satz/Kopf als Produktivitätsmeßgröße verwendet, die zu Beginn von Restruk-turierung zwar erfahrungsgemäß zu Erfolgsmeldungen führt, sich langfristig aber als eher ungeeignete Kennzahl erweist. Zum anderen auf die Vorgehens-weise bei der Restrukturierung selbst, wo zwar schnell am grünen Tisch Struk-turen verändert werden, die Vorbereitung und Begleitung der Realisierung so-wie die Implementierung eines umfassenden Qualitätsmanagements jedoch häufig ausbleiben.

Ca. 75 % der Restrukturierungs-projekte scheitern

Gerade diese Maßnahmen sind aber Voraussetzung für langfristige Erfolge. Qualitätssicherung muß als präventive Aufgabe verstanden werden, die in letz-ter Konsequenz jedem Mitglied in der Organisation über-tragen wird. Das bedeutet, daß sich jeder am Gesamtpro-zeß Beteiligte in den Gesamtkomplex des Unternehmens einordnen können muß, um auch weitsichtigere, über seinen Bereich hinaus-reichende Entscheidungen nachvollziehen und/oder treffen zu können.

Qualität produzieren statt kontrollieren

Diese Anforderungen sind mit rein fachlichem Know-how nicht mehr zu bewältigen. Die Mitarbeiter müssen zudem über die entsprechende soziale und methodische Kompetenz verfügen.

Die Verfügbarkeit von qualifiziertem Personal ist angesichts zunehmender Wettbewerbsintensität zu einem zentralen Faktor der Entwicklungsfähigkeit von Unternehmen geworden. Die Sicherstellung von qualifiziertem Personal muß daher integraler Bestandteil einer ganzheitlichen Qualitätspolitik sein.

1.1.3   Welche Unterstützung bieten hierbei moderne Managementkonzepte?

Das Streben nach einer dauerhaften Leistungssteigerung in den Unternehmen führte – bedingt auch durch die »Erfolgsmeldungen« aus Japan Mitte der 80er Jahre – sowohl in den USA als auch in Europa zur Einführung vieler »neuer« Managementkonzepte. An dieser Stelle seien nur beispielhaft Total Quality Management (TQM), Lean Production, Business Reengineering, Fraktale Fabrik und Virtuelles Unternehmen genannt. Ein zentraler Begriff bei all den hier genannten Konzepten ist die Prozeßorientierung, wobei es verschiedene Strategien gibt, die Unternehmensprozesse zu optimieren (Betzl, 1996):
- die strukturorientierte Strategie, bei der aus der Veränderung der Unternehmensstruktur eine Leistungssteigerung resultiert (Gestaltungsparameter: z. B. flache Organisationsformen, Parallelisierung von Arbeitsgängen),
- die technologieorientierte Strategie, die durch den Einsatz von modernen Technologien die Wertschöpfungsprozesse unterstützt und optimiert (Gestaltungsparameter: z. B. Informationstechnologien) sowie
- die personenorientierte Strategie, die die Leistungsfähigkeit und Leistungsbereitschaft der Mitarbeiter steigert (Gestaltungsparameter: Qualifikation und Motivation der Mitarbeiter).

Die Diskussion, inwieweit gezielte organisationspsychologische Überlegungen neben harten Fakten zum Unternehmenserfolg beitragen, ist schon seit längerem im Gange. Die Veröffentlichung der Ergebnisse der MIT-Studie in dem Buch »Die zweite Revolution in der Autoindustrie« führte zu Beginn der 90er Jahre zu einer verstärkten Auseinandersetzung mit Konzepten, die neben technischen Veränderungen insbesondere Veränderungen in den Organisationsstrukturen und der Unternehmenskultur postulieren.

Die in der Studie beschriebenen Erfahrungen weltweit erfolgreicher Unternehmen demonstrieren eindrucksvoll, daß langfristige Erfolge durch das bloße Verändern von Strukturen und das Messen von Ergebnissen nicht zu erzielen sind. Hierauf reagierten viele Unternehmen mit Konzepten, die neben einer Anwendung überwiegend ähnlicher Methoden, beispielsweise einer kontinuierlichen Verbesserung der Prozesse, das Interesse verstärkt auf die Gestaltung der menschlichen Beziehungen im Betrieb lenkten (Abb. 1.3).

Abb. 1.3: Kontinuierliche Verbesserungsprogramme (Quelle: Siemens AG EL, 1999)

Welchen gemeinsamen Ansatz verfolgen diese Konzepte?

Die Grundüberlegung dieser Konzepte (KVP = Kontinuierlicher Verbesserungsprozeß, CPS = Canon Production System, KVP² = Kontinuierlicher Verbesserungsprozeß zum Quadrat, HCWS = High Commitment Work System, PVP = Permanenter Verbesserungsprozeß und CIP = Continuous Improvement Process) besteht darin, daß der Unternehmenserfolg langfristig nur durch eine umfassende, ganzheitliche Qualitätspolitik zu sichern ist.

Voraussetzung hierfür sind qualifizierte und vor allem motivierte Mitarbeiter. Die Mitarbeiter müssen das Konzept nicht nur kennen und umsetzen können (Qualifikation), sondern auch voll hinter dem Konzept stehen, es umsetzen wollen und dürfen (Motivation). Ein umfassender Qualitätsgedanke erfordert ein aufgeschlossenes Betriebsklima, in dem Mitarbeiter ohne Angst vor Schuldzuweisungen und negativen Konsequenzen Probleme offen ansprechen können. Zudem sind für die erfolgreiche, gemeinsame Lösung von Problemen und zur Verbesserung der Prozesse vor allem Teamfähigkeit, Konfliktlösungsmethoden sowie Kommunikations- und Führungstechniken notwendig.

Ein umfassender Qualitätsgedanke erfordert ein aufgeschlossenes Betriebsklima

In den offiziellen Stellungnahmen von Organisationen wird diesen sogenannten »soft facts« auch immer wieder hohe Priorität eingeräumt. Bei näherem Hinsehen zeigt sich allerdings, daß Kosten, die im Zusammenhang mit entsprechenden Qualifizierungsmaßnahmen entstehen, häufig mit dem Verweis auf die zeitliche oder finanzielle Ressourcenknappheit aufgeschoben, teilweise auch aufgehoben werden. An dieser Stelle sieht man besonders den kontraproduktiven Einfluß des kurzfristigen Shareholder-value-Denkens.

Shareholder-value-Denken führt häufig nicht nur zu Cost cutting, sondern zu Soft facts cutting

So ist es in Restrukturierungsprojekten auch ungleich einfacher, von der notwendigen Verlagerung von Produktionsabteilungen oder Segmentierungen der Produktion zu überzeugen, als den Zusammenhang von veränderten Verhaltensweisen und der erfolgreichen Umsetzung von Restrukturierungsmaßnahmen aufzuzeigen. Dieser Aspekt findet meist erst dann Beachtung, wenn die Restrukturierungsmaßnahmen nicht den gewünschten Erfolg zeigen, wenn also statt der erhofften Harmonisierung und Synchronisierung der betrieblichen Abläufe oftmals mehr Desorientierung herrscht als vorher. Dieses sogenannte »Tal der Tränen«, in dem Vorteile der alten Strukturen nicht mehr greifen und die Vorzüge der neuen Organisationsform noch nicht erkennbar sind, zeigt sich in einer unkoordinierten Zusammenarbeit, die mit einem hohen Maß an Desinformation, Demotivation und mangelnder Kommunikation einhergeht.

Gerade aber flexible Organisationsstrukturen sind auf das Erfahrungswissen aller Beteiligten angewiesen und können daher nur dann funktionieren, wenn auch die Kommunikations- und Informationsprozesse entsprechend angepaßt und aufeinander abgestimmt sind. Dies betrifft allerdings weniger die DV-Kommunikation als die zwischenmenschliche Kommunikation. Denn es geht nicht nur darum, Veränderungen zu kommunizieren, sondern auch darum, die Form der Kommunikation bzw. des täglichen Umgangs miteinander zu verändern.

Veränderungen kommunizieren – Kommunikation verändern

Die Ergebnisse aus einer Umfrage des Bonner Instituts für Kommunikation (1996) demonstrieren eindrucksvoll, welcher Kostenfaktor und damit auch Wettbewerbsfaktor (mangelhafte) Kommunikation ist (Abb. 1.4).

❑ Die Ausgaben von Unternehmen für Kommunikation angefangen bei Werbung bis hin zu elektronischen Infodiensten werden bis zum Jahr 2000 in Deutschland auf über 230 Milliarden Mark angewachsen sein.

❑ Bei einem angenommenen Wirtschaftswachstum von 2,5 % in naher Zukunft wird ca. jede 16. Mark des Bruttoinlandsprodukts in den Kommunikationsbereich investiert.

❑ Expertenschätzungen zufolge sind ca. 70 % aller Fehler am Arbeitsplatz auf mangelhafte Kommunikation zurückzuführen: **Mißverständnisse**
unklare Ziele
Fehlinterpretationen

Abb. 1.4: Wettbewerbsfaktor Kommunikation
(Quelle: Bonner Institut für Kommunikation, 1996)

Insbesondere im Anschluß von organisationalen Redesignmaßnahmen sind die (neuen) Ziele nicht klar, und es kommt zu Fehlinterpretationen und Mißverständnissen. Die häufig gewählte Vorgehensweise, durch eine Optimierung der DV-Landschaft das Problem zu lösen, hat sich an dieser Stelle nicht bewährt. Vielmehr ist hier die Lösung in der Optimierung der zwischenmenschlichen Abläufe zu suchen.

1.2 Was hat sich in der innerbetrieblichen Zusammenarbeit verändert?

Veränderungen, wie sie derzeit in Organisationen vor sich gehen, sind kaum vergleichbar mit früheren Veränderungen, da sie tief in die Aufbau- und Ablaufstrukturen eingreifen. Aufgabenschritte werden in den Abläufen zu Prozessen zusammengeführt, die nicht mehr so einfach zu planen und steuern sind wie früher.

Die Aufgabenschritte werden in den Abläufen zu Prozessen zusammengeführt

Diese Prozesse – noch dazu in einer turbulenten Wettbewerbsumwelt – erfordern ein Höchstmaß an funktionierender Kommunikation, die damit zum wettbewerbsentscheidenden Faktor wird. Gerade hier gibt es aber noch viele Defizite und damit Verbesserungspotentiale.

Beispiel

Ereignis:

In einer Workshopreihe mit 72 Veranstaltungen und insgesamt etwa 1400 Teilnehmern wurden diese in dreitägigen Seminaren mit durchschnittlich 15 Teilnehmern geschult. Die Teilnehmer kamen aus verschiedenen Abteilungen bzw. Unternehmensbereichen und stammten aus unterschiedlichen hierarchischen Ebenen wie auch Altersgruppen, so daß von einem annähernd repräsentativen Querschnitt für das Unternehmen gesprochen werden konnte. Ein integraler Bestandteil dieser Seminare war die Auseinandersetzung mit der Frage: »Was hindert mich am meisten daran, prozeßorientiert zu denken und handeln?« Die Bearbeitung erfolgte per Kartenabfrage. Die Oberbegriffe wurden nicht vorgegeben, sondern gemeinsam von den Teilnehmern jeweils beim Strukturieren definiert. Die Auswertung zeigte folgendes Ergebnis (Abb. 1.5):

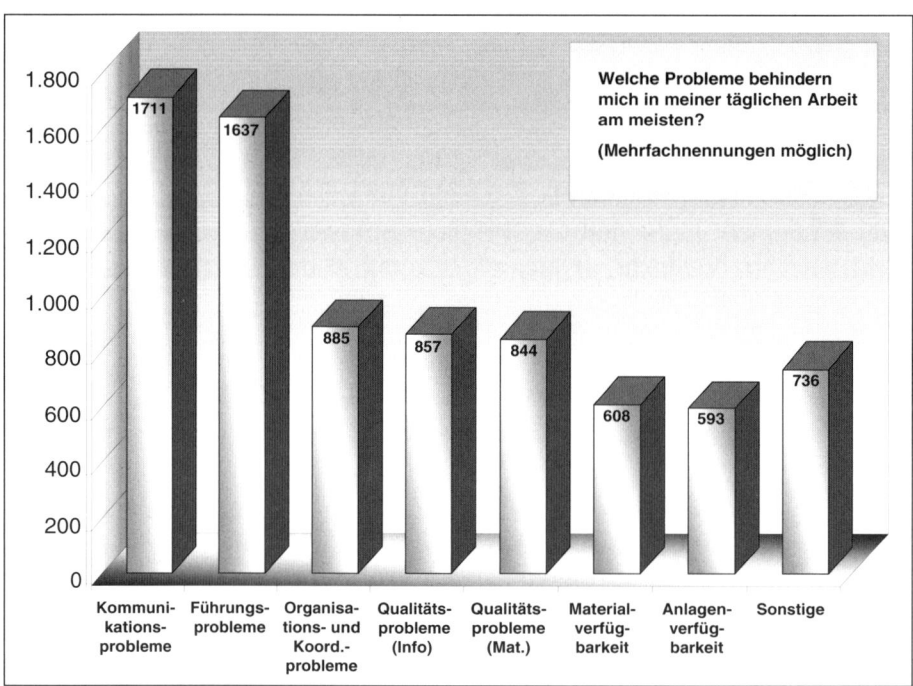

Abb. 1.5: Prozeßbeherrschung (Quelle: Augustin, 1996)

Ergebnis:
Die Hauptblockaden beim Übergang vom funktions- zum prozeßorientierten Denken und Handeln wurden in den Bereichen **Persönliche Kommunikation** *und* **Führung** *gesehen sowie den damit eng zusammenhängenden* **Organisations-** *und* **Koordinationsproblemen.** *Technische Probleme wurden hingegen erst an fünfter Stelle genannt. Auch wenn die Probleme von den Teilnehmern in unterschiedlicher Form angesprochen wurden, enthält dieser Meinungsspiegel eine übereinstimmende Kernaussage: Nicht die Lösung technischer Prozesse, sondern die Lösung zwischenmenschlicher Probleme sind die entscheidenden (Miß-)Erfolgsfaktoren in turbulenten Situationen.*

Unter dem Punkt **Führung** *wurden vor allem folgende Probleme formuliert: unklare oder gar keine Ziele, wenig Entscheidungsfreiheit, wenig Information und wenig Rückmeldung. Die meisten Teilnehmer gaben zwar an, daß es in ihrer Organisationseinheit durchaus Leitlinien und dergleichen gäbe, allerdings war für die meisten deren Umsetzung im betrieblichen Alltag nicht erkennbar.*

Das Thema **Persönliche Kommunikation** *bezog sich überwiegend auf die horizontale Zusammenarbeit. Hierunter wurde sowohl die Zusammenarbeit von Kollegen innerhalb der eigenen Abteilung als auch die Zusammenarbeit mit Kollegen aus anderen Abteilungen verstanden. Häufig bemängelt wurden vor allem Teamfähigkeit, der Umgang miteinander sowie Konfliktlösungsmethoden und Kommunikationstechniken.*

Die gesammelten **Organisations- und Koordinationsprobleme** *wurden als Folge der Mängel in Führung und Kommunikation gesehen.*

Erkenntnis:
Zweifellos ist eine gute Zusammenarbeit ohne störungsfreie technische Prozesse auch nicht zielführend. Aber selbst die ausgeklügeltsten Systeme funktionieren nicht ohne eine konstruktive Zusammenarbeit. Technische Probleme sind hingegen durch eine konstruktive Zusammenarbeit leichter zu bewältigen, als zwischenmenschliche Probleme durch technische Lösungen behebbar sind.

1.2.1 Welche Anforderungen werden an Führungskräfte und Mitarbeiter gestellt?

Die Dezentralisierung der Organisationsstrukturen führte zu einem Abbau von Hierarchiestufen und damit zu einer veränderten Führungssituation: Die

Führungsspannen vergrößerten sich, das fachliche Spektrum verbreitete sich, und die turbulenten Prozesse erforderten zudem mehr und mehr fachübergreifendes Wissen. Die Führungskraft, die ihre Rolle allein aufgrund fachspezifischer Kompetenz wahrnimmt, kann den an sie gestellten Anforderungen nicht mehr gerecht werden. Die fachliche Kompetenz darf demzufolge kein ausschließliches Entscheidungskriterium für den Aufstieg sein.

Vielmehr muß die Führungskraft über die erforderliche Sozial- und Methodenkompetenz verfügen, um Wissen koordinieren und die Mitarbeiter systematisch beim gezielten Kompetenzaufbau unterstützen zu können. Der Mitarbeiter ist also dahingehend zu befähigen, daß er seine eigenen Kunden zufriedenstellen kann.

Fordern bedeutet auch konsequent fördern und einfordern, sonst wird letztlich nur überfordert

Diese Kompetenzen werden zwar häufig gefordert, in vielen Karrieremodellen der Praxis jedoch nicht konsequent berücksichtigt und eingefordert. Viele Führungskräfte sind daher bei der Bewältigung der an sie gestellten Aufgaben schlichtweg überfordert, da zwar die Spezialisierung ihres Fachwissens kontinuierlich gefördert wurde (Abb. 1.6), nicht aber die erforderliche Methoden- und Sozialkompetenz zur erfolgreichen Wahrnehmung der eigentlichen Führungsrolle (Abb. 1.7).

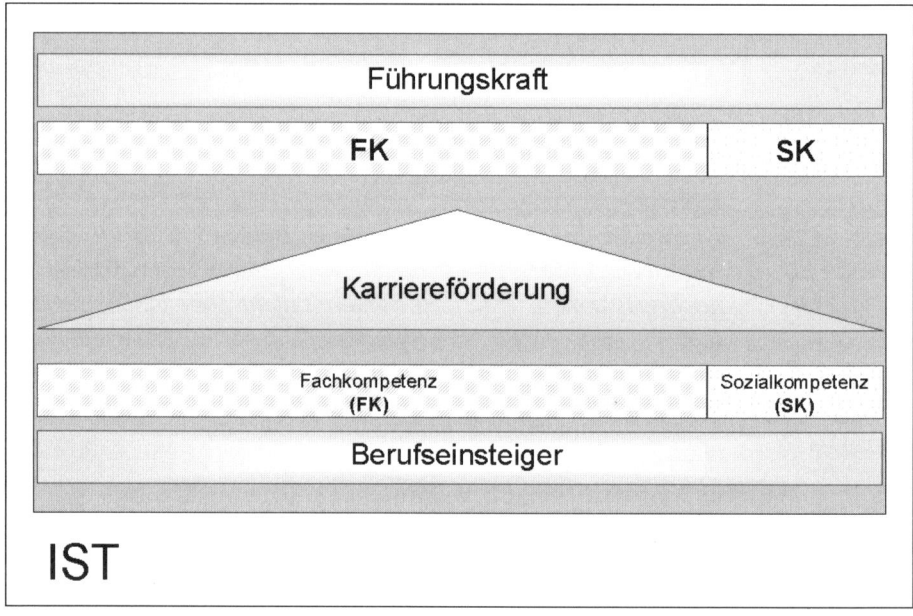

Abb. 1.6: Kompetenzförderung »Ist-Zustand«

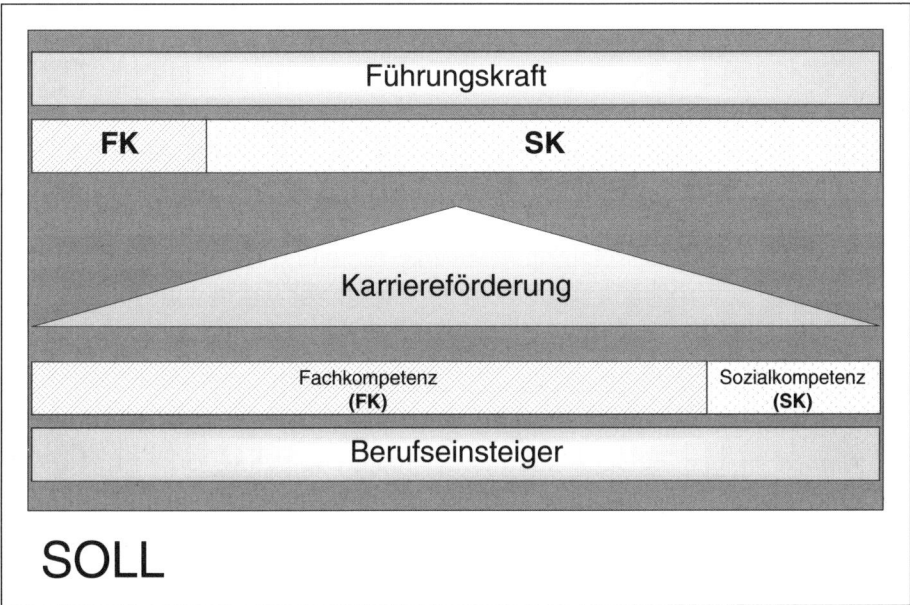

Abb. 1.7: Kompetenzförderung »Soll-Zustand«

Die Entwicklung von Teams und deren Leistungsfähigkeit stellt für die Zukunft einen kritischen Erfolgsfaktor dar. Eine entscheidende Frage dabei ist, wie sich solche Teams organisieren, nach welchen Prinzipien sie arbeiten und wie es ihnen gelingt, einen Produktivitätsvorsprung gegenüber den heutigen Arbeitsformen zu erreichen. Von den Mitarbeitern wird immer mehr unternehmerisches Denken und Handeln gefordert, d. h. als Unternehmer im Unternehmen eigenverantwortlich und aktiv wie ein selbständiger Unternehmer zu agieren und gleichzeitig auch gegenüber dem Unternehmen Loyalität zu beweisen. Dazu paßt aber nicht, über Jahre hinweg diejenigen zu befördern, die am Aufbau ihrer Fachkompetenz arbeiten, um dann von ihnen Unternehmertum zu erwarten, wenn sie eine bestimmte hierarchische Position erreicht haben. Auch selbständiges Agieren muß frühzeitig gelernt und gefördert werden.

In einer »Lernenden Organisation« bedeutet Führung, den einzelnen Mitarbeiter primär bei seinem Entwicklungsprozeß zu unterstützen. Selbstverständlich muß dazu auch die entsprechende Fachkompetenz vorhanden sein. Allerdings mehr, um Aufgaben koordinieren zu können, und weniger, um der Rolle als Fachexperte für knifflige Spezialfragen gerecht zu werden.

Die Unterstützung der ständigen Weiterentwicklung eines jeden einzelnen und damit der gesamten Organisation ist ein fundamentaler Wettbewerbsfaktor. Führungskräfte müssen an der Wahrnehmung dieser Aufgabe gemessen werden, Mitarbeiter an der Übernahme dieser (Selbst-)Verantwortung.

Der Mit-Arbeiter wird zum Mit-Unternehmer, wenn er über die notwendigen Informationen bezüglich der strategischen Ausrichtung seines Unternehmens bzw. seiner Abteilung, dem Zusammenspiel der Abteilungen sowie über den erforderlichen Entscheidungsspielraum für seine Ziele und Aufgaben verfügt. Nur so kann er prozeßorientiert und damit unternehmerisch denken und handeln, Eigeninitiative ergreifen und weitsichtige Entscheidungen treffen.

Vom Mit-Arbeiter zum Mit-Unternehmer

Untersuchungen zum Wertewandel zeigen, daß die an die Mitarbeiter gestellten Anforderungen durchaus mit ihren eigenen Vorstellungen deckungsgleich sind. So haben die politischen, ökonomischen und technologischen Veränderungen der letzten Jahre auch in der Arbeitswelt ihre Spuren hinterlassen. Dies gilt insbesondere für die Einstellung zur Arbeit. Arbeit wird nicht mehr nur unter dem Aspekt der Existenzsicherung gesehen; vielmehr wird auch der Anspruch nach einer sinnvollen menschlichen Tätigkeit erhoben. Die Mitarbeiter selbst äußern zunehmend den Wunsch nach mehr Verantwortung, Partizipation, Information und Kommunikation. Die Werteorientierung der Mitarbeiter wiederum kann sich als mitentscheidend für das Bestehen des Unternehmens am Markt erweisen, sofern die Konzepte der Unternehmen auch tatsächlich auf diese Werte abgestimmt sind.

Die Werteorientierung der Mitarbeiter kann entscheidend für das Bestehen am Markt sein

Glaubt man den zahlreichen Stellungnahmen von Unternehmensleitungen zu diesem Thema, wird dem Wertewandel der Mitarbeiter bereits Rechnung getragen. Nicht nur das: Der unternehmerisch denkende und handelnde Mitarbeiter wird geradezu gefordert; offene Kommunikation und Partizipation gelten als integrale Bestandteile der Unternehmenskultur.

Hält man Ergebnisse aus Mitarbeiterbefragungen oder Workshops zu diesem Thema dagegen, läßt sich jedoch häufig eine Diskrepanz in der kommunizierten und der tatsächlich gelebten Unternehmenskultur feststellen.

Beispiel

Ereignis:
In einem Unternehmen mit rund 10.000 Mitarbeitern wurden in mehreren Workshops die offiziellen Führungsleitlinien an dem tatsächlich erlebten Führungsverhalten gespiegelt.

Ergebnis:
Die Ergebnisse wurden abschließend von einem Team für eine Präsentation vor dem Vorstand zusammengefaßt. Auf der **linken Seite** sind **die offiziellen Führungsleitlinien**, und damit das kommunizierte Führungsverhalten, aufgelistet, auf der **rechten Seite das wahrgenommene**, also **tatsächlich erlebte Führungsverhalten** entgegengesetzt (Abb. 1.8).

Wir haben Vertrauen in unsere Mitarbeiter ...	aber wir kontrollieren sie täglich!
Wir delegieren Verantwortung ...	aber nicht die nötige Entscheidungsfreiheit!
Wir sehen Probleme als Weg zur Lösung ...	aber wir suchen den Schuldigen!
Wir geben positives/negatives Feedback ...	aber wir brauchen kein Feedback!
Wir führen unsere Mitarbeiter mit Zielen ...	aber wir geben den Weg vor!
Wir unterstützen die Mitarbeiterentwicklung ...	aber unsere Entwicklung ist abgeschlossen!
Wir informieren unsere Mitarbeiter gezielt ...	aber nur auf ihren Arbeitsbereich begrenzt!

Abb. 1.8: Führungsleitlinien: Kommuniziertes und tatsächlich erlebtes Führungsverhalten

Erkenntnis:
Es wäre sicherlich nicht richtig, aus diesem Ergebnis den Schluß zu ziehen, daß alle Mitarbeiter kompetent und motiviert sind, während sich alle Führungskräfte hingegen als inkompetent und egozentrisch erweisen. Allerdings haben Führungskräfte auch Vorbildfunktion. Werden also offiziell kommunizierte Unternehmenswerte

von der Führung nicht glaubhaft vorgelebt, stellt sich für die Mitarbeiter die Frage, warum sie sich daran orientieren sollen. In der häufig zu beobachtenden Diskrepanz zwischen kommunizierten und gelebten Werten kann die Hauptursache des häufigen Scheiterns von Veränderungsprojekten gesehen werden.

1.2.2 Welche organisatorischen Maßnahmen fördern eine konstruktive Zusammenarbeit?

Das oft zitierte Wort vom Konzeptionsriesen, der sich als Umsetzungszwerg erweist, ist nicht nur in den Mängeln der vertikalen Zusammenarbeit begründet. Auch in der Zusammenarbeit zwischen den Mitarbeitern gibt es noch großes Verbesserungspotential. Ein umfassendes qualitäts- und kundenorientiertes Denken erfordert neben einem offenen Kommunikationsklima auch die Transparenz und Nachvollziehbarkeit der internen Kunden-Lieferanten-Beziehungen (Abb. 1.9).

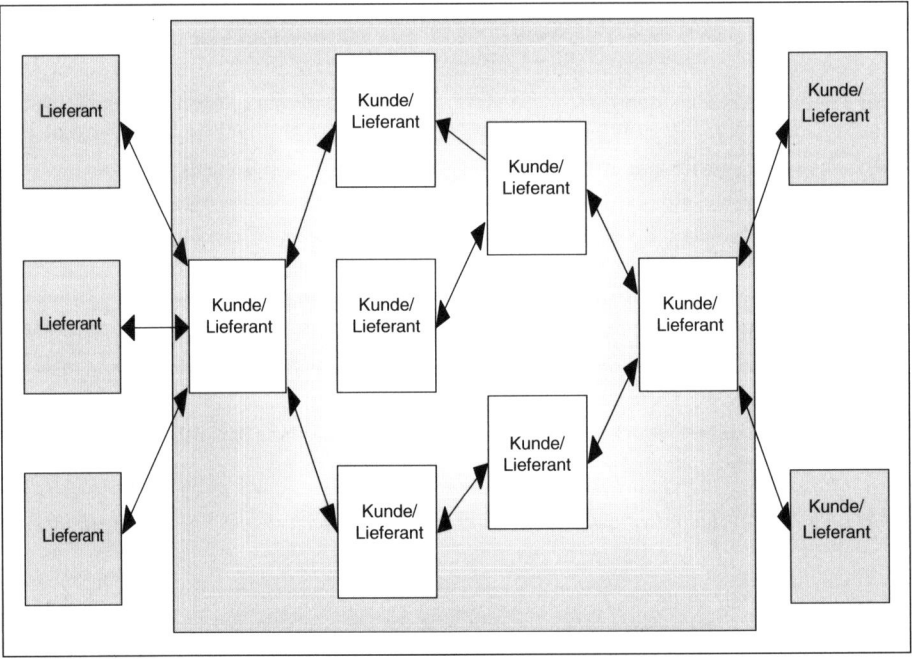

Abb. 1.9: Interne Kunden-Lieferanten-Beziehungen (Quelle: Siemens AG EL, 1999)

Jeder Mitarbeiter muß sich also folgende Fragen beantworten können: Was sind die Anforderungen der mir nachgelagerten Arbeitsplätze, damit diese ihre Aufgaben erledigen und ihre Ziele erreichen können? Und welche Anforderungen habe ich an meine vorgelagerten Arbeitsplätze, um meine Aufgaben erledigen und meine Ziele erreichen zu können?

Meist gestaltet es sich sehr aufwendig und mühevoll, insbesondere in den indirekten Unternehmensbereichen, diese wechselseitigen Beziehungen überhaupt zu erfassen und zu beschreiben. Dafür werden aber im Zuge der Prozeßerfassung häufig überflüssige Teilprozesse und Schnittstellen identifiziert, das gegenseitige Verständnis der Mitarbeiter gestärkt und damit Voraussetzungen für eine verbesserte, prozeßorientierte Zusammenarbeit geschaffen.

Sicherlich lassen sich in der betrieblichen Praxis viele Fälle konstruktiver und kollegialer Zusammenarbeit finden. Häufig sind es nicht mangelnde Sozial- und Methodenkompetenzen, die einem konstruktiven Miteinander entgegenstehen, sondern organisatorische Rahmenbedingungen, die ein (offenes) Gegeneinander geradezu provozieren.

Offenes Gegeneinander statt konstruktivem Miteinander

Beispiel

Ereignis:
Die heterogene Zusammensetzung der Seminare führte unter anderem auch dazu, daß Teilnehmer aus Nachbarabteilungen zusammentrafen, die bisher nur per Fax, Telefon oder E-Mail miteinander kommunizierten und sich nur namentlich kannten. Aufgrund der bisherigen Zusammenarbeit hegten sie wenig Sympathien füreinander. Im Seminar stellte sich allerdings heraus, daß Hans eben genau der (inkompetente) Herr Meier aus der (chaotischen) Abteilung A ist und Jürgen ebenjener (unsympathische) Herr Müller aus der (unfähigen) Abteilung B. Nach der anfänglichen Überraschung gelang es den Teilnehmern auf Basis der im Seminar vermittelten Inhalte und einer beidseitigen Gesprächsbereitschaft, Verständnis für die Probleme des anderen zu entwickeln.

Ergebnis:
Sechs Monate später, im Rahmen der sich anschließenden Transferbegleitung der Seminare, war folgender Umstand eingetreten: Sowohl Herr Meier als auch Herr Müller hatten das gewachsene Verständnis eher dem geselligen Teil des Seminars, also dem abendlichen Beisammensein zugeschrieben und die getroffenen Vereinbarungen zur weiteren Zusammenarbeit als realitätsfern definiert. Inten-

sive Gespräche bestätigten die naheliegende Vermutung, daß hier nicht extreme Stimmungsschwankungen der Teilnehmer zugrunde lagen, sondern das im Seminar Gelernte und Vereinbarte in der betrieblichen Praxis schlichtweg nicht umgesetzt werden konnte bzw. durfte. Vereinbarungen, von denen auch – oder gar nur – die Nachbarabteilung profitiert hätte, wurden schlichtweg verboten.

Erkenntnis:
Die viel beobachtete Kluft zwischen den kommunizierten und tatsächlich gelebten Werten eines Unternehmens lassen sich häufig auf Widersprüchlichkeiten im Ziel- und Beurteilungssystem zurückführen. Sollen Werte aktiv gelebt werden, müssen Sie auch integraler Bestandteil des Ziel- und Beurteilungssystems sein.

Langfristige Einstellungs- und Verhaltensänderungen erfordern also nicht nur das »Kennen und Können« (Qualifikation), sondern setzen auch das »Wollen und Dürfen« (Motivation und Kultur) voraus. Appelle und Qualifizierungsmaßnahmen zur Einstellungs- und Verhaltensänderung verharren im Stadium einer verbalen Kulturrevolution, wenn nicht auch die entsprechenden Rahmenbedingungen geschaffen werden (Abb. 1.10).

Abb. 1.10: Voraussetzungen für eine konstruktive Zusammenarbeit

Was passiert, wenn diese Voraussetzungen nicht erfüllt sind, und was kann man dagegen tun?

Nicht kennen
Die Mitarbeiter haben keinen Gesamtüberblick. Sie wissen nicht, was sich beispielsweise durch eine Umorganisation oder die Einführung neuer Konzepte verändert, und verweigern daher ihre Mitarbeit.

Was ist zu tun?   **Informieren**
Durch kontinuierliche Information, Prozeß-, Produkt- und Geschäftsverständnis schaffen: »Was ändert sich für wen?«

Nicht können
Es bestehen Mängel innerhalb der fachlichen, methodischen und sozialen Kompetenz.

Was ist zu tun?   **Qualifizieren**
Durch Training, Coaching sowie gegenseitiges Benchmarking fachliche, soziale und methodische Qualifikation sicherstellen.

Nicht wollen
Bei der Übernahme neuer Aufgaben und Verantwortungen wird aus Angst vor Mißerfolg, Restriktionen oder Status- und Prestigeverlust die bisherige Vorgehensweise bevorzugt.

Was ist zu tun?   **Motivieren**
Durch Beteiligung an der Planung und Umsetzung, Zuführung der passenden Aufgabe, Rückmeldung der Ergebnisse und Aufzeigen von Perspektiven Veränderungsbereitschaft erzeugen.

Nicht dürfen
Die erwünschte Einstellungs- und Verhaltensänderung wird zwar kommuniziert, aber nicht gelebt. Die Normen und Werte der Führungskraft und/oder des Teams sanktionieren bestimmte Verhaltensweisen.

Was ist zu tun?   **Ermöglichen**
Durch die konsequente Förderung des erwünschten Verhaltens im Rahmen einer darauf abgestimmten Ziel- und Beurteilungssystematik das erwünschte Verhalten sicherstellen.

Eine konstruktive und vertrauensvolle Zusammenarbeit muß entsprechend gefördert und belohnt werden. Die Mitarbeiter müssen »wollen und können«, die Führungskraft muß für das »Dürfen« sorgen. Häufig ist jedoch zu beobachten, daß für Aktivitäten, von denen auch oder gar nur die Nachbarabteilung

– und nicht die eigene – profitieren würde, kein »Dürfen« zustande kommt. Diese für den Gesamterfolg eines Unternehmens wenig zielführende Vorge-

Der »Feind« ist die Konkurrenz und nicht die Nachbarabteilung

hensweise wird häufig mit einer Profit-Center-Ausrichtung begründet bzw. gerechtfertigt. Auch wenn der Profit-Center-Ansatz grundsätzlich dem Gedanken des Mitunternehmertums entgegenkommt, darf er nicht zu Konkurrenzkämpfen innerhalb derselben Organisation führen.

Beispiel

Ereignis:

Alle Mitarbeiter eines Produktionsbetriebes wurden in zweitägigen Seminaren geschult. Die Schulungsmaßnahmen standen unter dem Motto: »Qualität produzieren statt kontrollieren«. Nachdem alle 350 Mitarbeiter die Schulungen durchlaufen hatten, wurde ein halbes Jahr später der Grad der Umsetzung der vermittelten Inhalte untersucht. Sowohl die Stimmung der Mitarbeiter als auch die Ergebnissituation hatten sich drastisch verschlechtert. Zahlreiche Qualitätsmängel, hohe Demotivation der Mitarbeiter und eine gestörte Zusammenarbeit prägten das Bild. Diese Situation stellte insofern eine Überraschung dar, weil die Seminare sehr positiv aufgenommen worden waren, was auch die Auswertung der Rückmeldebögen bestätigte. Zudem hatten die Teilnehmer zahlreiche Vereinbarungen bezüglich einer verbesserten Zusammenarbeit getroffen und das Seminar überwiegend in einer regelrechten Aufbruchstimmung verlassen.

Auch hier brachte ein Blick auf die Ziel- und Beurteilungssystematik rasche Aufklärung.

Ergebnis:

In den Seminaren wurde insbesondere die Notwendigkeit eines internen Kunden-Lieferanten-Ansatzes für die erfolgreiche Umsetzung von Qualitätskonzepten vermittelt und diskutiert. »Daheim« angekommen, befanden sich die Teilnehmer in einem Konflikt zwischen der Umsetzung der Seminarinhalte und der betrieblichen Realität. So wurde zwar weiterhin in den offiziellen Stellungnahmen des Unternehmens der interne Kunden-Lieferanten-Ansatz gepriesen, die Entlohnung orientierte sich allerdings immer noch am Akkordsystem. Neben der Demotivation der Mitarbeiter, die sich monetär nicht beziffern läßt, belief sich der Aufwand der Schulungsmaßnahmen, inklusive der durch die Teilnahme an den Seminaren bedingten Ausfallzeiten am Arbeitsplatz, auf rund 350.000 DM.

Erkenntnis:
Die in Zeiten großer Losgrößen und hoher Stückzahlen viel-
fach eingesetzte Akkordentlohnung führt nicht zu einer
prozeßorientierten Qualitätskontrolle, wie die hohen Nachbe-
arbeitungszahlen zeigen. Dadurch daß sich die Entlohnung
aber weiterhin am Akkordsystem orientierte, wurde jedoch genau das Verhalten
provoziert, das in den Seminaren als kontraproduktiv definiert wurde.

Der erfolgreiche Praxistransfer der Lehrinhalte wurde also dadurch verhindert,
daß die Strategie der Organisation nicht auf das Ziel- und Beurteilungssystem
heruntergebrochen worden war.

Will eine Organisation nicht nur reagieren, sondern proak-
tiv handeln, muß sie ihre Strategie in die Ziel- und Beurtei-
lungssystematik »übersetzen« und durch zielorientiertes
Führen umsetzen. Damit wird die Qualität des Ziel- und
Beurteilungssystems zum zentralen Erfolgsfaktor!

Die Qualität des Ziel- und Beurteilungssystems ist der zentrale Erfolgsfaktor

Auch Ziel- und Beurteilungssysteme unterliegen den Qualitätsanforderungen des Marktes. In Europa gründeten 14 führende Unternehmen die European Foundation for Quality Management (EFQM), die das Konzept des European Quality Award (EQA) als Bewertungsmodell für »Business Excellence« etabliert hat. Dieser europäische Qualitätspreis ist für viele ausländische, aber auch inländische Kunden Entscheidungsgrundlage für oder gegen ein Unternehmen. In mehreren europäischen Unternehmen ist dieses Bewertungsmodell daher auch integraler Bestandteil der Ziel- und Beurteilungssystematik.

Ziel dieses Bewertungsmodells ist es, die Leistungsfähigkeit der Unternehmen nicht nur an der Ergebnisqualität zu messen, sondern auch das gewählte Vorgehen (Methoden, Werkzeuge, Prozesse und Verhalten) zu bewerten (Abb. 1.11).

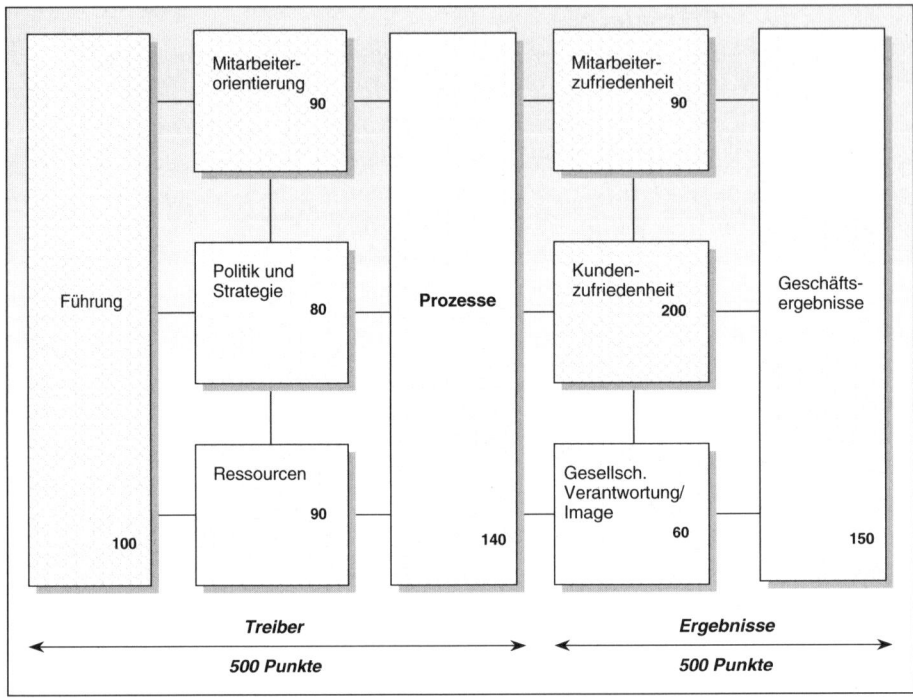

Abb. 1.11: EFQM-Modell

Das Modell der EFQM beschreibt, welche Inhalte unter Business Excellence in einem Unternehmen zu verstehen sind. Der Bogen spannt sich dabei vom Führungsstil der Manager über Politik und Strategie, Mitarbeiterorientierung, den Umgang mit Ressourcen bis hin zur Beherrschung der Prozesse im Unternehmen. Die Werte werden mit Sollwerten verglichen, Abweichungen analysiert und Ziele für Verbesserungen abgesteckt. Die Optimierung all dieser Elemente soll zu einer hohen Kunden- und Mitarbeiterzufriedenheit, positiven Auswirkungen auf die Gesellschaft und guten Geschäftsergebnissen führen.

In vielen Ländern werden Unternehmen bereits verpflichtet, sich nach diesen Kriterien messen zu lassen. Dies verdeutlicht noch einmal den Zusammenhang zwischen der Wettbewerbsfähigkeit eines Unternehmens und der Anwendung schlüssiger und homogener Ziel- und Beurteilungssysteme.

Fazit: Betrachtet man das Unternehmen als die Summe seiner Mitarbeiter, muß sich die Bewertung des Gesamtunternehmens auch in jeder einzelnen Mitarbeiterbewertung widerspiegeln. Dies ist die Voraussetzung dafür, daß jeder Mitarbeiter einen gezielten Beitrag zum Gesamterfolg des Unternehmens leisten kann. Damit Mit-Arbeiter auch wie Mit-Unternehmer denken und handeln, müssen sie wie solche gefordert und gefördert werden, d. h., den Zusammenhang zwischen persönlicher Leistung und dem Gesamterfolg des Unternehmens kennen sowie die entsprechenden Konsequenzen ihrer (nicht) erbrachten Leistung tragen. Dies muß ebenso für das Vorstandsmitglied wie für den Pförtner eines Unternehmens Gültigkeit haben. Das Ganze kann dann sogar mehr als die Summe seiner Teile werden.

Sollen Mit-Arbeiter wie Mit-Unternehmer denken und handeln, dann müssen sie auch wie solche gefordert und gefördert werden

Gemäß dem Wirtschaftlichkeitsprinzip – ein geplantes Ergebnis mit minimalen Ressourcen zu erzielen – läßt sich die wichtigste Ressource eines Unternehmens, nämlich qualifizierte und motivierte Mitarbeiter, durch aufeinander abgestimmte Ziel- und Beurteilungssysteme am besten »nutzen«. Hierbei geht es aber eben nicht um das »Ausnutzen« der Mitarbeiter oder den Abbau von Köpfen, sondern darum, durch sorgfältigen Umgang mit dieser Ressource mehr Leistung zu erzeugen, wirtschaftlicher zu arbeiten und damit wettbewerbsfähig zu sein, also alles zu tun, was langfristig erfolgreiche von weniger erfolgreichen Unternehmen unterscheidet.

»Erfolgreich sind wir nur da, wo wir nutzen, nicht, wo wir ausnutzen«
(W. v. Siemens)

Die zielgerichtete und konsequente Personalplanung und -entwicklung ist wesentlicher Bestandteil einer aktiven und vorausschauenden Personal- und Unternehmenspolitik. Diese kann nicht isoliert erfolgen, sondern ist integraler Bestandteil der strategischen Gesamtausrichtung eines Unternehmens.
Der Personalabteilung fällt hierbei die Aufgabe zu, strategische Ausrichtung und Vorgaben der Organisation durch eine abgestimmte Personalplanung und -entwicklung zu unterstützen. Die Übersetzung der Unternehmensstrategie in ein schlüssiges Ziel- und Beurteilungssystem erfordert ein hohes Maß an Gestaltungskompetenz und ist mit verwaltungstechnischem Vorgehen nicht mehr zu bewältigen (Abb. 1.12).

Abb. 1.12: Personalarbeit: gestern und heute

Die Gestaltung und Umsetzung von Ziel- und Beurteilungssystemen scheint allerdings häufig nur juristischen Aspekten verpflichtet zu sein, wobei der Betriebsrat hierbei zum Anwalt der Mitarbeiter wird, die Leitung das Ausbeutertum repräsentiert und die Personalabteilung weniger gestaltend als schlichtend zwischen den »beiden Parteien« fungiert.

Eine faire Bewertung der Leistung eines Mitarbeiters wird also häufig durch juristische Grabenkämpfe verhindert. Zugrunde liegt hierbei noch das Bild des ausgebeuteten Industriearbeiters des 19. Jahrhunderts und nicht jenes eines motivierten, an der Rückmeldung seiner Leistung interessierten Mitarbeiters zu Beginn des 21. Jahrhunderts.
Wird die Personalarbeit von juristischen Fragestellungen dominiert, haben Betriebsrat und Geschäftsleitung das gemeinsame Ziel aus den Augen verloren: die Sicherung der Arbeitsplätze unter dem Aspekt der (Über-)Lebensfähigkeit des Unternehmens.

Diese Stigmatisierung gefährdet den Standort Deutschland.

Literaturempfehlungen zu Kapitel 1

Augustin, S. (1996): Der Mensch als Erfolgsfaktor für den Wettbewerb. In: A. Grütz (Hrsg.), Jahrbuch elektrotechnik '96 (S. 17–27). Berlin/Offenbach: VDE Verlag GmbH.

Augustin, S. (1998): Vorlesung »Logistik und Qualitätsmanagement«. Montanuniversität Leoben.

Betzl, K. (1996): Entwicklungsansätze in der Arbeitsorganisation und aktuelle Unternehmenskonzepte – Visionen und Leitbilder. In: H.-J. Bullinger und H. J. Warnecke (Hrsg.), Neue Organisationsformen in Unternehmen (S. 29–64). Berlin/Heidelberg: Springer.

Bihl, G. (1995): Werteorientierte Personalarbeit. München: Beck.

Bonner Institut für Kommunikation. Studie. 1996.

Mentzel, W. (1997): Unternehmenssicherung durch Personalentwicklung. Mitarbeiter motivieren, fördern und weiterbilden (7. Aufl.). Freiburg i. Br.: Rudolf Haufe.

Radtke, P. und **Wilmes**, D. (1999): European Quality Award – Die Kriterien des EQA umsetzen. München/Wien: Carl Hanser.

Rosenstiel, L. v. (1999): Anerkennung und Kritik als Führungsmittel. In: L. v. Rosenstiel, E. Regnet & M. Domsch (Hrsg.), Führung von Mitarbeitern (S. 243–250). Stuttgart: Schäffer-Poeschel.

Siemens AG, Siemens Qualifizierung und Training (SQT). Seminarunterlage »Change Management«. München 1999.

Siemens AG, Zentralstelle Einkauf und Logistik (EL). Interne Veröffentlichung. München 1999.

Womack, J. et al. (1992): Die zweite Revolution in der Autoindustrie. Konsequenzen aus der weltweiten Studie aus Massachusetts Institute of Technology (5. Aufl.). Frankfurt am Main: Campus.

2

VERHALTEN UND HANDELN –
ZUR PSYCHOLOGIE DER STABILISIERUNG
UND DER VERÄNDERUNG

Menschen sind aktiv. Manche ihrer Handlungen erscheinen uns wohlüberlegt, zielorientiert und geplant. Andere beurteilen wir als unverständlich, irrational oder gefühlsgesteuert. Warum jemand etwas getan hat, interessiert nicht nur Richter und Geschworene beim Strafprozeß, sondern es ist eine der am häufigsten gestellten Fragen im Alltag. Warum hat unser Sohn in der Schule schon wieder eine Sechs geschrieben, warum möchte unsere Tochter ausgerechnet die brotlose Kunstgeschichte studieren, warum hat mein Partner mich betrogen, warum wendet sich meine Partnerin zunehmend der Esoterik zu? All dies bewegt uns in unserem Bemühen, die zwischenmenschlichen Ereignisse, das menschliche Handeln in unserem Umfeld zu verstehen und in einer plausiblen Weise zu erklären. Die Psychologie als Wissenschaft unterscheidet sich hier nicht von jener der Laien. Auch sie bemüht sich darum, menschliches Verhalten zu beschreiben, zu erklären, vorherzusagen und zu beeinflussen. Mit wichtigen Aspekten dieser Überlegungen wollen wir uns im nachfolgenden auseinandersetzen, weil sie für das Gesamtthema – für Ziele und für Beurteilungen – wesentlich erscheinen.

2.1 Kräfte und Funktionen:
ein Modell menschlicher Aktivität

Zum Vorverständnis sei vorausgeschickt, daß das Grundthema allen Lebens die Beziehung eines Lebewesens mit seiner Umwelt ist. Lebewesen – seien es Pflanzen, Tiere oder Menschen – sind auf die Umwelt angewiesen, denn dort finden sie, was für ihr individuelles Leben und für das Weiterbestehen der Art erforderlich ist. So suchen wir als Menschen in der uns umgebenden Welt Nahrung und Getränke, Geborgenheit und Betätigungsfeld, Freunde und Partner etc. All dies läßt sich kurzfristig zwar im Menschen selbst, in seiner Phantasie oder Vorstellung, herstellen, doch wird man langfristig – um als Individuum oder als Art zu überleben – auf den Schritt hinaus aus sich selbst und damit hinein in die Welt angewiesen sein.

Um nun in der Welt erfolgreich bestehen zu können, brauchen wir – so das zu skizzierende Modell – Kräfte und Funktionen. Die Kräfte drängen uns in die Welt hinein als Triebe, Strebungen, Motive, Willensakte. Sie lenken unsere Aktivität auf das hin, was wir benötigen, auf Nahrung, Schutz oder hinein in eine Partnerschaft. Diese Kräfte aber sind blind; in ihnen liegt keine Antwort auf die Frage nach dem Weg. Daher benötigen wir die Funktionen, die selber nicht antreiben, aber den Kräften die Richtung geben. Hier *Das Zusammenspiel von Kräften und Funktionen lenkt unser Handeln* kann man in erster Linie an die Wahrnehmung denken, aber auch an unser Gedächtnis, an die Denkfunktionen, das Lernen. Wenn wir z. B. Durst haben, können wir uns suchend in der Wohnung bewegen, um eine letzte Flasche Bier zu finden; vielleicht erinnern wir uns auch daran, daß wir noch einige Flaschen als Rest von der letzten Party in den Keller gebracht haben. Wir können aber auch nachdenken und uns überlegen, wo wir zu einer so späten Stunde noch ein Bier erwerben können; vielleicht haben wir aber auch gelernt, daß es der Wirt in der kleinen Kneipe nebenan mit der Sperrstunde nicht so genau nimmt. Das Zusammenspiel von Kräften und Funktionen lenkt unser Handeln.

2.2   Person und Situation

Kräfte und Funktionen richten zwar den Menschen auf seine Umwelt und auf die ihn umgebende Situation aus; sie befinden sich aber beide im Menschen. Erweitert man das soeben angesprochene Modell, so läßt sich zeigen, daß Verhalten und Handeln stets durch die Person, aber auch durch die Umgebung und somit die Situation bestimmt wird. Kurt Lewin hat in einer vielzitierten Formel immer wieder darauf hingewiesen, daß alles Verhalten eine Funktion von Person und Situation ist. Dabei *Verhalten und Handeln wird stets durch die Person, aber auch durch die Situation bestimmt* lassen sich natürlich die Einflußgrößen Person und Situation nahezu beliebig untergliedern und differenzieren. Wir wollen uns hier auf eine Grobgliederung beschränken, wie sie Abbildung 2.1 zeigt.

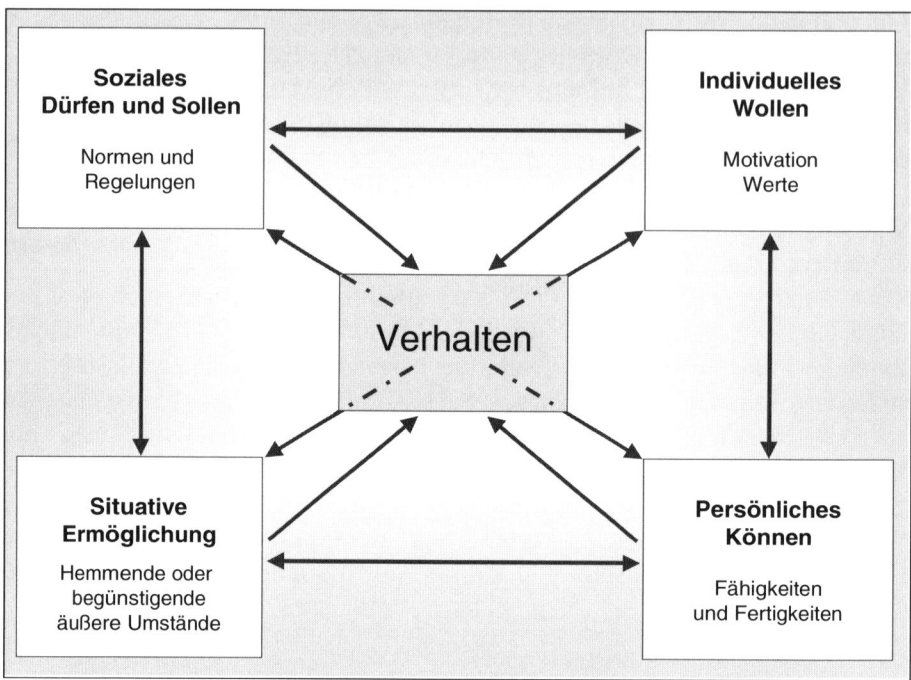

Abb. 2.1: Bedingungen des Verhaltens

Man erkennt, daß auf seiten der Person im Grundsatz von den Funktionen und Kräften ausgegangen wird, d. h.auf der einen Seite von dem, was die Person kann. Hier sind natürlich Wahrnehmung und Denken, Fähigkeiten und Fertigkeiten, Erfahrungen und Wissen etc. einzuordnen, also all das, was insgesamt die Kompetenz eines Menschen, sein Können, ausmacht. Auf der anderen Seite steht umgangssprachlich das Wollen. Dahinter verbergen sich in der Fachsprache der Psychologie die Motivation und die Volition (Willensbildung), also all das, was mit Antrieb, Bedürfnis, Drang, Trieb, Wille oder Wunsch umschrieben wird, was uns also dazu bewegt, unter Nutzung unserer Kompetenzen etwas zu tun, z. B. auf ein persönliches oder berufliches Ziel zuzusteuern.

Das Verhalten ist aber nicht nur von der Person, ihrem Wollen und Können, abhängig, sondern auch von der Situation, die hier aufgegliedert ist in soziales Dürfen und Sollen auf der einen Seite und situative Ermöglichung auf der anderen Seite.

Zum sozialen Dürfen und Sollen zählen all jene ungeschriebenen Gebote, Verbote und Freiräume, die für die Person gelten. Was fordert insgesamt der

Gesetzgeber, was verlangen die ungeschriebenen Regeln von Sitte und Anstand von uns, was sind die Selbstverständlichkeiten des Verhaltens innerhalb der Kultur des Unternehmens, und was sind die Spielregeln, an die man sich in der Abteilung hält? Andererseits ist manches nicht durch derartige Normen fixiert. So mag es den Freiraum geben, ob man mit oder ohne Krawatte zur Arbeit kommt, ob man sich innerhalb der Gruppe mit Du oder mit Sie anspricht, ob man sich am Betriebsausflug beteiligt oder nicht. All dies ist natürlich von Unternehmen zu Unternehmen ganz unterschiedlich und muß jeweils überprüft werden.

Auf der anderen Seite sind da die harten Fakten im Umfeld, die sich als Hindernisse beim Handeln in den Weg stellen oder aber das, was wir erreichen wollen, befördern. Dies sind die situativen Ermöglichungsbedingungen. Sind die notwendigen Ressourcen da, um das zu tun, was man vorhat? Verfügt man über das notwendige Geld, über die Unterstützung des Chefs und der Kollegen und auch über die notwendige Zeit für die Umsetzung des Planes? Steht ein Besprechungsraum zur Verfügung, wenn man spontan mit Kolleginnen und Kollegen etwas bereden möchte?

Wollen und Können einerseits, soziales Dürfen und Sollen sowie situative Ermöglichung andererseits sind selbstverständlich nicht unabhängig voneinander, sondern stehen in vielfältigen wechselseitigen Beziehungen. Das sei an einigen Beispielen belegt.

- Wer sich selbst kennenlernt, wird auch ein Bild des eigenen Könnens – der eigenen Kompetenzen – entwickeln und schließlich nur noch das wirklich wollen, was er glaubt, ausführen zu können. Völlig unrealistische, die eigene Kompetenz übersteigende Pläne wird er bestenfalls in seinen Tagträumen ausleben. Auf der anderen Seite wird man sein Können dort verbessern, wo man wirklich etwas will, man wird z. B. erhebliche Mühe auf sich nehmen, die chinesische Sprache zu erlernen, wenn es einen privat oder beruflich in den Fernen Osten zieht.
  Unsere Wünsche, Bedürfnisse und Wertorientierungen werden aber auch durch Situationen bestimmt, vor allem durch die Normen der Gesellschaft, der Familie, des Unternehmens, der eigenen Arbeitsgruppe. Der Mensch verinnerlicht im Zuge des Erwachsenwerdens das, was gesellschaftliche Spielregel ist, und will dies schließlich selbst. Langfristig will man meist das, was man

  Langfristig will man meist das, was man soll

  soll; Kinder wollen z. B. in die Schule kommen, sie wollen dort das tun, was auch die anderen Kinder tun. Wenn man erlebt, daß eine immer größere Zahl von Menschen im Sommerurlaub ins Ausland reist, so wird auch bei den übrigen Personen dieses Konsumbedürfnis sich bald entwickeln, und wenn es in der Kultur eines Unternehmens geradezu eine Selbstverständlichkeit wird, neue Ideen gemeinsam zu besprechen und als Verbesserungsvorschlag weiterzugeben, so werden auch die neu ins Unternehmen Eintretenden bald davon erfaßt und erleben Befriedigung dabei.

- Es gibt allerdings auch die umgekehrte Kausalität. Im Zuge des vielbesprochenen Wandels der Wertorientierungen, in dem individuelle Autonomie und Selbstentfaltung für immer mehr Menschen bedeutsam wurden und ihre Wünsche und Bedürfnisse bestimmte, veränderten sich schließlich auch die geschriebenen Normen. Man denke exemplarisch z. B. an die Herabsetzung des Alters der Mündigkeit und an die Gesetzgebung in bezug auf Schwangerschaftsabbruch, auf Homosexualität oder Sonntagsarbeit.

- Ähnliche Bespiele ließen sich für die Beziehung zwischen dem sozialen Dürfen und Wollen einerseits und dem Können andererseits denken. In einer Region etwa, in der die soziale Norm das Skifahren zur Freizeitbeschäftigung Nummer eins erhebt, wird dann auch das individuelle Können auf diesem Gebiet bei den meisten Personen hoch sein, was die Erfolge österreichischer Skisportler bei Weltmeisterschaften und Olympischen Spielen belegen, wobei diese Erfolge dann auch die einschlägige Normen verstärken und verfestigen.

- Aber auch die harten Bedingungen, die in der Situation liegenden Ermöglichungsbedingungen, stehen in vielfacher Wechselwirkung mit dem sozialen Dürfen und Sollen, mit dem persönlichen Wollen und dem individuellen Können. Normen werden sich nur in der Form stabilisieren, die innerhalb der gegebenen Rahmenbedingungen umsetzbar und lebbar sind. Unsere Wünsche, die zum Handeln drängen, ergeben sich vielfach aus der Wechselbeziehung zwischen dem, was wir wünschen, und dem, was wir mit Blick auf die Umsetzung für wahrscheinlich halten. (Bernoulli-Prinzip: Maximierung von Nutzen × Wahrscheinlichkeit). Entsprechend wird man kaum ernsthaft etwas anstreben, wenn die wahrgenommenen Rahmenbedingungen dies verbieten; entsprechend wird auch das, was man weiß und kann, was man an Fähigkeit entwickeln und an Fertigkeiten erwerben kann, stark von der Situation geprägt, wobei die Situation gelegentlich durch die Kompetenzen der Menschen aktiv umgestaltet wird.

Unsere Wünsche, die zum Handeln drängen, ergeben sich vielfach aus der Wechselbeziehung zwischen dem, was wir wünschen, und dem, was wir mit Blick auf die Umsetzung für wahrscheinlich halten

All dies soll nun hier nicht vertieft werden. Für unsere Überlegungen reicht es aus, zu sehen, daß das, was ein Mensch tut, nie von ihm allein, von seinem Wollen und Können, abhängt, aber auch nicht allein durch die Gestaltung der äußeren Rahmenbedingungen bestimmt werden kann. Zeigt etwa ein Mitarbeiter unerwünschte Verhaltensweisen, so sollte sein Vorgesetzter ihm nicht vorschnell einseitig die Schuld zuschreiben, sondern sich offen und kritisch fragen:

- Will er nicht anders?
- Kann er nicht anders?
- Darf er nicht anders? Oder:
- Lassen die äußeren Bedingungen ein anderes Verhalten nicht zu?

2.3 Zwischen Natur und Kultur – angeborene Handlungstendenzen und deren Überformung durch Erfahrung

Es ist ein alter Streit in den Sozialwissenschaften, der gelegentlich sehr affektiv ausgetragen wird, ob und inwieweit dem Menschen seine Fähigkeiten und Neigungen in die Wiege gelegt wurden und inwieweit sie beim Hineinwachsen in die Gesellschaft geprägt und erlernt werden. Heute hat die Hitzigkeit dieses Streits nachgelassen. Niemand, der sich ernsthaft mit der Thematik auseinandersetzt, wird bestreiten, daß es angeborene Handlungstendenzen, emotionale Reaktionsbereitschaften, Neigungen etc. gibt. Leib und Seele sind eine Einheit. Ähnlich wie die Haarfarbe und die Körpergröße genetisch vorgeben sind, sich aber je nach den Bedingungen unseres Aufwachsens in einem gewissen Umfang ändern können, so gilt dies auch für unsere Intelligenz, für unsere Lebensgrundstimmung, für unser Aktivitätsniveau, für unsere Neigung, uns mit anderen Menschen zusammenzutun oder auseinanderzusetzen.

Die Wissenschaft, die auf diesem Gebiet vor erheblichen methodischen Problemen steht, fragt letztlich nur nach den jeweiligen Anteilen: Inwieweit sind wir bei welchen Merkmalen genetisch bestimmt, inwieweit besteht in welchen Lebensaltern Prägbarkeit durch die uns umgebende Welt? So ist es einerseits offensichtlich, daß ein Kind hochkreativer und erfolgreicher Wissenschaftler, das durch einen Unglücksfall in völliger sozialer Isolation – dem legendären Kaspar Hauser gleich – aufgezogen wurde, zum schwer gestörten und idiotischen Menschen werden muß. Andererseits gilt, daß ein Kind mit geschädigtem Erbgut durch den Ein-

Menschen sind prägbar, aber nicht beliebig, sondern ein jeder innerhalb bestimmter Grenzen

fluß einer fördernden Sonderpädagogik noch manche Fertigkeiten erwerben kann, die ihm sonst verschlossen geblieben wären. Es ist auch einsichtig, daß eineiige Zwillinge, die identisches Erbgut in sich tragen, sich anders ent-

Welches Potential der einzelne hat, ist nicht mit Sicherheit zu sagen

wickeln werden, andere Interessen und Fertigkeiten zeigen werden, wenn einer der Zwillinge von einer Wissenschaftlerfamilie in New York, der andere von einer Innuitfamilie in Labrador adoptiert wird. Menschen, sind prägbar, aber nicht beliebig, sondern ein jeder innerhalb bestimmter Grenzen. Wo jeweils die Obergrenze liegt, welches Potential der einzelne hat, ist nicht mit Sicherheit zu sagen. Um dieses jedoch näherungsweise festzustellen, hat die psychologische Eignungsdiagnostik differenzierte Verfahren entwickelt, die sich in der Praxis durchaus bewährt haben.

Es ist keine rein akademische Frage, inwieweit Menschen prägbar und entwickelbar sind, sondern es hat erhebliches Gewicht für die Praxis. In manchen Unternehmen bis hinein in die Personalabteilung herrscht die in ihrer Kultur festverwurzelte Auffassung, daß Menschen eben so sind, wie sie sind. Wer seinen Aufgaben nicht gewachsen ist, muß ausgetauscht werden.
In ähnliche Richtung weist folgende häufig vertretene Auffassung: Führen kann man nicht lernen; zur Führungskraft muß man geboren werden. Andere dagegen, die intensiv von der Prägbarkeit des Menschen überzeugt sind, neigen zu der Aussage, daß jeder alles erlernen kann. Solche gelegentlich kaum reflektierte Grundauffassungen haben dann Einfluß auf die Personalpolitik.

Die einen verpflichten sich der Maxime »hire and fire«, setzen auf reflektierte

Ist der Markt leergefegt, wird stärker auf Personalentwicklung gesetzt. Gibt es hingegen mehr Bewerber als Stellen, sind Verfahren der Personalauswahl gefragt

Methoden der Personalauswahl und verzichten fast ganz auf Personalentwicklung. Andere dagegen entwickeln Förderungskonzepte für die Mitarbeiter, die sie möglichst langfristig an das Unternehmen zu binden suchen, und planen mit ihnen das Wachstum der Firma und parallel dazu die beruflichen Entwicklungen der Mitarbeiter. Selbstverständlich aber hängt es nicht allein von der basalen Grundeinschätzung der Prägsamkeit des Menschen ab, ob stärker auf Personalauswahl oder Personalentwicklung gesetzt wird, sondern dies wird ebenfalls durch die Arbeitsmarktlage beeinflußt. Ist der Markt »leergefegt«, sind also kaum qualifizierte Bewerber zu finden, so wird man stärker auf Personalentwicklung setzen.

Bewerben sich dagegen auf jede ausgeschriebene Stelle eine Vielzahl auf den ersten Blick geeigneter Kandidaten, so werden Verfahren der Personalauswahl gefragt sein.

Selbstverständlich sollten Personalauswahl und Personalentwicklung sich im Unternehmen nicht als konkurrierende Systeme gegen-überstehen, sondern sich ergänzen. So ist es – um dies am Beispiel zu zeigen – durchaus sinnvoll, mit den Methoden der Auswahl Personen mit dem notwendigen Potential zu entdecken, um diese dann zielgerichtet im Unternehmen zu entwickeln. Ob das Potential vorhanden ist, ob die Personal-entwicklung ihre Ziele erreichen wird, ist u. a. auch mit geeigneten Beurteilungssystemen zu diagnostizieren, auf die später eingegangen werden soll.

Personalauswahl und Personalentwicklung soll-ten sich idealer-weise ergänzen

2.4 Der Mensch als Opfer – das Konzept des Verhaltens

Viele Personen haben weitgehend unreflektierte Vorstellungen davon, wie ein Mensch beschaffen ist. Man bezeichnet dies als eine »naive« oder »implizite« Persönlichkeitstheorie. Manche meinen, der Mensch sei grundsätzlich gut, falls er nicht durch gesellschaftliche Umstände verdorben wird, während an-dere dem Satz aus der Bibel zustimmen, daß das Sinnen und Trachten des menschlichen Herzens von Jugend an böse sei. Auch in der Wissenschaft gibt es derartige Grundauffassungen, die dann allerdings reflektiert und begründet werden. So unterscheiden sich u. a. sowohl vorwissenschaftliche als auch wis-senschaftliche Sichtweisen vom Menschen dadurch, ob man ihn eher reaktiv sieht, d. h. als ein Wesen, das wie die Marionette an den Fäden des Puppen-spielers von den Umweltbedingungen geprägt und gesteuert wird, oder ob man den Menschen als aktiv, selbstgesteuert und – in Grenzen – frei annimmt. Beide Sichtweisen sind – ins Extrem gesteigert – Vereinseitigungen und damit falsch. Beide aber haben ganz bestimmte Aspekte des Menschen durchaus zu-treffend ins Visier genommen und sind zu Erkenntnissen gelangt, die für die Praxis wichtig sind. In diesem Sinne sollen zwei Perspektiven, die »behavioris-tische« und die »handlungstheoretische«, sehr knapp einander gegenüberge-stellt werden, um jeweils aufzuzeigen, welcher Nutzen für die Praxis daraus abzuleiten ist.

2.4.1 Die behavioristische Sicht des Menschen

Die Psychologie wird vielfach als eine Wissenschaft bezeichnet, deren Er-kenntnisgegenstand das menschliche Erleben und Verhalten ist. Nicht alle al-lerdings sehen dies so. Das hat vor allem methodische Gründe. Das Verhalten kann objektiv festgestellt werden, d. h., mehrere Beobachter können unabhängig voneinander das Verhalten eines bestimmten Menschen beobachten. Dies gilt für das Erleben nicht. Da es sich im »Inneren« abspielt, ist es jeweils nur dem unmittelbar gegeben, in dem sich der Erlebnisprozeß vollzieht. Zwar kann er anderen darüber berichten, aber ob das Berichtete dem Erleben entspricht und ob jeder Zuhörende die Berichte in gleicher Weise versteht, ist offen.

Um diesem Problem der unzureichenden Intersubjektivität bei der Erkenntnisgewinnung zu entgehen, hat eine naturwissenschaftlich orientierte Richtung der Psychologie in den USA sich ganz auf den Gegenstand des menschlichen Verhaltens konzentriert und sich entsprechend auch nicht mehr »Psychologie«, sondern »Behaviorismus« (Verhaltenswissenschaft) genannt. Wenn ausschließlich von außen beobachtbare Verhaltensweisen betrachtet wurden, konnte man nach den Gründen des Verhaltens nicht auf Wertorientierungen, Motivationen, Gefühle, Willensakte und ähnliche Erlebensprozesse mehr zurückgreifen, sondern war gezwungen, in von außen beobachtbaren Einflußgrößen die Bedingungen des Verhaltens zu erkennen. Diese Richtung der Psychologie hat – trotz ihrer Einseitigkeit, die letztlich nicht durchhaltbar war – das methodisch-kritische Denken in der Psychologie gestärkt und ist darüber hinaus zu durchaus relevanten bis heute gültigen Erkenntnissen und Erklärungsansätzen gelangt. So wurden menschliche Verhaltensweisen als durch die Situation ausgelöst betrachtet, wobei sie durch die Konsequenzen, die diesem Verhalten folgen, stabilisiert oder modifiziert werden. Das soll nachfolgend knapp erläutert werden.

2.4.2 Das S-O-R-K-Paradigma

Will man menschliches Verhalten erklären, prognostizieren oder verändern, ist es nach Auffassung der Behavioristen ratsam, sich am sogenannten S-O-R-K-Paradigma zu orientieren, das Abbildung 2.2 zeigt.

Abb. 2.2: Das S-O-R-K-Schema innerhalb des Konzepts des operanten Konditionierens (Lernen am Erfolg)

Wie ist dieses Konzept zu verstehen? In einer bestimmten Situation wirken Reize, Stimuli (S), auf den menschlichen oder tierischen Organismus (O) ein, der daraufhin eine bestimmte Reaktion (R), ein Verhalten, zeigt. Diesem Verhalten folgen nun Konsequenzen (K), die für das Individuum positiv oder negativ sein können oder – umgangssprachlich und keineswegs behavioristisch formuliert – als Erfolg oder Mißerfolg erlebt werden. An eine große Zahl von Untersuchungen – meist an Ratten oder Tauben, gelegentlich auch an Menschen – konnte nun gezeigt werden, daß eine positive Konsequenz das Verhalten bei dem betroffenen Organismus in der spezifischen Situation künftig häufiger auftreten läßt. Man bezeichnet dies als Verstärkung. Auf der anderen Seite geht die Auftretenswahrscheinlichkeit bestimmter Verhaltensweisen bei einem bestimmten Organismus in einer spezifischen Situation zurück, wenn auf dieses Verhalten keine positiven Konsequenzen folgen.

Das Konzept erscheint geradezu banal. »Das weiß doch« – so könnte man argumentieren – »jede Mutter, die ihre Kinder mit Belohnung und Bestrafung, mit Lob und Tadel, erzieht!« Dieser Einwand ist durchaus legitim, doch wird man häufig feststellen können, daß trotz der Einfachheit des Erklärungsansatzes im Alltag gegen die darin enthaltenen Ratschläge gehandelt wird. Eigenes und

Eigenes und fremdes Verhalten läßt sich gezielter stabilisieren oder verändern, wenn man sich konsequent an das S-O-R-K-Paradigma hält

fremdes Verhalten läßt sich gezielter stabilisieren oder verändern, wenn man sich konsequent an das S-O-R-K-Paradigma hält.

2.4.3   Verhaltensänderung durch Bedingungskontrolle

Die Reize der Situation bedingen ein bestimmtes Verhalten. Der Mensch reagiert auf die Bedingungen. Ändert man die Bedingungen, dann ändert sich auch häufig das Verhalten, zumindest erhöht sich die Wahrscheinlichkeit der Verhaltensmodifikation.

Beispiel 1

Ereignis:

Ein Student klagt darüber, daß er sich auf den Lernstoff nicht konzentrieren kann. Ein lernpsychologisch ausgebildeter Berater interviewt ihn differenziert und besucht ihn schließlich an seinem Arbeitsplatz. Dort sieht er einen Schreibtisch, der unmittelbar am Fenster steht und den Blick auf einen Kinderspielplatz freigibt. Auf dem Schreibtisch befindet sich außerdem eine Stereoanlage mit CD-Player und Tonbandgerät.

Ergebnis:

Eine kurze Beobachtung zeigt, daß sich der Student bei schwierigem, aversivem Lernstoff immer wieder einen Blick auf die spielenden Kinder gönnt oder, wenn das Lernen gar nicht vorangehen will, ein Musikstück anhört. Ein Verschieben des Schreibtischs an ein kahle Wand und die Verbannung der Stereoanlage in einen abgelegenen Teil des Raumes führen zu einem deutlichen Rückgang der Lernstörung.

Beispiel 2

Ereignis:

Eine Sekretärin kommt mit ihrer Arbeit nicht voran. Immer wieder verfehlt sie im Hinblick auf Arbeitsmenge und -qualität die vereinbarten Ziele. Man beobachtet sie an ihrem Arbeitsplatz, den sie mit einer Kollegin teilt. Es zeigt sich, daß sie bei jeder passenden oder unpassenden Gelegenheit das Gespräch mit dieser Kollegin sucht, danach fragt, was diese gerade tut, deren Aktivitäten kommentiert und dabei jeweils ihre eigene Arbeit unterbricht.

Ergebnis:
Die Schreibtische der beiden Damen stehen sich unmittelbar gegenüber, so daß sie sich beständig im Blick haben. Nachdem man die Schreibtische so umgestellt hat, daß sie im in einem Winekl von 90 Grad zueinander stehen und der Blick auf den Bildschirm nicht immer unmittelbar vom Blick auf das Gesicht der Kollegin abgelenkt wird, verbessert sich das Leistungsverhalten der Sekretärin.

Zu Beispiel 1 und 2:

Erkenntnis:
Es ist vielfach lohnend, sich die Bedingungen genau anzusehen, unter denen ein bestimmtes Verhalten erbracht wird. Häufig führt Bedingungskontrolle zu modifiziertem Verhalten, ohne daß man dabei in besonderem Maße an die Person appellieren muß oder sie gar in Trainings oder Seminaren auf verändertes Verhalten hin zu orientieren hat.

2.4.4 Verhaltensänderung durch Konsequenzkontrolle

Wie bereits dargelegt, wird Verhalten durch positive Konsequenzen stabilisiert, während dessen Auftretenswahrscheinlichkeit durch ein Ausbleiben positiver Konsequenzen absinkt.

Auf erwünschtes Verhalten sollten positive Konsequenzen folgen, auf unerwünschte Verhaltensweisen nicht

Eine positive Konsequenz kann eine Belohnung, aber auch das Ausbleiben einer Bestrafung sein, eine negative Konsequenz die Bestrafung oder das Ausbleiben der Belohnung, wie Abbildung 2.3 verdeutlicht.

	Einsetzen	Aufhören
angenehmes Ereignis	positive Verstärkung	Bestrafung
unangenehmes Ereignis	Bestrafung	negative Verstärkung

Abb. 2.3: Verhaltenskonsequenzen

Die Regel, die sich daraus für die Praxis ableiten ließe, ist denkbar einfach: Auf erwünschtes Verhalten positive Konsequenzen folgen lassen, dagegen nicht auf unerwünschte Verhaltensweisen. Obwohl dies ein so einfaches Prinzip ist, wird immer wieder dagegen verstoßen, was wiederum an einigen Beispielen belegt werden soll.

Beispiel 1

Ereignis:
Ein vierjähriges Kind fällt im Kindergarten dadurch auf, daß es sich immer dann, wenn die anderen gemeinsam spielen, auf den Bauch legt und zum Mitspielen durch die Erzieherin oder die anderen Kinder nicht zu bewegen ist. Ein Lernpsychologe analysiert die Situation. Er stellt fest, daß das Kind immer dann, wenn es sich auf den Bauch legt, vermehrt Zuwendung durch andere erfährt. Die Erzieherin redet freundlich auf das Kind ein, die anderen Kinder bilden einen Kreis um das auffällige Kind und wollen sehen, was geschieht. Da das Kind – wie man festgestellt hat – ein Einzelkind etwas älterer Eltern ist, die zu Hause jede Aktivität dieses Kindes mit Begeisterung verfolgen, ist es überdurchschnittliche Zuwendung gewohnt.
Der Interventionsvorschlag lautet in diesem Fall: Das unerwünschte Verhalten einfach ignorieren, dagegen die erwünschten Verhaltensweisen verstärken. Die Erzieherin wird aufgefordert, das auf dem Bauch liegende Kind künftig »wie Luft« zu behandeln und die anderen Kinder von dieser Situation fernzuhalten. Dagegen soll das Kind, wenn es mit den anderen spielt, zunächst für eine begrenzte Zeit die bevorzugten Rollen erhalten, z. B. die Rolle des »Häschens«, wenn »Häschen in der Grube« gespielt wird, oder die Rolle eines Räubers beim beliebten »Räuber-und-Gendarm«-Spiel.

Ergebnis:
Zunächst verschlimmert sich das unerwünschte Verhalten. Das Kind ist ja gewohnt, daß dieses Verhalten zur Beachtung durch andere führt, und versucht es nun mit dem Prinzip »Mehr vom gleichen«. Als aber all dies nichts bringt, bricht die Störung in sich zusammen; nach kurzer Zeit spielt das Kind unauffällig mit den anderen.

55

Beispiel 2

Ereignis:
Ein Vorgesetzter ist durch vielfaches Training darin geschult, sich hilfreich und ratgebend solchen Mitarbeitern zuzuwenden, die Probleme bei ihrer Arbeit haben und ihre Ziele nicht erreichen. Dagegen kümmert er sich kaum um jene Mitarbeiter, die in unauffälliger Weise gute Leistungen erbringen. »Warum soll ich mit denen sprechen, es klappt doch alles!« ist seine unausgesprochene Devise. Oder noch deutlicher: »Nicht kritisiert ist genug gelobt!«

Ergebnis:
Darauf zeigt sich nach einiger Zeit, daß die guten Leistungen zurückgehen und mehr und mehr Mitarbeiter zu Fehlern neigen. Deren mehr oder weniger bewußte Verhaltensmaxime wird offensichtlich: »Wenn ich einmal in Ruhe länger mit meinem Chef sprechen will, muß ich zunächst etwas ›in den Sand setzen‹!«

Beispiel 3

Ereignis:
Ein Abteilungsleiter verabscheut die Durchsicht umfangreicher Akten, was jedoch zu seinen Aufgaben gehört. Immer wenn er vor einem Stapel von Akten sitzt, bemerkt er, daß seine Konzentration nachläßt, sein Blick mechanisch über die Zeilen streift, ohne daß dabei der Sinn des Textes aufgenommen wird, oder daß er den Blick zum Fenster hinaus wendet und das Flattern der Vögel in den Bäumen beobachtet. Häufig kommt es auch dazu, daß er, wenn er sich so gar nicht konzentrieren kann, zunächst eine Tasse Kaffee trinkt oder ein Gespräch mit seiner Sekretärin sucht.

Ergebnis:
Beides – das Trinken des Kaffees und das Gespräch mit der Sekretärin – sind positive Konsequenzen für ihn. Positive Konsequenzen wofür? Ganz offensichtlich für die Drückebergerei. Der Abteilungsleiter belohnt sich selbst für seine mangelnde Konzentration.

Zu Beispiel 1, 2 und 3:

Erkenntnis:
Man sollte sich bei fremden oder eigenen Verhaltensstörungen jeweils zunächst fragen: Was ist das erwünschte und was ist das unerwünschte Verhalten? Sodann sollte man weiterfragen: Welche Konsequenzen folgen dem erwünschten und welche dem unerwünschten Verhalten? Folgen dem unerwünschten Verhalten positive Konsequenzen, so gilt es diese auszusetzen. Fehlen als Folge erwünschten Verhaltens positive Konsequenzen, so sind diese einzuführen.
Die Regel im ersten Beispiel muß also lauten: besondere Zuwendungen für das Kind, wenn es mit den anderen spielt. Die Regel im zweiten Beispiel sollte sein: Besonders intensiv und freundlich mit den Mitarbeitern sprechen, die gute Leistungen erbringen. Die Regel im dritten Beispiel muß lauten: Zunächst einige der Akten konzentriert und systematisch durcharbeiten, dann erst gibt es als Belohnung den Kaffee oder das Gespräch.

2.4.5   Management by reinforcement

Die Führungslehre hat aus diesen Prinzipien der Verstärkung praktisch gelernt und ein Prinzip des »management by reinforcement«, »Führung durch Verstärkung«, entwickelt. Das Grundprinzip ist denkbar einfach und muß nicht noch einmal begründet werden. Es wird klar präzisiert, welche Verhaltensweisen der Mitarbeiter wünschenswert sind und welche nicht. Führungskräfte werden nun systematisch dazu angehalten, nur auf das erwünschte Verhalten belohnende Verhaltensweisen, z. B. anerkennende Worte, folgen zu lassen und nicht erwünschte ebenso systematisch zu kritisieren oder zu ignorieren. Auf diese Weise läßt sich ein Verhalten modellieren, das den Zielvorstellungen des Vorgesetzten entspricht. Die Kehrseite eines derartigen Führungsprinzips liegt freilich darin, daß Eigeninitiative des Mitarbeiters unterdrückt wird; er hängt gewissermaßen an den Verstärkungen durch den Vorgesetzten wie die Marionette an den Fäden des Puppenspielers.

Verhalten läßt sich modellieren

2.4.6   Lernen am Modell

Um ein erwünschtes Verhalten zu lernen, muß man nicht selbst direkt die positiven Konsequenzen dieses Verhaltens erfahren. Dies kann auch indirekt erfolgen, indem man bei einem anderen beobachtet, daß ein bestimmtes Verhalten bei diesem Erfolg nach sich zieht. Man spricht in diesem Zusammen-hang von stellvertretender Verstärkung oder auch vom Modellernen. Der alltägliche Sprachgebrauch würde wohl den Begriff »Vorbildwirkung« ver-wenden.

Wie ist das Modellernen zu verstehen, wie läßt es sich intensivieren?

Ein Beobachter sieht, daß ganz bestimmte Verhaltensweisen eines anderen zu Konsequenzen führen, die er selbst für erstrebenswert hält. Er schließt daraus – was keineswegs voll bewußt sein muß –, daß das beobachtete Verhalten auch bei ihm zu den gleichen erstrebenswerten Konsequenzen führen würde. Dar-aus läßt sich ableiten, wodurch dieses Modelllernen begünstigt werden kann.

- Die beobachtete Person sollte dem Beobachter möglichst ähnlich sein, da-mit er sich mit dem Modell identifizieren kann.
- Die zum Erfolg führenden Verhaltensweisen sollten klar und gut beobach-tet werden können.
- Der Beobachter sollte die Einschätzung gewinnen, daß auch er in der Lage ist, diese Verhaltensweisen zu zeigen.
- Die Verknüpfung des erwünschten Verhaltens mit der positiven Konse-quenz sollte offensichtlich werden.
- Die positive Konsequenz, zu der die beobachtete Person gelangt, sollte auch vom Beobachter positiv bewertet werden.

Aus diesem Prinzip ist wiederum offensichtlich ableitbar: Vorbildwirkung prägt das Verhalten anderer. Führungskräfte werden besonders häufig zum Vorbild, denn das, was sie tun, wird von den Mitarbeiten in starkem Maße beachtet. Der Grund ist einfach: Führungs-kräfte haben »Ansehen«, was man ganz wörtlich nehmen kann. Verhaltensanalysen zeigen, daß derjenige, der über Macht und Einfluß verfügt, von den übrigen häufiger an-gesehen wird als andere. Dies gilt für die Pavianhorde ebenso wie für die Arbeitsgruppe. Wenn nun – was leider in der Praxis nicht selten ist – der Mitarbeiter einerseits immer wieder hören muß, daß koopera-tives Verhalten erwünscht ist, wenn er aber andererseits sieht, daß gerade die-jenigen, die sich unkooperativ verhalten und auf den eigenen Vorteil bedacht sind, eine Gehaltserhöhung bekommen oder gar befördert werden, so wird nicht die verbale Botschaft wirken, sondern das am Vor-bild beobachtete Verhalten. Wenn ein Abteilungsleiter sei-ne Gruppenleiter dazu auffordert, ihre Mitarbeiter über wichtige Veränderungen am Arbeitsplatz ausreichend und rechtzeitig zu informieren, er aber selbst die Gruppenlei-

Nicht die verbale Botschaft wirkt, sondern das am Vorbild beobachtete Verhalten

Was man sieht, wirkt häufig sehr viel intensiver als das, was man hört

ter immer wieder vor vollendete Tatsachen stellt, so wird er nicht erwarten dürfen, daß die Gruppenleiter seinen Aufforderungen folgen. Was man sieht, wirkt häufig sehr viel intensiver als das, was man hört.

2.4.7 Die Pawlowschen Hunde: die Konditionierung von Gefühlen und Verhalten

Nicht nur die Konsequenzen, die einem Verhalten folgen, haben modifizierende Wirkung, sondern häufig auch die Verknüpfungen zweier Stimuli miteinander. Dies ist früh vom russischen Nobelpreisträger Iwan Pawlow entdeckt worden. Das von ihm gefundene Prinzip ist einfach, aber für das Verständnis menschlicher Reaktionsweisen von hoher Bedeutung. Pawlow machte zunächst eine Zufallsentdeckung. In seinem Forschungslabor wurden Hunde als Versuchstiere gehalten. Tierpfleger sorgten für deren Fütterung und brachten das Futter über einen langen Gang zu den Tieren. Diese reagierten auf das Futter im Sinne eines angeborenen Programms ihres Körpers mit Speichelsekretion. Nach einiger Zeit kam es zur Speichelsekretion auch dann, wenn sie die Schritte der Tierpfleger, die das Futter brachten, auf dem Gang hörten. Pawlow schloß daraus, daß es die Hunde gelernt hatten, den angeborenen, biologisch bedeutsamen Stimulus (u. S), den Futterduft also, mit dem zunächst neutralen Stimulus (n. S), den Schritten der Tierpfleger, zu verknüpfen, so daß nach einiger Zeit der neutrale Stimulus die gleiche Reaktion auslöste wie der angeborene, der auch als unbedingter oder unkonditionierter Stimulus (u. S) bezeichnet wird.

Pawlow hat diese Zufallsbeobachtungen dann systematisch in Experimenten an Hunden analysiert. Den Hunden wurde jeweils kurz vor der Darbietung des Futters ein Glockenton (n. S) geboten, der Futterduft (u. S) löste die angeborene, die unbedingte Reaktion (u. R) aus. Nachdem man jedoch mehrfach der Glockenton knapp vor dem Futterduft geboten wurde und man dann den Glockenton allein darbot, zeigte es sich, daß dieser sich mit dem unbedingten Stimulus konditioniert hatte. Er war zu einem konditionierten Stimulus (c. S) geworden, der jetzt ebenfalls die Speichelsekretion auslöste (c. R). Dies ist eine Konditionierung erster Ordnung; verband man jetzt den Glockenton mit der Darbietung eines optischen Signals, so löste nach einigen Durchgängen auch das optische Signal den Speichelfluß im Sinne einer Konditionierung zweiter Ordnung aus. Das Prinzip dieses »klassischen Konditionierens« zeigt Abbildung 2.4.

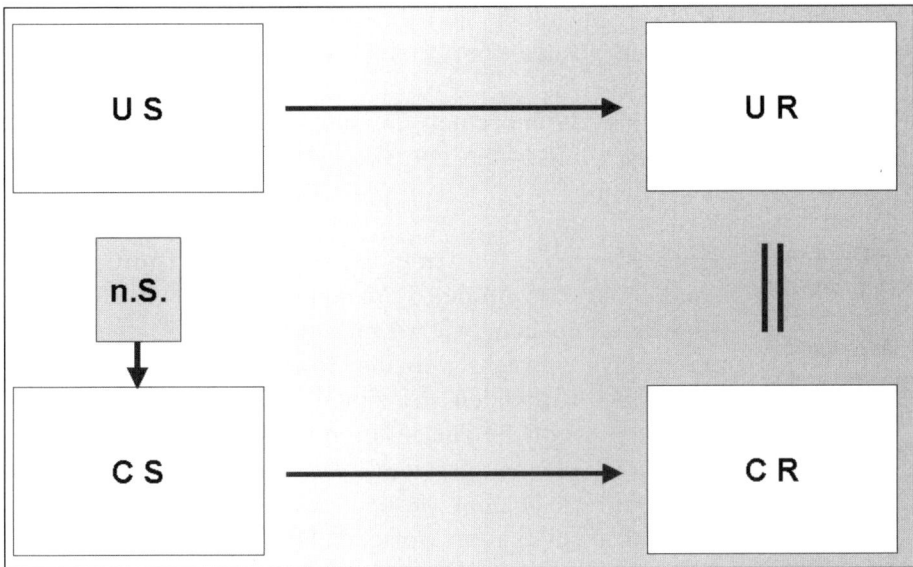

Abb. 2.4: Das klassische Konditionieren

Ähnlich strukturierte Experimente an Menschen zeigten, daß z. B. völlig neu-trale sinnlose Silben durch mehrfache Verbindungen mit einem schmerzhaf-ten elektrischen Schlag selbst Angstreaktionen auslösen können, daß politisch bedeutsame Worte durch entsprechende Konditionierungen emotional positiv oder emotional negativ besetzt werden (was z. B. im Zuge der sogenannten »Hirnwäsche« eine Rolle spielt), oder daß bestimmte Menschen oder Situa-tionen eine jeweils unterschiedliche emotionale Aufladung finden können, was dann Verhaltenstendenzen im Sinne des Zuwendens oder Abwendens zur Folge haben kann.

Auch für die betriebliche Situation ist dieses Lernprinzip von Relevanz. Man denke z. B. nur daran, daß die meisten Menschen Anerkennung gerne hören, Kritik jedoch nicht. Nun gibt es Tätigkeiten, die unabhän-gig von der ausführenden Person eher Anerkennung nach sich ziehen, andere dagegen, die häufiger mit Kritik ver-bunden werden. Die Chance auf Anerkennung ist dort höher, wo aufgrund eines besonderen Einsatzes der Per-son Spitzenleistungen möglich sind, wie z. B. im Verkauf

Diejenigen Tätig-keiten erlebt man positiver, die häufig mit Anerkennung verbunden waren

oder in der Forschung und Entwicklung. Die Kritikwahrscheinlichkeit ist dort größer, wo bei hohem Einsatz der Person lediglich Fehler vermieden werden können und bei geringerem Einsatz die Fehlerwahrscheinlichkeit deutlich steigt, wie dies z. B. in der Produktion oder in der Verwaltung gilt. Man kann nun zeigen, daß solche Tätigkeiten, die gehäuft Anerkennung nach sich ziehen, auch die beliebteren, positiver bewerteten sind.

Führungskräfte sollten also darauf achten, daß sie nicht nur Spitzenleistungen anerkennen, sondern auch fehlerfreie, zuverlässige Dauerleistungen, die allzuleicht übersehen werden.

Fassen wir zusammen: Menschen werden durch vielfältige Lernprozesse geprägt. Unmittelbare Verstärkung, Modell-Lernen, klassisches Konditionieren sind Beispiele dafür, wie wir im Zuge unserer Erziehung und unseres Hineinwachsens in die Gesellschaft geformt werden. Die dabei wirkenden Prinzipien bestimmen auch in Teilen die betriebliche Sozialisation und können von der Führungskraft bewußt gesteuert werden, etwa dadurch, daß erwünschte Verhaltensweisen belohnt werden, daß die Führungskraft das geforderte Verhalten in vorbildhafter Weise vorlebt und dafür durch das Unternehmen verstärkt wird oder auch dadurch, daß wenig geschätzte aber wichtige Verhaltensweisen mit emotional positiven Kontextbedingungen verbunden werden.

Führen durch systematisches Belohnen und Vorbild

In all diesen Situationen ist freilich der Mensch wenig aktiv. Es sind die äußeren Bedingungen, die ihn prägen und formen. All dies gibt es – es ist jedoch nicht die ganze Natur des Menschen, sondern nur ein Aspekt. Menschen sind auch aktive, aus innerem Antrieb heraus handelnde Wesen, was nun gezeigt werden soll.

2.5 Der Mensch als Täter – das Konzept des Handelns

Während das Verhalten in einem reaktiven Sinne verstanden wird, ausgelöst von der bedingenden Situation, aufrechterhalten oder modifiziert durch die Konsequenzen, die diesem Verhalten folgen, wird der handelnde Mensch als selbstbestimmt und selbstgesteuert interpretiert. Der handelnde Mensch wird als ein denkendes, planendes, zielorientiert agierendes Wesen verstanden, das selbstbestimmt aufgrund seiner Motivation und seiner Volition (Willensakte) in der ihn umgebenden Welt Wirkung erzielen möchte.

2.5.1 Handeln und Hirn – »Probehandeln mit vermindertem Risiko«

Der Mensch ist ein instinktarmes Wesen. Ihm wurden von der Natur keine detaillierten Handlungsprogramme in die Gene gelegt, die ihn in einer das Überleben der eigenen Person und der eigenen Art sichernden Weise das Richtige tun lassen. Kein Instinkt sagt uns, daß die wohlduftenden Knollenblätterpilze tödliches Gift enthalten. Weit mehr als andere Lebewesen sind wir darauf angewiesen, selbst zu lernen – etwa nach dem Prinzip »Versuch und Irrtum« oder indirekt durch die Erfahrungen anderer, das Herausbilden von Traditionen und gesellschaftlichen Wissens.

Versuch und Irrtum können ein tödliches Prinzip sein, wenn es z. B. um das Sammeln von individuellen Erfahrungen mit dem Knollenblätterpilz geht; hier hilft überlieferte Erfahrung, die uns am Wissen früherer Generationen teilhaben läßt. Diese aber beschränkt uns auf schon bestehendes Wissen und ermöglicht keine Innovation.

Wir können aber nicht nur aus eigener oder fremder Erfahrung lernen, sondern wir können als Menschen auch denken. Sigmund Freud hat das Denken als Probehandeln mit vermindertem Risiko beschrieben. In konzentrierter Vorstellung spielen wir eine Handlung durch, überlegen uns die denkbaren Konsequenzen, erfahren dabei, daß die eine Handlungsalternative mit hoher Wahrscheinlichkeit zu Mißerfolg und die andere eher zum Erfolg führen wird. So können wir das, was mißerfolgsträchtig erscheint, meiden und den Weg gehen, der wahrscheinlich den Erfolg nach sich ziehen wird. Dadurch sichern wir uns die Kraft der Kreativität, der Möglichkeit zum innovativen Tun. Wir können mit deutlich reduziertem Risiko Dinge tun, die wir selbst noch keineswegs durch Versuch und Irrtum ausgetestet hatten und die uns auch andere Personen nicht nahelegten. Das Denken befähigt uns dadurch zu einer effektiven Auseinandersetzung mit anderen Menschen und der uns umgebenden Welt.

Denken als »Probehandeln mit vermindertem Risiko«

Das Denken befähigt uns zu einer effektiven Auseinandersetzung mit anderen Menschen und der uns umgebenden Welt

2.5.2 Planung und zielorientierte Aktivität

Mit Hilfe unseres Denkens, jedoch getrieben durch aktivierte Motive, planen wir häufig unsere Handlungen. Wir reagieren nicht nur einfach auf äußere Bedingungen, wir handeln nicht – zumindest keineswegs immer – unreflektiert, affektgesteuert oder im Sinne eines angeborenen instinktiven Programms, sondern wir erarbeiten Schritt für Schritt einen Handlungsplan, der uns zum beabsichtigten Ziel bringen soll. In Gedanken können wir diesen Plan überprüfen, auf denkbare Schwachstellen »abklopfen«, uns Informationen beschaffen, um ihn weiter zu verbessern, bevor wir an die Umsetzung des Planes gehen, also ins Handeln einsteigen. In der Arbeitspsychologie spricht man häufig von »operativen Abbildsystemen«, d. h., der Arbeitende hat ein mehr oder weniger klares Konzept im Kopf, an dem er die Schritte seines Handelns vergleichend mißt, korrigiert, um auf dem beabsichtigten Wege zu bleiben und schließlich das angestrebte Ziel zu erreichen. Es gibt eine Vielzahl von Methoden in der Personalentwicklung, mit deren Hilfe jemand lernen kann, systematisch zu planen, die Handlung in Gedanken durchzuspielen, Ziele anspruchsvoll und realistisch für sich selbst zu setzen und dann konsequent in die Phase des aktiven Handelns überzuwechseln.

2.5.3   Motivation

Fragt man im Alltag nach dem Warum unseres Handelns, so ist es meist die Frage nach den Beweggründen, nach der Motivation. Diese Motivation ist es in erster Linie, die uns als Kraft voranbringt, die uns die erlebte Energie gibt, die unmittelbare Aktivität ausgelöst oder uns zum Nachdenken anregt, wie wir ein erstrebenswertes Ziel erreichen können. Natürlich ist die Motivation nicht der einzige Grund unseres Verhaltens, sondern die Motivation wirkt – wie bereits dargelegt – im Wechselspiel mit unserem Können, dem sozialen Dürfen und Sollen und der situativen Ermöglichung. Hier aber wollen wir den Blick auf die häufig als dranghaft erlebte Motivation richten.

Motivation ist kein einheitliches Konzept

Motivation ist kein einheitliches Konzept. Verschiedene Mechanismen – und in der Wissenschaft verschiedene Modellvorstellungen – verbergen sich dahinter, die einander nicht ausschließen, sondern sich ergänzen.

2.5.3.1   Bedürfnisse

Bedürfnisse werden meist als körpernahe Antriebe verstanden, die ein Verhalten in Gang setzen, das die eigene Existenz sichert und für den Fortbestand der Art sorgt. Bedürfnisse werden dabei nach Art eines Regelkreismechanismus interpretiert. Man spricht daher auch von sogenannten homöostatischen Ansätzen. Eine Analogie ist der Thermostat, der im Wohnzimmer die Temperatur regelt. Ein Sollwert von 20 °C wird eingestellt. Wird durch den Brenner im Keller die Wassertemperatur im Heizkessel so weit erhöht, daß die Zimmertemperatur über 20 °C steigt, so schaltet sich der Brenner aus; wird der Sollwert dagegen unterschritten, so springt der Brenner wieder an. In leicht oszillierender Weise wird jeweils eine Raumtemperatur von gelegentlich etwas über, gelegentlich etwas unter 20 °C gesichert. In ganz ähnlicher Weise wird nun das Funktionieren solcher Motive, wie den Bedürfnissen nach Nahrung, Getränk, Schlaf, sexueller Aktivität, Bewegung etc., verstanden. Sinkt z. B. der Blutzucker unter einen kritischen Wert, so erleben wir ein Bedürfnis nach Nahrung, das wir alltagssprachlich als Hunger bezeichnen und das uns dazu bewegt, etwas zu essen. Ist der Blutzuckerspiegel wieder gestiegen, geht der Hunger zurück und wir stellen die Nahrungsaufnahme ein. Es sind also in erster Linie innerkörperliche Störreize, die die Aktivierung des einschlägigen Bedürfnisses auslösen, und nicht von außen auf uns einwirkende Reize.

Es sind in erster Linie innerkörperliche Störreize, die die Aktivierung des einschlägigen Bedürfnisses auslösen, und nicht von außen auf uns einwirkende Reize

Freilich gilt dies nicht in einem strengen, sondern nur in einem akzentuierenden Sinne. Gerade am Beispiel des Hungers läßt sich dies zeigen. Jeder weiß, daß er selbst im gesättigten Zustand durch den Anblick seiner Lieblingsspeise zu einer weiteren Nahrungsaufnahme aktiviert werden kann oder daß ihn der Anblick fröhlich essender Freunde – ganz im Sinne des Futterneids – dazu bewegen kann, mehr zu essen, als ihm guttäte. Dennoch – das Hauptgewicht liegt auf dem innersomatischen Störreiz, wenn wir das Entstehen eines Dranges bedürfnistheoretisch interpretieren.

2.5.3.2 Anreiz

Bei einer Vielzahl von Motiven gilt, daß sie lange latent sein können, d. h. als Bereitschaften zu bestimmten Wünschen in uns ruhen, aber erst durch die Wahrnehmung von Anregungsbedingungen aktiviert werden. Man denke z. B. an einen Menschen, der aufgrund der Vorbildwirkung seines Vaters oder sonstiger Erziehungseinflüsse besonders ehrgeizig ist. Dieser Ehrgeiz beeinflußt sein Verhalten im Urlaub oder in den meisten Situationen seines beruflichen Alltagslebens kaum. Kommt es allerdings dazu, daß eine besonders schwierige Aufgabe gelöst werden muß oder daß eine berufliche Herausforderung ihn in Wettbewerb zu seinen Kollegen

Finanzielle Anreize, Statussymbole, Weiterbildungschancen, mittelfristige Karriereplanung und vieles mehr können zur Aktivierung latenter Motive dienen

setzt, so bestimmt der nun aktivierte Ehrgeiz das Handeln und wird als Wunsch im Bewußtsein repräsentiert, die Schwierigkeit zu meistern oder besser zu sein als die anderen. In ähnlicher Weise können finanzielle Anreize, Statussymbole, Weiterbildungschancen, mittelfristige Karriereplanung und vieles andere mehr zur Aktivierung latenter Motive führen, die dann ihrerseits wiederum ein vom Unternehmen gewünschtes Verhalten in Gang halten.

Eine Führungskraft, die mit Hilfe von Anreizen Mitarbeiter aktivieren möchte, sollte ihre Mitarbeiter auch kennen

Wichtig ist in diesem Zusammenhang, daß das anzusprechende Motiv und der Anreiz inhaltlich miteinander korrespondieren. Die Möglichkeit zum raschen Aufstieg im Unternehmen aktiviert den nicht, der wenig ehrgeizig ist, sondern in allererster Linie Wert auf die Sicherheit des Arbeitsplatzes legt, während die Möglichkeit des Beamtenstatus denjenigen eher unberührt läßt, der von seiner Motivstruktur her die rasche Karriere oder die Abwechslung sucht. Für eine Führungskraft, die mit Hilfe von Anreizen Mitarbeiter zu aktivieren sucht, heißt dies, daß sie ihre Mitarbeiter kennen sollte. Wen bewegt was; was fürchtet der eine, was hofft die andere? Die gewählten Anreize

Motivation entsteht aus dem Zusammenspiel einer zu motivierenden Person und einer motivierenden Situation

sollten dann soweit wie irgend möglich auf die Besonderheiten der zu motivierenden Person zugeschnitten sein. Gerade am Beispiel der anreiztheoretischen Konzepte läßt sich sagen, daß Motivation aus dem Zusammenspiel einer zu motivierenden Person und einer motivierenden Situation entsteht.

2.5.3.3 Kognitive Spannung

Der Drang zum Handeln kann – im Bilde gesprochen – im Kopf entstehen, wenn dort Widersprüche entdeckt werden, wenn man wissen will, wie es weitergehen wird. Wenn man z. B. bemerkt, daß das eine nicht so recht zum anderen passen will, dann wird ein Wunsch wachgerufen, Harmonie herzustellen, Rätsel zu lösen etc. Ein Beispiel hierfür ist die von Leon Festinger beschriebene kognitive Dissonanz. Häufig ist es ja so, daß wir uns gedanklich mit einander widersprechenden Wissensbestandteilen auseinandersetzen müssen. Dies beunruhigt uns und setzt Aktivitäten in Gang, die das Ziel haben, diesen Widerspruch abzumildern oder gar zu beseitigen. Der Raucher z. B. weiß, daß er raucht, und ist sich aufgrund vielfältiger Informationen auch des Umstandes bewußt, daß das Rauchen seine Gesundheit schädigt. Diese Dissonanz quält ihn – um mit Festinger zu sprechen –, sie aktiviert ihn in ähnlicher Weise, wie ihn Hunger aktiviert. Was nun im einzelnen von der Person getan wird, hängt von vielfältigen Umständen ab. Der Raucher unseres Beispiels kann durch geschickte Informationssuche zu dem Schluß kommen, daß die Untersuchungen zur Gesundheitsschädlichkeit des Rauchens von der Kaugummiindustrie finanziert wurden und darum nicht glaubhaft sind, er kann die Art seines Rauchens verändern, etwa die Zahl der Zigaretten, die er konsumiert, reduzieren oder zu solchen mit geringem Teer- und Nikotingehalt überwechseln oder gar das Rauchen gänzlich einstellen etc. Kognitive Spannung entsteht aber auch dann, wenn sich die gedankliche Gestalt noch nicht gerundet hat, wenn eine bohrende Frage ungelöst ist und auf die Antwort drängt. In diesem Sinne kann man z. B. zeigen, daß Kinder, die eine Rechenaufgabe nicht lösen konnten, sich diese viel länger merken als solche, denen die Lösung gelang. Auch eine Werbung, die z. B. auf ein neues Automobil aufmerksam macht, es aber noch nicht nennt, sondern auf die nächste Folge der Zeitschrift oder Zeitung verweist, wird aufmerksamer betrachtet und aktiviert die Neugier auf den kommenden Tag.

Für die Praxis der Führung heißt dies, daß man in Diskussionsrunden die Diskrepanz zwischen gewünschten Soll-Zuständen und beobachtbaren Ist-Zuständen deutlich machen soll, daß man gemeinsam mit den Mitarbeitern nicht alle Probleme mit einem »Brei der Harmonie« überdecken, sondern Unbefriedigendes herausarbeiten und generell eine Atmosphäre herbeiführen sollte, die neugierig macht und die den einzelnen auf die Suche nach Fehlern und Schwachstellen schickt.

Diskrepanz zwischen gewünschten Soll-Zuständen und beobachtbaren Ist-Zuständen deutlich machen

2.5.3.4 Wachstum und Selbstverwirklichung

Viele Motive, die wir als Bedürfnisse gekennzeichnet haben, entschwinden aus dem Bewußtsein und verlieren ihre handlungsbestimmende Kraft, wenn der Soll-Wert erreicht wird. Wir sind befriedigt und wenden uns anderen Inhalten zu. Dies gilt nicht für jene Motive, die der Wachstumsthematik unterliegen. Ein Beispiel dafür ist das häufig genannte Streben nach Selbstverwirklichung. Hier erreicht man das Ziel nie, sondern die Selbstverwirklichung besteht ja darin, daß man ständig auf dem Weg ist und mit dem Erreichen bestimmter Etappenziele hin zur neuen Etappe drängt. Es ist wie ein Spaziergang an der Westküste Kaliforniens, wo man eine der schönen Buchten durchwandern will, um hinter der Sanddüne zu schauen, wie es weitergeht. Dort erwartet uns die nächste Bucht, die uns zum Weiterwandern aufruft …

Viele Motive, die wir als Bedürfnisse gekennzeichnet haben, entschwinden aus dem Bewußtsein und verlieren ihre handlungsbestimmende Kraft, wenn der Soll-Wert erreicht wird

Diese Wachstumsthematik menschlicher Motivation führt in erster Linie dazu, daß sich der Menschheit neue Perspektiven eröffnen, daß die Forschung immer neue Triumphe feiert, daß in der Kunst ganz andersartige und viele Betrachter zunächst erschreckende Darstellungsweisen gewagt werden und insgesamt selten langfristig zu einem Augenblick gesagt wird: »Verweile doch, du bist so schön!«

Gerade in den Wachstumsmotiven liegt eine kaum erlahmende Kraft zu innovativem Handeln. Eine Führungskraft sollte dafür sorgen, daß diese Kraft bei den Mitarbeitern nicht durch die Umstände gebrochen wird. Wird der innovative Impuls, jeder Versuch, sich persönlichen beruflichen Zielen zu nähern, jeder selbständige, den Vorstellungen des Vorgesetzten nicht gänzlich entsprechende Weg zum Ziel durch Verbote und Barrieren gestoppt, so tritt schließlich Resignation ein. Der einzelne tut, was er muß, und wird schließlich zu einem Beispiel des Wortes von Gottfried Benn: »Dumm sein und Arbeit haben, das ist das Glück!«

2.5.4 Volition

Handeln, das durch die Motivation gespeist wird, macht Spaß. Im Extremfall kommt es sogar zum vielbesprochenen »Flow-Erlebnis«, das Abbildung 2.5 zeigt.

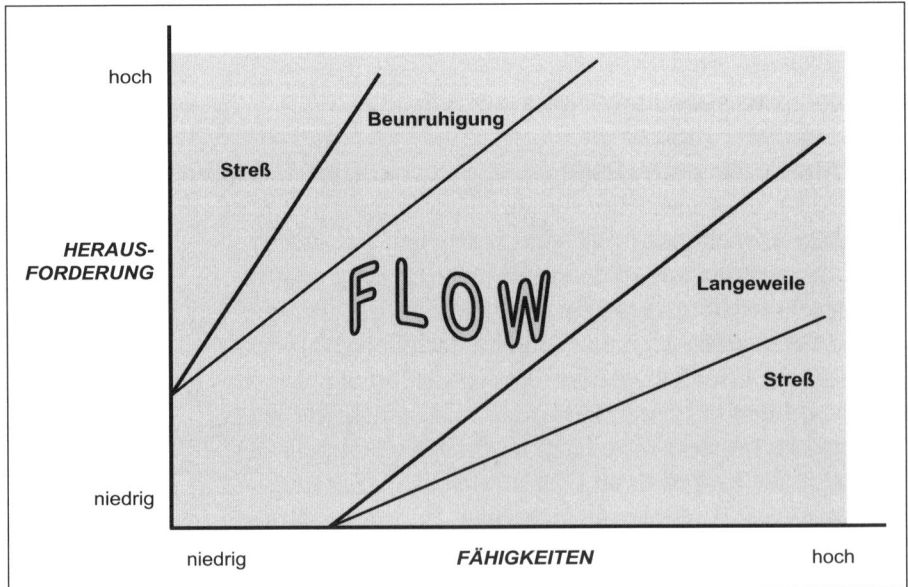

Abb. 2.5: Das Flow-Modell (Quelle: Csikszentmihalyi, 1992)

Was wir tun, wenn es zum »Flow-Erlebnis« kommt, entspricht genau dem, was wir können und wollen. Wir gehen
in unserer Handlung auf, vergessen die Zeit und erleben
so etwas wie ein rauschhaftes Glücksgefühl. Weder plagt
uns die Langeweile des Unterfordertseins noch der Streß,
der aus der Angst zu versagen stammt. Für Führungskräfte bedeutet dies, daß sie nach sorgfältiger Überlegung
Personen so plazieren sollten, daß deren Interessen und
Kompetenzen soweit wie möglich den Anforderungen
und Befriedigungspotentialen der Aufgabe entsprechen.
Gelingt dies, dann wird die Arbeit mit sogenannter »intrinsischer« Motivation
ausgeführt; Flow-Erlebnisse stellen sich ein.

Mitarbeiter sollten so eingesetzt werden, daß ihre Interessen und Kompetenzen soweit als möglich den Anforderungen und Befriedigungspotentialen der Aufgabe entsprechen

Leider gelingt dies nicht immer, leider fordert die Aufgabenstellung vom Be-
rufstätigen häufig, daß er etwas tun muß, was ihm keinen Spaß macht. Selbst
wenn jemand zunächst hochmotiviert und mit viel Freude an die Arbeit ging,
kann es zu ablenkenden Anregungen kommen.

Plötzlich bricht die Sonne aus der Wolkendecke hervor und man möchte in
den Biergarten gehen, statt den Bericht für die Marketingabteilung noch am
Spätnachmittag fertigzustellen, was man sich zunächst selbst vorgenommen
hatte.

Oder es macht die Bearbeitung eines schwierigen Personalfalles mehr Mühe
als erwartet; man ist geneigt die Akten zur Seite zu schieben und sich einer anderen Aufgabe zuzuwenden. Mitten bei der Arbeit steht plötzlich das Bild einer schönen Urlaubslandschaft vor dem inneren Auge, und man möchte viel
lieber tagträumen, als sich weiterhin auf die Arbeit konzentrieren. Die Beispiele ließen sich ohne Schwierigkeit fortsetzen; jeder kennt derartige Vorfäl-
le aus dem eigenen Arbeitsleben.

Mit den »Versuchungen« etc. fertig zu werden, ist nun Aufgabe einer psychi-
schen Kraft, die in der Wissenschaft mit »Volition« umschrieben wird, die man aber im Alltagsleben meist als
»Wille« oder »Willensstärke« umschreibt. Volition wird
notwendig, wenn die Motivation zu schwach wird oder in
eine andere Richtung drängt. Wir konzentrieren uns bewußt auf das Ziel, zwingen uns gar gelegentlich »bei der
Stange zu bleiben«, wehren ablenkende Gedanken ab,
versprechen uns selbst Belohnungen dafür, daß wir die geplante Tätigkeit zu
Ende führen, und ähnliches mehr.

Volition wird notwendig, wenn die Motivation zu schwach wird oder in eine andere Richtung drängt

Es gibt Menschen, die haben eine große Kompetenz im Umgang mit ihrer Volition. Sie bleiben konsequent bei dem, was sie sich vorgenommen haben, und lassen sich weder durch den Anruf guter Freunde noch durch ein spannendes Fernsehprogramm oder durch eigene ablenkende Gedanken vom Wege abbringen. Manche haben hier Probleme. Sie sollten lernen, diese Probleme zu erkennen, und dann für Abhilfe sorgen. Es gibt heute eine relativ große Zahl von Verfahren, mit deren Hilfe man – zunächst in Seminaren und Trainings – lernt, die eigene Volition zu stärken. Man erlernt dort z. B. Methoden, die dabei helfen, störende Gedanken abzuwehren; man entwickelt Routine darin, sich die angenehmen Gefühle oder die Belohnungen vorzustellen, die man zu erwarten hat, wenn man die zunächst aversive Aufgabe bewältigt hat, oder – die Kehrseite der Medaille – man stellt sich die Peinlichkeit und Lästigkeit vor, die sich ergeben wird, wenn man die Aufgabe unbewältigt liegen läßt. Insgesamt geht es dabei darum, die Bindung an das Ziel bewußt zu stärken, um so selbstbestimmt die Handlung zum geplanten Ende zu führen.

Insgesamt geht es dabei darum, die Bindung an das Ziel bewußt zu stärken, um so die selbstbestimmte Handlung zum geplanten Ende zu führen

2.5.5   Das Beispiel der Leistungsmotivation

Menschliche Motivation läßt sich ganz unterschiedlich klassifizieren, z. B. danach, ob sie angeboren oder erlernt ist, ob sie bewußt oder unbewußt wirkt, ob sie durch einen rhythmischen Verlauf gekennzeichnet ist oder nicht, ob sie uns zentral ergreift oder eher peripher bleibt etc. Die im Alltag verbreitetste Klassifikation jedoch bezieht sich auf die Ziele, die mit dem motivierten Handeln angestrebt werden. So sprechen wir, von Hunger, wenn Nahrung aufgenommen werden soll; geht es um das Getränk, dann sprechen wir von Durst; geht es um andere Menschen, dann von sozialen Motiven und so fort. Wenn berufliche Arbeit von einer Vielzahl von Motiven bestimmt wird und in diesem Zusammenhang gleichermaßen die Bedürfnisse nach Gelderwerb und Existenzsicherung, nach sozialen Kontakten und Geltung, nach Macht und Gestaltungsmöglichkeiten etc. eine erhebliche Rolle spielen, so wird hier bewußt davon abgesehen und exemplarisch eine ganz bestimmte andere Form der Motivation herausgegriffen, die Leistungsmotivation. Gerade sie ist für das Führen durch Ziele besonders wichtig. Leistungsmotivation läßt sich als ein Bestreben definieren, die eigene Tüchtigkeit in all jenen Tätigkeiten zu steigern oder möglichst hoch zu halten, in denen man einen Gütemaßstab – ein Ziel also – für verbindlich hält und deren Ausführung deswegen gelingen oder mißlingen kann. Derartige Gütemaßstäbe können z. B. Ziele sein, die die handelnde Person akzeptiert.

Leistungsmotivation ist nicht angeboren, sondern sie entwickelt sich vor allem während der Kindheit unter dem Einfluß elterlicher Erziehung und kultureller Normen. Vom vierten bis zum zehnten Lebensjahr lassen sich die stärksten prägenden Kräfte auf das Leistungsmotiv nachweisen. Dies allerdings heißt nicht, daß es in späteren Lebensjahren gänzlich stabil bleibt. Auch bei Erwachsenen kann ein Leistungsmotivationstraining durchaus noch zu gewissen Erfolgen führen.

Leistungsmotivation ist nicht angeboren, sondern entwickelt sich unter dem Einfluß der Erziehung

2.5.5.1   Hoffnung und Furcht

Die Stärke des Leistungsmotivs ist nicht nur von Person zu Person und von Kultur zu Kultur quantitativ unterschiedlich ausgeprägt, sondern auch qualitativ in verschiedener Weise zusammengesetzt. Eine besondere Rolle spielen dabei Hoffnung auf Erfolg und Furcht vor Mißerfolg. Diese beiden Tendenzen sind keineswegs Gegensätze, denn beide können das leistungsbezogene Verhalten durchaus aktivieren, doch ist es dann jeweils mit andersartigen Gefühlen verbunden. Ein Beispiel soll dies zeigen: Der Professor trifft in den späten Abendstunden noch zwei seiner Examenskandidaten in der Bibliothek. »Warum arbeiten Sie denn bis spät in die Nacht hinein?« fragt er den ersten. »Ich hoffe auf ein Prädikatsexamen und will das Meine dazutun!« lautet die Antwort. Der zweite dagegen – mit der gleichen Frage konfrontiert – antwortet: »Ich habe solche Angst, daß ich durchfallen könnte!« In einem Fall ist es also die Hoffnung, die zum intensiven Lernen führt, im anderen die Furcht.

Hoffnung auf Erfolg und Furcht vor Mißerfolg sollten sich innerhalb der Leistungsmotivation ergänzen, denn die Auseinandersetzung mit einem anspruchsvollen Ziel kann zum Erfolg führen, worauf man hofft, sie kann aber auch Mißerfolg mit sich bringen, was man fürchtet. Wichtig ist – das gilt vor allem für die Phase der Prägung des Leistungsmotivs durch Erziehung zwischen dem vierten und dem zehnten Lebensjahr – daß man lernt, daß es zwischen dem Grad der Anstrengung und der Wahrscheinlichkeit des Erfolgs einen engen Zusammenhang gibt. Eltern versündigen sich häufig dadurch gegen diese Maxime, daß sie die Selbständigkeit des Kindes nicht fordern und/oder die jeweiligen Ansprüche zu niedrig oder zu hoch ansetzen. Dafür abschreckende Beispiele:

Hoffnung auf Erfolg und Furcht vor Mißerfolg sollten sich innerhalb der Leistungsmotivation ergänzen

Beispiel 1

Ereignis:

Eine Mutter erinnert die neunjährige Tochter an den Geburtstag der Großmutter und fordert sie auf, ihr ein Geschenk zu machen.

Ergebnis:

Das Kind geht in sein Zimmer, schneidet lieblos ein Stück Pappe von der Rückseite eines Zeichenblocks ab, klebt etwas Buntpapier darauf und kommt nach wenigen Minuten mit dem schlampigen Machwerk wieder und preist dieses als Lesezeichen an. »Das ist aber lieb, da wird sich die Großmutter sicher freuen!« kommentiert die Mutter.

Erkenntnis:

Das Kind lernt, daß Erfolg sich »garantiert« einstellt und auch eine geringe Anstrengung dem nicht im Wege steht. So entsteht eine unrealistische »aufgeblasene« Hoffnung auf Erfolg, mit der kein wirkliches Leistungsmotiv verbunden ist.

Beispiel 2

Ereignis:

Ein sehr ehrgeiziger Vater hat seinen Sohn zum Boxunterricht geschickt und fragt ihn nach einer der Unterrichtsstunden, was er denn heute gelernt habe. Der Sohn berichtet, daß er heute erfahren habe, wie man sich vor einem angreifenden Gegner in Deckung bringt. Der Vater fordert den Buben auf, ihm das vorzuführen.

Ergebnis:

Der Sohn kreuzt seine Unterarme vor dem Oberkörper, der Vater sieht eine Lücke zwischen den Ellenbogen und gibt seinem Sohn einen so heftigen Schwinger, daß dieser jammernd in der hintersten Ecke des Raumes liegt.

Erkenntnis:

Was lernt dieses Kind? Ob ich mich anstrenge oder nicht, es wird immer mit Mißerfolg enden. Dies erinnert fatal an eine Figur aus der Comicliteratur, an Charlie Brown. Charlie kann sich noch so anstrengen, einen Drachen steigen zu lassen, der Drache stürzt immer ab. Der Glaube an die Möglichkeit eigener Erfolge geht verloren, es entsteht der ewige »Looser«.

Die zentrale Botschaft lautet also: Leistungsmotivation speist sich daraus, daß man gelernt hat, daß es bei angemessener Anstrengung zum Erfolg, bei mangelnder Anstrengung dagegen zum Mißerfolg kommt.

2.5.5.2 Aufgabenschwierigkeit als Anreiz

Wer leistungsmotiviert arbeitet, denkt zunächst nicht an die Anerkennung seines Vorgesetzten, an die finanzielle Leistungsprämie, an die erhöhten Chancen beruflichen Aufstiegs. Es geht ihm darum, dem für verbindlich gehaltenen Gütemaßstab gerecht zu werden und sich dadurch selbst zu bestätigen. Welcher Schwierigkeitsgrad der Aufgabe und damit des Ziels, das mit der Aufgabe verbunden ist, jeweils gesucht wird, hängt nun wesentlich von der Qualität der Leistungsmotivation ab. Hier unterscheiden sich solche Personen, die in erster Linie durch Hoffnung auf Erfolg vorangetrieben werden, von solchen, die vor allem den Mißerfolg fürchten. Wer in erster Linie Hoffnung auf Erfolg erlebt, wird anspruchsvolle, aber realistische Aufgabenschwierigkeiten bevorzugen. Sie stellen für ihn eine Herausforderung dar; wenn er sie bewältigt, dann ist er stolz und fühlt sich bestätigt. Ganz anders derjenige, der vor allem Furcht vor Mißerfolg hat. Er neigt dazu, sich ausgesprochen leichten Aufgaben und anspruchslosen Zielen zuzuwenden, die er sicher bewältigen bzw. erreichen wird, um so dem quälenden Erlebnis des Mißerfolgs zu entgehen. Oder aber er stürzt sich in nahezu unbewältigbare Aufgaben, setzt sich unrealistisch hohe Ziele, um dann, wenn es erwartungsgemäß »schiefgegangen ist«, die Ausrede sofort parat zu haben: »Das konnte ja gar nicht gehen.«

Wer in erster Linie Hoffnung auf Erfolg erlebt, wird anspruchsvolle, aber realistische Aufgabenschwierigkeiten bevorzugen

So betrachtet, sind Personen, die in stärkerem Maße von der Hoffnung auf Erfolg beseelt sind, im beruflichen Alltag moderner Unternehmen diejenigen, die vorzuziehen sind.

2.5.5.3 Die Bedeutung der Rückmeldung

Motive treiben uns zu einem Handeln, das letztlich befriedigend sein soll oder zur Befriedigung führt. Bei der intrinsischen Motivation, beim Auftreten des Flow-Erlebnisses, macht bereits das Handeln selbst Spaß und befriedigt uns.

Bei solchen Tätigkeiten, die eher von der Volition gesteuert werden und auch

**Leistungsmotivier-
tes Handeln sucht
Befriedigung im
Weg und im Ziel**

gelegentlich als extrinsisch motiviert bezeichnet werden, liegt die Befriedigung in erster Linie im Erreichen des Ziels. Leistungsmotiviertes Handeln sucht Befriedigung im Weg und im Ziel. Es macht Spaß sich anzustrengen, wenn man bemerkt, daß man dabei dem Ziel näher kommt; es bestätigt und macht stolz, wenn man das schwierige und anspruchsvolle Ziel tatsächlich erreicht hat.

Es gilt nun, dafür zu sorgen, daß der Handelnde erkennt, ob er dem Ziel näher kommt oder es gar erreicht hat. Manche Aufgaben sind so transparent, daß es dafür keiner Unterstützung von außen bedarf. Der Schreiner sieht unmittelbar, daß es mit dem Bau des Schrankes vorangeht, und er erkennt auch, wenn die Arbeit abgeschlossen ist und ob das Werk gut gelang.
Es gibt aber in vielen Bereichen der Wirtschaft und Verwaltung Aufgaben, bei denen der Ausführende nicht ohne weiteres erkennt, ob er auf dem rechten Wege ist, ob es vorangeht, ob die Aufgabe bewältigbar ist und ob dies gut gelang. Hier sollte der Vorgesetzte in angemessener Weise für die Rückmeldung sorgen und dies mit Anerkennung bzw. mit konstruktiver Kritik verbinden.

Literaturempfehlungen zu Kapitel 2

Bischof, N. (1989): Das Rätsel Ödipus. Die biologischen Wurzeln des Urkonflikts von Intimität und Autonomie. München: Piper.

Csikszentmihalyi, M. (1992): Flow. Das Geheimnis des Glücks. Stuttgart: Klett.

Nerdinger, F. W. (1995): Motivation und Handeln in Organisationen. Stuttgart: Kohlhammer.

Rosenstiel, L. v. (1996): Motivation im Betrieb (8. Aufl.). Leonberg: Rosenberger.

Rosenstiel, L. v. (2000): Grundlagen der Organsiationspsychologie. (4. Aufl.). Stuttgart: Schäffer-Poeschel.

Zimbardo, P. (1995): Psychologie (6. Aufl.). Berlin: Springer.

3

FÜHREN DURCH ZIELE

Führung ist ein weiter Begriff. Geführt wird ja keineswegs nur im Unternehmen, sondern auch in vielen anderen Feldern menschlichen Zusammenlebens, so in der Politik, in der Familie, in unterschiedlichsten Bereichen der Freizeit. Führung finden wir aber nicht nur beim Menschen, sondern auch überall dort, wo soziales Leben im Tierreich beobachtet werden kann. Hier wollen wir uns jedoch auf Führung in Organisationen beschränken. Diese läßt sich im weitesten Sinne als eine bewußte und zielbezogene Einflußnahme bestimmen. Allerdings können dabei ganz unterschiedliche Ebenen voneinander abheben. Da gibt es zum einen die Führung des Gesamtunternehmens, z. B. dessen strategische Ausrichtung auf neue Märkte oder neue Angebote. Es gibt aber auch die ganz gezielte Beeinflussung der einzelnen Mitarbeiter, die Personalführung. Diese wiederum kann sich schwerpunktmäßig auf solche Mittel und Wege beziehen, die letztlich aus »Papier und Technik« bestehen. Der von Menschen ausgehende Führungswille löst sich von diesen Personen ab und wird dann z. B. zur Stellenbeschreibung, zum Anreizsystem oder zu einer Produktionstechnologie, die den Arbeitenden zwingt, sich anzupassen. Der Führungswille kann aber auch zur Software werden, die den Designer, den Konstrukteur oder auch die Sekretärin bei ihren Tätigkeiten »führt«.

Führung ist bewußte und zielbezogene Einflußnahme

Es gibt aber auch – und darauf wollen wir uns hier beschränken – die Führung von Menschen durch Menschen, die personale Führung. Diese besteht in Organisationen darin, daß Vorgesetzte, die in der Regel ernannt und nicht gewählt werden, die ihnen unterstellten Personen mit Hilfe von Kommunikationsmitteln zielorientiert und bewußt beeinflussen. Konkret zeigt sich dies in Anweisungen, in der Bereitstellung von Informationen, im Rahmen motivierender Gespräche, bei der Koordination mehrerer Personen im Verlauf von Gruppenarbeit, bei Anerkennungs- oder Kritikgesprächen, bei Verfahrens- oder Ergebniskontrollen, im Prozeß von Beratung und Coaching sowie im Zuge von Beurteilungs- oder Förderungsgesprächen. Dabei spielen Ziele eine erhebliche Rolle. Die Führungskraft will ja mit Hilfe ihrer Mitarbeiter die Ziele erreichen, die dem Bereich, der Abteilung, der Gruppe gesetzt sind. Sie wird entsprechend zielorientiert – wie es die Definition sagt – zu beeinflussen suchen.

Wo aber kommen diese Ziele her, wenn im Unternehmen geführt wird?

3.1 Wo kommen die Ziele her?

Die in dieser Überschrift formulierte Frage erscheint müßig. Die Antwort – so mag mancher argumentieren – ist doch selbstverständlich. Wer in einer Verkaufsabteilung tätig ist, soll möglichst viel verkaufen; wer in der Verwaltung arbeitet, soll den Verwaltungsvorschriften gemäß Vorgänge rasch und fehlerfrei erledigen etc. Dennoch ist es – achtet man konkret auf die ablaufenden Prozesse – meist nicht so einfach. Soll z. B. der Verkäufer möglichst viel verkaufen und dabei bereit sein, bei der Preisgestaltung flexibel zu reagieren und notfalls den Gewinn gefährden, oder erscheint es wichtiger, den Gewinn zu mehren, auch wenn dies auf Kosten von Umsatz und Marktanteil geht? Soll man durch eine harte und aggressive Verkaufspolitik immer neue Kunden gewinnen, mit der Gefahr alte zu verlieren, oder soll man sich auf eine zufriedene, langfristig gebundene Stammkundschaft konzentrieren? Soll es – wenn mehrere Verkäufer geführt werden – erlaubt sein, daß ein jeder im Feld des anderen »wildert«, oder soll sich jeder auf sein Gebiet konzentrieren? Soll sich die Tätigkeit der Verkäufer auf das Verkaufen beschränken, oder sollen sie die Wünsche und Klagen der Kunden an die Forschung und Entwicklung im eigenen Unternehmen weitermelden, damit sie dort in Produktinnovationen integriert werden können?

Die Reihe der beispielhaften Fragen ließe sich nahezu beliebig fortsetzen und stellt sich mit größerer Dringlichkeit, wenn man nicht an den Verkauf denkt, sondern z. B. an Forschung und Entwicklung oder an Arbeitsbereiche, die sich mit personalpolitischen Fragen oder solchen der Unternehmensstrategie auseinandersetzen. Um welche Ziele geht es dort? Was soll wie rasch und auf welche Weise erreicht werden?

3.1.1 Leitbild und Strategie

In jedem Unternehmen dominieren bestimmte Werte bzw. werden solche Werte angestrebt. Man macht sie sich lediglich nicht immer bewußt. Dies ist anders, wenn man ein Leitbild ausdrücklich formuliert. Ein Leitbild faßt in prägnanten Formulierungen das zusammen, was an Orientierungen im Unternehmen besonders wichtig ist. Die darin getroffenen Aussagen sollten zum einen widerspiegeln, was die Mitarbeiter denken, und sie sollte ihnen zum anderen eine Orientierung darüber geben, »wohin die Reise geht«. Dies wiederum bedeutet, daß noch so attraktiv formulierte Leitbildsätze, die ein

Ein Leitbild faßt in prägnanten Formulierungen das zusammen, was an Orientierungen im Unternehmen besonders wichtig ist

externer Unternehmensberater zusammengestellt hat und die im Unternehmen kaum diskutiert wurden, wertlos sind. Richtiger wäre es, im Dialog mit den Mitarbeitern die zentralen Orientierungen zu erarbeiten, wobei Grundüberzeugungen in der Belegschaft und Zielvorstellungen der Unternehmensführung in die Gespräche eingehen sollten. Wie ein derartiges Leitbild strukturiert sein kann, verdeutlicht Abbildung 3.1 (Seite 82).

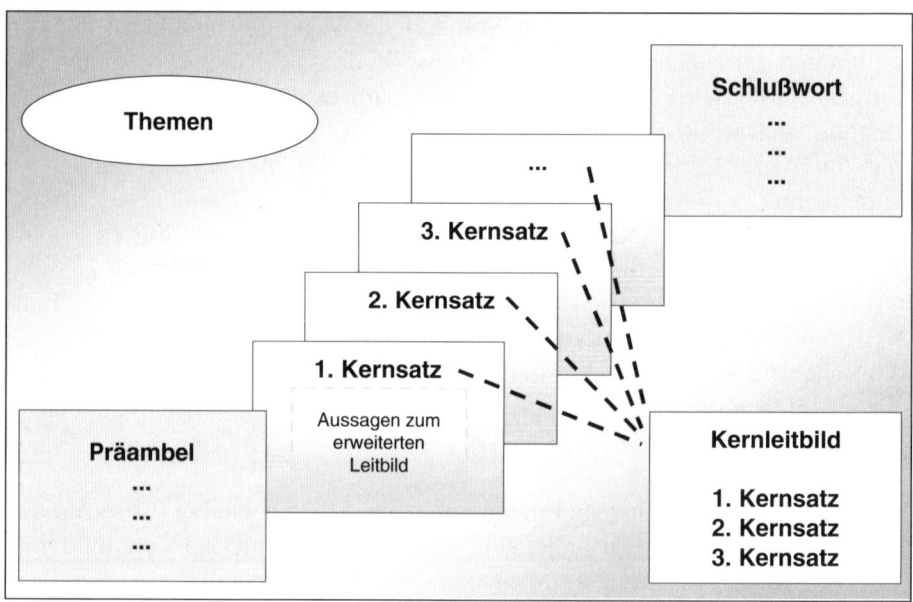

Abb. 3.1: Die Struktur eines Leitbildes (Quelle: Kirsch, 1997)

Enthält das Leitbild etwa die zentrale Aussage »Der Kunde bestimmt unser Handeln«, lassen sich daraus für die unterschiedlichsten Unternehmensbereiche sehr konkrete Ziele ableiten, die selbstverständlich für einen Bereichsleiter allgemeiner zu formulieren sind als für den Abteilungsleiter und für den diesem unterstellten Sachbearbeiter. Auch eine Formulierung wie »Die beständige Qualifizierung der Mitarbeiter ist für uns eine der wichtigsten Investitionen in die Zukunft« bedeutet für den Leiter der Personalentwicklung etwas anderes als für den jungen Maschinenbauingenieur, doch lassen sich daraus für beide Ziele ableiten, die handlungsbestimmend sind.

Entsprechendes gilt für die Formulierung einer Strategie. Strategische Planungen sind wie Reiserouten, die zum einen die Richtung der Fahrt in die Zukunft bestimmen und so an Weggabelungen darüber informieren, welchen der Wege man wählen soll.

Wird also die Strategie nach sorgfältigen Erwägungen dahingehend formuliert, daß man in fünf Jahren mehr als 50 % der geschäftlichen Aktivitäten im außereuropäischen Ausland abwickeln will, so lassen sich darauf bedeutsame Ziele für die Produktentwicklung, für den Marketingplan, für das Gewinnen und Qualifizieren der Mitarbeiter etc. ableiten. Die Ernsthaftigkeit und Glaubwürdigkeit von Leitbildern oder strategischen Plänen zeigt sich ja gerade darin, daß sie sich in den Zielen, die für jeden Mitarbeiter auf den verschiedenen hierarchischen Ebenen gelten, wiederfinden lassen.

Die Ernsthaftigkeit und Glaubwürdigkeit von Leitbildern oder strategischen Plänen zeigt sich darin, daß sie sich in den Zielen, die für jeden Mitarbeiter auf den verschiedenen hierarchischen Ebenen gelten, wiederfinden lassen

3.1.2   Bereichs- und Abteilungsziele

Aus den Aufgabenstellungen oder Funktionen der Bereiche, Hauptabteilungen, Abteilungen oder Gruppen lassen sich Ziele ableiten. Diese Ziele sind quantitativ und qualitativ so anspruchsvoll, daß ein einzelner sie nicht bewältigen kann. Kooperation vieler ist also erforderlich. Diese verschiedenen Aktivitäten gilt es zu koordinieren, was von der jeweiligen Führungskraft im Gespräch mit dem Mitarbeiter zu leisten ist. Dabei ist es ratsam, nicht nur die Aufgaben in dem Sinne zu delegieren, daß jeder die damit verbundenen Rechte und Verantwortlichkeiten übertragen werden, sondern daß zugleich die entsprechenden Ziele vereinbart werden. Diese leiten sich dann also kaskadenhaft von oben nach unten aus den Zielen der Bereiche, der Hauptabteilungen und Abteilungen, Gruppen und Einzelpersonen ab, die aber selbstverständlich jeweils nicht identisch sind, sondern sich inhaltlich so voneinander differenzieren, daß sie im Gesamtergebnis das ergeben, was die jeweils übergeordnete Einheit zu leisten hat. Die dabei erforderliche Koordination der Spezialisten ist eine der zentralen modernen Führungsaufgaben. Häufig sind ja Führungskräfte nicht in der Lage, die Tätigkeiten der ihnen unterstellten Spezialisten im Detail zu überblicken, und entsprechend auch nicht fähig, hier ins einzelne gehende Ziele vorzugeben und das Erreichen zu kontrollieren. Die Führungskräfte müssen aber insoweit die Bedeutung des Tuns dieser Spezialisten überblicken können, daß sie kompetent für die Koordination der Aufgaben und des Absprechens übergeordneter Ziele sorgen können.

Ziele leiten sich kaskadenhaft von oben nach unten ab

3.2 Der Weg und das Ziel – Verhaltens- und Ergebnisziele

In der Arbeitspsychologie werden Aufgaben häufig durch die Ziele, die Wege zu diesen Zielen und die Hilfsmittel zur Zielerreichung definiert. Es ist ja auch naheliegend, daß es bei jeder Aufgabenstellung ein Ziel gibt, das es zu erreichen gilt und um dessentwillen überhaupt die Aufgabe geschaffen wurde. Es ist ebenfalls naheliegend, daß es einen spezifischen Prozeß gibt, der zum Ziel führen (oder es verfehlen) kann, wobei jeweils zu prüfen ist, ob es nur einen (optimalen) Weg zum Ziel gibt oder ob es gilt, mehrere alternative Wege zu erproben, und daß man schließlich ganz bestimmte Hilfsmittel braucht, wie z. B. die Kooperation anderer, finanzielle Ressourcen, Geräte, Maschinen etc., um zum Ziele zu gelangen.

Je höher Qualifikation und Motivation sind, desto globaler und langfristiger sind die Ziele zu formulieren. Je geringer Motivation und Qualifikation dagegen sind, desto mehr Zwischenziele müssen vereinbart werden

Die Unterscheidung zwischen Weg und Ziel erscheint auf den ersten Blick klar und die Abgrenzung zwischen beiden präzise. Denkt man länger darüber nach, so erkennt man, daß diese Unterscheidung nicht ohne Willkür ist. Der Weg zum Ziel besteht ja aus vielen Schritten. Wird jeder Schritt als ein Zwischenziel definiert, so wird die Rede vom Weg zum Ziel zur Leerformel und damit auch die häufig in der Aufgabenstellung liegende Aussage, daß Ziele erreicht werden müssen, aber die Spezialisten aufgrund ihrer Fachkompetenz frei den optimalen Weg zum Ziel finden können, zur Farce. Es ist also zuvor von der Führungskraft sorgfältig zu erwägen, über welche Qualifikationen und Motivationen der unterstellte Spezialist verfügt. Je höher Qualifikation und Motivation sind, desto globaler und langfristiger sind die Ziele zu formulieren. Je geringer die Motivation und die Qualifikation dagegen sind, desto mehr Zwischenziele müssen vereinbart werden. Eine derartige Festschreibung sollte allerdings nicht auf Dauer erfolgen. Auch Personalentwicklung ist eine gewichtige Aufgabe jeder Führungskraft. Entsprechend sollte ein unterstellter Spezialist sich Schritt für Schritt weiterentwickeln, d. h., Ziele, die heute noch zu anspruchsvoll sind, können morgen angemessen sein.

Ziele, die heute noch zu anspruchsvoll sind, können morgen angemessen sein

Die Differenzierung zwischen Weg und Ziel gewinnt allerdings noch unter einer weiteren Betrachtungsperspektive an Gewicht. Ziele können sich – und das wird die Regel sein – auf Ergebnisse beziehen. Die bestimmte Menge eines

Gutes sollte bis zu einem bestimmten Zeitpunkt zu spezifischen Konditionen verkauft sein, so und so viele Kunden sollen in persönlichen Gesprächen bis zum Ersten des nächsten Monats differenziert über das neue Dienstleistungsangebot informiert werden etc. Ziele beziehen sich allerdings gelegentlich nicht nur auf dieses »Was«, sondern auch auf das »Wie«. Der Weg zum Ziel wird durch Ziele definiert. Dies gilt besonders häufig für Führungskräfte, bei denen nicht nur darauf geachtet wird, daß sie die Gruppen-, Abteilungs- oder Bereichsziele erreichen, sondern auch das Wie dieser Zielerreichung wird vereinbart. Als Richtlinien, die durchaus als Ziele interpretiert werden können, gelten z. B. Führungsgrundsätze. Aussagen, wie z. B. »Gute Leistungen werden vom Vorgesetzten anerkannt« oder »Macht der Mitarbeiter einen Fehler, so spricht der Vorgesetzte ihn darauf an und sucht in konstruktiver Weise gemeinsam mit ihm nach Wegen künftiger Fehlervermeidung«, deuten exemplarisch an, woran hier gedacht wird. Hat man vor Augen, daß zumindest kurz- und mittelfristig eine relativ hohe Leistung sowohl durch eine konsequent autoritäre, aber auch durch eine kooperative Führung erreicht werden kann, daß also der Mitarbeiter im ersten Fall gute Leistungen erbringt, weil er »muß«, im zweiten aber, weil er »will«, so wird daran deutlich, daß man in einem Unternehmen relativ unabhängig von den Ergebniszielen darüber nachdenken kann, auf welche Weise diese Ziele erreicht werden sollen.

Was für Führungskräfte gilt, läßt sich bis zu einem bestimmten Umfang auf die Mitarbeiter übertragen. Soll der Verkäufer mit der Methode des »hard selling« zum Ergebnis kommen oder dadurch, daß er den Kunden überzeugt. Ist »Freundlichkeit« im Umgang auch mit dem, der reklamiert ein Verhaltensziel oder setzt man darauf, den Reklamierenden abzuschrecken und zu verunsichern. Welches Führungsverhalten, welcher Umgang der Mitarbeiter untereinander, welcher Stil den Lieferanten, Kunden und Bürgern im Umfeld gegenüber erscheinen im Unternehmen wünschenswert oder gar verbindlich? Auch darüber gilt es nachzudenken und entsprechende Vereinbarungen zu treffen.

3.3   Unternehmensziele und persönliche Ziele

Wird über ein Führen durch Ziele gesprochen, so denkt man in erster Linie an jene Zielvereinbarungen, die sich letztlich aus den Unternehmenszielen ableiten lassen. Darüber wurde soeben gesprochen. Mitarbeiter haben aber auch Bedürfnisse, Wünsche, Zielvorstellungen, die sie nicht beim Pförtner abgeben, sobald sie das Unternehmen betreten. Entsprechend hat sich die Wissenschaft in jüngster Zeit vielfach mit persönlichen Zielen und spezifisch auch mit persönlichen beruflichen Zielen auseinandergesetzt. Dabei läßt sich zeigen, daß diese Ziele in der Regel keineswegs abgehoben sind. Ein Mitarbeiter, nach dem gefragt, was er im Betrieb erreichen will, wird sich letztlich Dinge vornehmen, die im realistischen Rahmen liegen. An welche Ziele dabei zu denken ist, zeigt Abbildung 3.2. Hier sind Ziele, die 800 junge Betriebswirte und Ingenieure zu Beginn ihrer Betriebszugehörigkeit formuliert hatten, und deren tatsächliche Realisierung im ersten Berufsjahr gegenübergestellt.

Rang	„Ich hatte mir fest vorgenommen ...“	%	Rang*
1	„... die Verantwortung für ein Projekt zu übernehmen.“	38.9	3
2	„... meinen Verantwortungsbereich zu erweitern.“	36.5	10
3	„... auf ein angenehmes Arbeitsklima in meiner Gruppe hinzuarbeiten.“	36.4	5
4	„... Seminare zu besuchen, die meine Führungsqualität fördern.“	32.5	25
5	„... einen ersten Aufstiegsschritt zu vollziehen.“	31.0	18
6	„... durch den Beruf eine gewisse Unabhängigkeit zu zu erreichen.“	30.5	2
7	„... meine Vorgesetzten von neuen Ideen zu überzeugen.“	28.4	22

* Rang der durchschnittlichen Realisierung im Bezug auf die Liste der 29 Ziele.

Abb. 3.2: Beispiel aus einer empirischen Untersuchung mit 800 Führungsnachwuchskräften (Quelle: Kaschube, 1997)

Für einen Menschen ist das, was er wirklich intensiv und nachhaltig anstrebt, zentral. Seine Wünsche, seine Zukunftsentwürfe, sind Teil seiner persönlichen Identität. Das Erreichen persönlicher Ziele ist so betrachtet der Kern von Selbstverwirklichung. Entsprechend tut eine Führungskraft gut daran, auf die persönlichen beruflichen Ziele der Mitarbeiter zu achten, mit ihnen darüber zu sprechen und – falls diese Ziele mit denen des Unternehmens kompatibel erscheinen – aktiv Förderung und Unterstützung bei der Umsetzung anzubieten. Wovon hängt es nun ab, ob die persönlichen beruflichen Ziele im Unternehmen erreicht werden? Das liegt zum einen an der Person und zum anderen an den betrieblichen Umständen.

Ob die persönlichen beruflichen Ziele im Unternehmen erreicht werden, hängt zum einen von der Person und zum anderen von den Umständen ab

Wenden wir uns zunächst der Person zu. Hier ist natürlich die erforderliche Kompetenz, die notwendige Qualifikation, wichtig, doch kann man beobachten, daß dies von der Person ohnehin berücksichtigt wird. Nur selten wird sich jemand ernsthaft ein persönliches berufliches Ziel vornehmen, das weit über den eigenen qualifikationsbedingten Möglichkeiten liegt. Neben dieser Qualifikation, dem »Können«, ist aber auch das »Wollen« von hoher Relevanz. Die Person muß ernsthaft entschlossen sein, ihr Ziel auch gegen Widerstände durchzusetzen, und dabei bereit sein, kurzfristig verlockend erscheinende Ablenkungen abzuwehren. Entschlossenheit und Bindung an das Ziel über eine längere Phase sind von der Personenseite her die besten Garanten der Zielerreichung.

Allerdings sollte auch die Situation förderlich sein. Hier hat sich erwiesen, daß es vor allem auf drei Einflußgrößen innerhalb der Organisation ankommt:

Realistische Tätigkeitsvorschau
Eine Person sollte darüber informiert sein, was konkret auf sie zukommt. Sie sollte wissen, welche Möglichkeiten bestehen und welche nicht. Dies wiederum heißt für denjenigen, der Personen anwirbt, einstellt und auf ihre Aufgaben vorbereitet, daß er ehrlich ist, nicht »das Blaue vom Himmel« verspricht, sondern nach bestem Wissen und Gewissen über Licht und Schatten informiert.

Handlungsspielraum
Wo alles bis ins Detail vorgeschrieben ist, wo kaum Freiheit für selbstbestimmtes Verhalten besteht, da ist natürlich auch das Verfolgen persönlicher beruflicher Ziele nahezu ausgeschlossen. Es sollten also in der Tätigkeit sowohl Abwechslungsreichtum, Möglichkeit für variables Handeln als auch Chancen für eigene Entscheidungen und Selbstkontrolle bestehen, wenn persönliche Ziele umgesetzt werden sollen.

Soziale Unterstützung
Immer geringer wird die Möglichkeit für den einzelnen, bei der Arbeit als »Einzelkämpfer« zu agieren. Kooperation ist erforderlich, wenn schwierige Ziele erreicht und komplexe Aufgaben bewältigt werden sollen. Entsprechend müssen andere mitziehen, wenn man im Betrieb etwas bewegen will.

Diese soziale Unterstützung bezieht sich aber keineswegs nur auf die Sachebene. Wer Zweifel hat, sich verunsichert fühlt, nicht mehr weiter weiß, dem ist die Nähe eines anderen wichtig, der sich einfühlt, Verständnis hat, möglicherweise als Gesprächspartner zur Verfügung steht und aktiv hilft. So betrachtet, ist ein soziales Netz, das Eingebundensein in eine Gruppe, für das Erreichen der eigenen Ziele wichtig. Die anderen helfen sachlich, und sie geben darüber hinaus die Sicherheit, die für ein zielorientiertes Handeln erforderlich ist. Betriebe sollten sich entsprechend überlegen, ob nicht Paten oder Mentoren bzw. spezifisch eingerichtete Gruppen Gleichgesinnter, die sich regelmäßig treffen, zu installieren sind.

Jetzt haben wir uns den Bedingungen zugewandt, die das Erreichen persönlicher beruflicher Ziele fördern. Was sind nun die Folgen des Erreichens dieser Ziele, was hat das Unternehmen, was hat der einzelne davon? Auch hier erscheinen die Befunde nicht überraschend. Das Erreichen persönlicher beruflicher Ziele steigert die Zufriedenheit mit der eigenen Arbeit, erhöht die Bindung an das Unternehmen und senkt Gedanken an die Kündigung. Wer also im Betrieb das realisieren kann, was ihm wichtig ist, wer dabei sogar vom Betrieb oder vom Führenden aktiv unterstützt wird, der wird eine positive Einstellung zum Unternehmen entwickeln. Er wird sich dort wohl fühlen, Loyalität zeigen und dem Unternehmen die Treue halten. All dies ist aus der Sicht des Unternehmens für den Aufbau eines engagierten und loyalen Mitarbeiterstammes bedeutsam. Bei Zielvereinbarungen sollte es entsprechend nicht nur darauf ankommen, den Mitarbeiter für die Ziele des Unternehmens zu gewinnen, sondern das Unternehmen sollte sich im Gegenzug darum bemühen, die persönlichen Zielvorstellungen der Mitarbeiter kennenzulernen und diese – wann immer dies möglich erscheint – zu fördern.

Bei Zielvereinbarungen sollte nicht nur der Mitarbeiter für die Ziele des Unternehmens gewonnen werden, sondern auch das Unternehmen für die persönlichen Zielvorstellungen des Mitarbeiters

3.4 Ziele für Ziele

Ziele sind für das Unternehmen und die Unternehmensplanungen wichtig. Das wurde gezeigt. Ziele sind aber auch ein äußerst effektives Führungsmittel.

Abbildung 3.3 verdeutlicht, wie stark die Wirkung von Zielen auf das Verhalten – verglichen mit anderen personalpolitischen Maßnahmen – ist.

Damit Ziele so wirken, wie es Abbildung 3.3 zeigt, müssen sie bestimmte Kriterien erfüllen. Zielvereinbarung bzw. Zielsetzung können in einer psychologisch angemessenen oder in einer fehlerhaften Weise erfolgen. Darum sollen »Ziele für Ziele« (siehe Abbildung 3.4) formuliert werden. Wie also sollten Ziele sein?

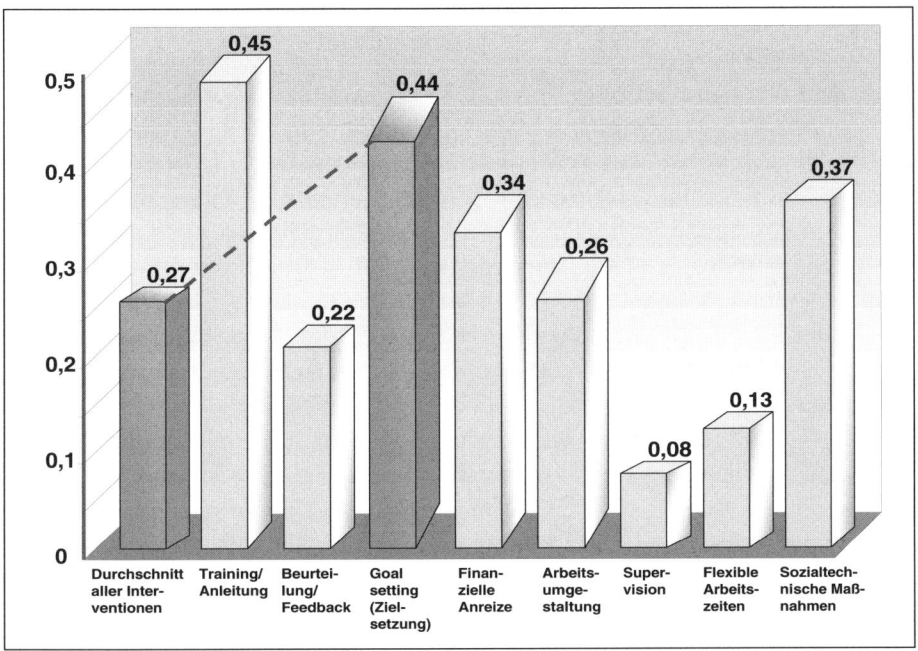

*Abb. 3.3: Wirkungen verschiedener leistungssteigernder Maßnahmen
(Quelle: Ergebnisse der Metaanalyse von Guzzo, Jette & Katzel, 1985)*

1.	**Präzise und eindeutig**
2.	**Meßbar und kontrollierbar**
3.	**Bedeutsam und unverzichtbar**
4.	**Widerspruchsfrei und priorisiert**
5.	**Schwierig und herausfordernd**
6.	**Repräsentativ für die Aufgabe**
7.	**Glaubhaft**
8.	**Akzeptabel und möglichst vereinbar**
9	**Bedeutsam für Oberziele**
10.	**Nicht zu detailliert**
11.	**Positiv formuliert**
12.	**Mit Feedback verbunden**

Abb. 3.4: Ziele für Ziele

3.4.1   Präzise und eindeutig

Aussagen wie »Tun Sie bitte ihr Bestes!«, »Machen Sie doch endlich schneller!« oder »Strengen Sie sich doch etwas mehr an!« sind in der Praxis üblich; es handelt sich dabei aber keinesfalls um Zielvorgaben. Ziele sollten präzise und eindeutig formuliert werden, was – wenn immer möglich – in quantitativer Form geschehen sollte. Die Zielvorgabe – oder besser noch die Zielvereinbarung – sollte in einem Gespräch erarbeitet werden, in dem es darum geht, bestimmte Mängel, einen Termin, einen Qualitätsindikator oder ähnliches mehr in einer für die Führungskraft und für den Mitarbeiter akzeptablen Weise festzuschreiben. Dabei ist sorgfältig darauf zu achten, daß Vorgesetzter und Mitarbeiter das Vereinbarte auch in gleicher Weise verstehen. Es kann aus diesem Grunde ratsam sein, die Vereinbarung schriftlich zu fixieren, damit es nicht nachträglich zu ganz unterschiedlichen Auslegungen kommt.

Ein präzise vereinbartes Ziel könnte etwa lauten: »Der Bericht an den Vorstand über die Marktentwicklung in Frankreich, der jeweils den Marktanteil unseres eigenen Hauses und diejenigen Marktanteile unserer sieben wichtigsten Mitbewerber enthält und die Entwicklung der Marktanteile über die letzten drei Jahre im Text und im Säulendiagramm darstellt, sollte bis zum 30. dieses Monats im Vorstandssekretariat vorliegen.« Meist wird es sich bei derartigen Zielen um ökonomische handeln, die sich auf die Zahl der verkauften Einheiten, auf den Gewinn oder ähnliches beziehen.

Wie bereits ausgeführt sind aber Zielvereinbarungen auch im Hinblick auf das Verhalten durchaus vorstellbar und in vielen Fällen auch ratsam. Dies soll an einigen Beispielen verdeutlicht werden: »Sie sollten als Abteilungsleiter am Anfang einer jeden Arbeitswoche mit ihren sieben Mitarbeitern die in der Woche anstehenden Tätigkeiten besprechen und ggf. Ziele mit ihnen vereinbaren.« Ein Verhaltensziel für einen Verkäufer könnte lauten: »Bitte schauen Sie jedem in das Geschäft eintretenden Kunden in die Augen, begrüßen Sie ihn mit freundlichen Worten und reden Sie ihn – falls es sich um einen Stammkunden handelt – mit seinem Namen an.«

Selbstverständlich sind nicht alle Ziele quantitativ zu erfassen. Das letzte Beispiel hat dies bereits verdeutlicht. Die Formulierung »mit freundlichen Worten« ist nicht quantitativ präzisiert, aber dennoch für das Ziel von ganz zentraler Bedeutung. Hier gilt es für den Führenden, mit dem Mitarbeiter möglichst genau abzusprechen, was darunter verstanden werden soll. Könnte es – dies ist natürlich je nach Situation zu variieren – bedeuten, daß man Aktenarbeit bei Eintritt des Kunden sofort unterbricht und sich von seinem

Schreibtisch erhebt, daß man einige Schritte auf den Kunden zugeht, ihn anschaut und mit seinem Namen anspricht, daß man – falls man ihn näher kennt – nach dem Gang seiner Geschäfte oder nach dem Befinden erkrankter Familienmitglieder fragt oder aber einige verbindende Worte über das Wetter formuliert, daß man ihn – falls ein längeres Gespräch ansteht – einen Platz und eine Erfrischung anbietet etc. Wenn irgend möglich sollten also Ziele in einem so weit gehenden Präzisions- und Eindeutigkeitsgrad getroffen werden, daß sie als ein unmißverständlicher Soll-Wert gelten können, der mit einem späteren Ist-Wert verglichen werden kann.

3.4.2 Meßbar und kontrollierbar

Ziele sind nicht nur Grundlage späterer Kontrolle, sondern sollten auch die Möglichkeit zur Selbstkontrolle eröffnen. Es gilt ja für den Mitarbeiter eine Basis dafür zu schaffen, daß er sich selbst kontrollieren kann, und auch die Führungskraft sollte überprüfen können, ob die Ziele erreicht wurden. Hier ist nun sorgfältig darauf zu achten, daß die Ziele so formuliert werden, daß für die beiden Betroffenen eine Kontrollbasis, also eine Grundlage für die Selbst- und die Fremdkontrolle, besteht. Unsinnig ist es daher, Ziele so zu formulieren, daß jede Kontrolle ausgeschlossen werden kann. Zum Teil kennen wir dies bei Umweltauflagen, wo Grenzwerte festgelegt werden, die bislang mit den bestehenden Meßverfahren gar nicht registriert werden können.

Ziele sollten so formuliert sein, daß eine Grundlage für die Selbst- und Fremdkontrolle besteht

Beim Zielvereinbarungsgespräch wird es zu derartigen Problemen zwar selten kommen, doch werden häufig Ziele so formuliert, daß der Vorgesetzte sie aus ganz pragmatischen Gründen nicht überprüfen kann. So ist es wenig sinnvoll, wenn der Führende seinem Mitarbeiter vor seinem Einsatz in den USA sagt: »Bitte arbeiten Sie jeden Abend zumindest eine Stunde mit Hilfe der Kassetten ihres Fernstudiengangs an ihrem Wirtschaftsenglisch, um ihre Kompetenz auf diesem Gebiet zu verbessern!« Der Vorgesetzte kann dies ja nicht kontrollieren, da er keinen Zugang zu der Privatsphäre seines Mitarbeiters hat. Hier erscheint es angemessener zu sagen: »Bitte befassen Sie sich jetzt so intensiv mit dem Wirtschaftsenglisch, daß sie in zwei Monaten flüssig eine Verkaufsverhandlung mit einem Gesprächspartner führen können, der ausschließlich die englische Sprache spricht!«

3.4.3 Bedeutsam und unverzichtbar

Gelegentlich werden Ziele formuliert, deren Erreichen weder für das Unternehmen noch für irgendeinen Kooperationspartner wichtig ist. So findet man häufig, daß es zu den Aufgaben eines Protokollanten gehört, Kopien des Protokolls nicht nur in der eigenen Abteilung zu verteilen, sondern sie zur Information auch an sämtliche Abteilungsleiter des Hauses zu geben. Wenn man prüft, was diese mit ihrer Kopie machen, so erfährt man durchgängig, daß sie sie ungelesen in den Reißwolf schmeißen. Wollen sie etwas für sie Wichtiges erfahren, dann rufen sie unmittelbar bei ihren Kollegen, die an der Sitzung teilgenommen haben, an. In diesem Sinne ist es ratsam, sich vor einer Zielvereinbarung zu fragen: »Was geschieht, wenn dieses Ziel nicht erreicht wird?« Lautet die Antwort: »Dann geschieht nichts«, dann sollte das Ziel ersatzlos gestrichen werden. Energien sollte man nicht verzetteln, sondern auf das konzentrieren, was wesentlich und unverzichtbar ist. Es gilt also jeweils zu überprüfen, was dringlich und was wichtig ist. Aufgaben, die weder wichtig noch dringlich sind, gilt es zu streichen, wie Abbildung 3.5 zeigt.

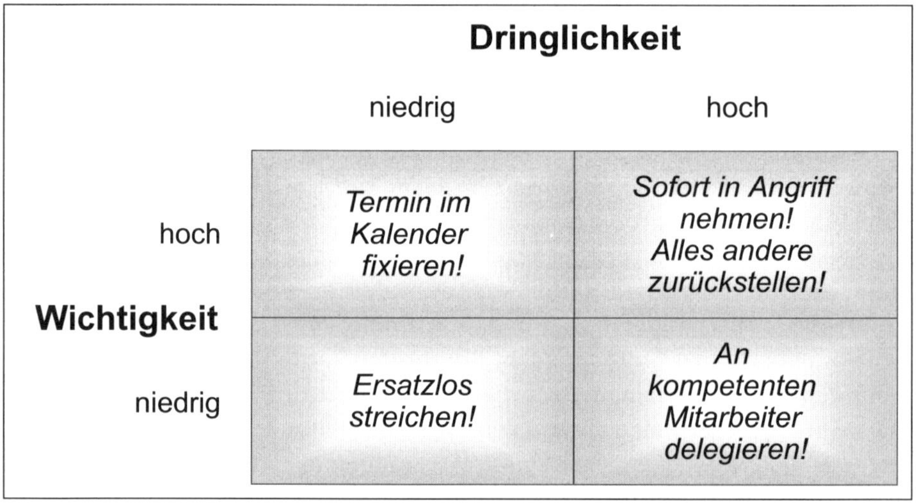

Abb. 3.5: Das Wichtige und das Dringliche (Quelle: Comelli & v. Rosenstiel, 1995)

3.4.4 Widerspruchsfrei und priorisiert

Nur in relativ wenigen Fällen wird eine Gruppe oder ein einzelner Mitarbeiter nur ein Ziel zu erreichen haben. Meist sind es mehrere Ziele, oder es wird eine in sich geschlossene Aufgabe an verschiedenen Indikatoren – z. B. der

Quantität, dem Zeitbedarf und der Qualität – gemessen. Die Konstruktion soll innovativ sein und kostengünstig erfolgen, der Verkäufer soll während des Verkaufsgespräch zu einem raschen Verkaufsabschluß kommen, aber dennoch den Kunden langfristig an das Unternehmen binden, der Produktionsleiter sollte für ein zwischenmenschlich gutes Klima sorgen und dennoch zu hoher Produktivität gelangen etc. All dies macht nun keine Mühe, wenn die Ziele sich wechselseitig fördern, wenn also das Erreichen des einen Ziels schon ein wichtiger Schritt hin zum Erreichen des anderen ist. Dies ist nun leider keineswegs immer der Fall, so daß es empfehlenswert ist, bei anspruchsvollen Zielgesprächen die Beziehungen der einzelnen Ziele zueinander zu prüfen, wie es Abbildung 3.6 andeutet.

Idealerweise fördern sich Ziele wechselseitig

	ZIEL 1	ZIEL 2	ZIEL 3	ZIEL 4	ZIEL 5
ZIEL 2	+				
ZIEL 3	-	-			
ZIEL 4	O	+	O		
ZIEL 5	?	+	-	?	

Abb. 3.6: Beziehungen von Zielen zueinander

Man erkennt, daß die Ziele in einer unterschiedlichen Beziehung zueinander stehen. Dies soll etwas näher ausgeführt werden. Denkbar ist:
- Die Ziele gehen Hand in Hand; das eine fördert das andere (+).
- Die Ziele haben nichts miteinander zu tun; erreicht man das eine Ziel, so bleibt das ohne jeden Einfluß auf das andere (0).

- Die Ziele behindern einander; das Verfolgen des einen Ziels erschwert oder stört das Erreichen des anderen entweder, weil dann die Zeit für das Ziel fehlt oder aber weil das eine Ziel dem anderen inhaltlich widerspricht (–).
- Man weiß nichts über die Beziehungen der Ziele zueinander, kann also nicht beurteilen, ob das Verfolgen des einen Ziels das andere fördert, behindert oder ohne Einfluß auf dieses bleibt (?).

Werden nun verschiedene Ziele mit einem Mitarbeiter besprochen, so sollte die Führungskraft zur Klärung eine derartige Matrix, wie sie Abbildung 3.6 zeigt, aufbauen und jeweils mit dem Mitarbeiter besprechen, ob die für ihn wesentlichen Ziele einander behindern, unabhängig voneinander sind, sich fördern oder in einem unbekannten Verhältnis zueinander stehen. In diesem letztgenannten Fall gilt es, Informationen oder Erfahrungen zu gewinnen, um das Fragezeichen auflösen zu können. Dort, wo die Ziele in einem neutralen Verhältnis zueinander stehen oder sich sogar wechselseitig fördern, hat man keine Schwierigkeiten, Zielvereinbarungen in beiden Fällen zu treffen. Dort allerdings, wo sich Ziele widersprechen, wo sich z. B. Quantität und Qualität der Aufgabenerfüllung notwendigerweise ausschließen, sollte man nicht mit der Floskel argumentieren: »Dafür werden Sie ja bei uns gut bezahlt, daß sie beides unter einen Hut kriegen!«, sondern man sollte Prioritäten bilden: »Was hat in diesem Fall Vorrang?« Diese Frage sollte dann in einer klaren und eindeutigen Weise beantwortet werden.

Bei widersprüchlichen Zielen müssen eindeutige Prioritäten gebildet werden

Sind mehrere Ziele zu erreichen, so sollte man zumindest mittelfristig prüfen, ob es nicht zu viele sind. Es gilt, sich auf weniges, wirklich Bedeutsames zu konzentrieren. Bei Hewlett und Packard gilt der Satz: »Mehr als zwei Ziele sind kein Ziel!« Ob es denn tatsächlich nur zwei sein dürfen, darüber mag man streiten. Vielleicht erscheinen ja auch noch drei oder vier akzeptabel. Eine Obergrenze im einstelligen Bereich aber sollte es geben, sonst sind entweder die Ziele zu eng definiert, d. h., es handelt sich nicht eigentlich um Ziele, sondern um Zwischenziele, oder der Mitarbeiter wird gnadenlos überfordert. Hier gilt die einfache Regel: »Klotzen ist besser als Kleckern« oder seriöser formuliert: »Konzentration auf das Wesentliche«.

Mehr als zwei Ziele sind kein Ziel

3.4.5 Schwierig und herausfordernd

Will ein Trainer einem Olympiasieger im Hochsprung das Ziel vorgeben, über 1,80 m zu springen, so macht er sich lächerlich. Für einen Hochspringer der

Weltklasse sind 1,80 m keine Herausforderung; diese beginnt bei 2,30 m. Die Führungskraft sollte also die Möglichkeiten und Potentiale seines Mitarbeiters kennen. Denn ähnlich wie die 1,80 m für den einen eine Unterforderung sind, können sie für den anderen durchaus eine Überforderung darstellen. So gilt es zu kommunizieren, was aus betrieblicher Sicht die Anforderungen sind, aber diese sollte man im konkreten Zielgespräch so modifizieren, daß sie auf das Leistungsvermögen, den Qualifikationsstand oder die besondere Situation des jeweiligen Mitarbeiters hin differenziert werden. Der motivationspsychologische Grund einer derartigen Handlungsweise ist offensichtlich. Ziele sollen ja –

Ziele sollen motivieren und zugleich die Möglichkeit künftiger Erfolgserlebnisse in sich bergen. Motiviert werden wir durch schwierige, aber erreichbare Aufgaben

das wurde bereits ausgeführt – motivieren und zugleich die Möglichkeit künftiger Erfolgserlebnisse in sich bergen. Motiviert werden wir durch schwierige, aber erreichbare Aufgaben. Und eine Situation, die nur mit erheblicher Anstrengung bewältigt werden kann, fordert uns heraus. Wenn wir dann das Ziel erreicht haben, sind wir – zu Recht – stolz auf das, was wir geschafft haben. Was allzu einfach erledigt wurde, ist keine Basis für Freude, Selbstbestätigung und Befriedigung (Abb. 3.7).

Abb. 3.7: Motiviert werden wir durch schwierige, aber erreichbare Aufgaben

3.4.6 Repräsentativ für die Aufgabe

Die Ziele, die dem Mitarbeiter vorgegeben oder mit ihm vereinbart werden, sollten die Summe dessen abbilden, was er im Zuge seiner Aufgabenerfüllung tut. Es sollten also – um bildlich zu sprechen – keine weißen Flecke auf der Landkarte bleiben. Dies ist schwierig zu erreichen, denn das soeben genannte Kriterium steht in einem gewissen Gegensatz zu jenem, daß Ziele präzise und eindeutig zu sein haben. Vielfach findet man die Situation, daß zwar Ziele dort formuliert werden, wo man die Ergebnisse der Arbeit leicht in Zahlen ausdrücken kann, daß aber andere wichtige Tätigkeiten, für die dies nicht gilt, übersehen werden. So kann man beispielsweise im Einzelhandel oder in der Bankwirtschaft feststellen, daß Ziele für die »Verkaufsfront« formuliert werden, daß aber all jene Tätigkeiten, die darüber hinaus erforderlich sind, wie z. B. Back-office-Aktivitäten, auf der Strecke bleiben. Dies kann zur Folge haben, daß sich die Aufmerksamkeit der Handelnden ganz auf die Felder konzentriert, für die Ziele formuliert werden, während alles andere vernachlässigt wird. Diese Tendenz wird deutlich verstärkt, wenn das Erreichen der Ziele mit finanziellen Prämien verbunden wird.

3.4.7 Glaubhaft

Die Ziele, die vorgegeben oder vereinbart werden, sollten in einer überzeugenden und glaubhaften Weise diejenigen sein, die auch tatsächlich gemeint sind. Dagegen wird häufig verstoßen. Nicht selten findet man z. B., daß bei Terminvereinbarungen von Vorgesetzten ein Puffer eingebaut wird. Mit dem Mitarbeiter wird für die Abgabe eines umfangreichen Berichts z. B. der 30. eines Monats ausgemacht. Die Zeit ist äußerst knapp bemessen. Der Mitarbeiter nimmt Akten und Unterlagen mit nach Hause, leistet unbezahlte Überstunden. Er kommt zum Ziel; am 30. ist der Bericht fertig und wird dem Vorgesetzten übergeben. Der Mitarbeiter ist stolz und freut sich über den Erfolg seines überdurchschnittlichen Einsatzes. Eine Woche später betritt er wegen einer Besprechung das Büro seines Chefs. Dort liegt ungeöffnet das Kuvert, das seinen Bericht enthält. Wenn so etwas mehrfach geschieht, verlieren die Ziele ihre Glaubwürdigkeit und damit ihre motivierende Kraft. Im Extremfall wird das Ziel zur Farce.

3.4.8 Akzeptabel und möglichst vereinbart

Ziele können ihre Wirkung nur entfalten, wenn sie vom Mitarbeiter verstanden und akzeptiert werden. Diese Akzeptanz ist auf verschiedene Weise zu erreichen. Im Zuge einer Zielvorgabe kann der Vorgesetzte im Gespräch den Mitarbeiter überzeugen, ihm Argumente liefern, warum es so sein muß und nicht anders sein darf, um ihn auf diese Weise argumentativ in die nicht veränderbaren anspruchsvollen Ziele einzubinden. Die Ziele werden in diesem Sinne von der Führungskraft »gut verkauft«. Die Forschung zeigt, daß dies sehr wohl überzeugend gelingen kann.

Der beste Weg freilich, um Akzeptanz zu sichern, besteht darin, mit dem Mitarbeiter die Ziele zu vereinbaren. Dies kann der Qualität der Ziele dienen, denn der Mitarbeiter weiß nicht selten besser als sein Chef, was möglich ist und was nicht, und er kann auf dieser Grundlage bei der Feinabstimmung der Ziele Unverzichtbares beitragen. Nur der Mitarbeiter kennt im Detail die anderen Aufgaben, die er zu erledigen hat, kann seine Belastung realistisch abschätzen und auf sonstige knappe Ressourcen verweisen. Der Vorgesetzte seinerseits kann in Zielvereinbarungsgesprächen auf die Notwendigkeit derartiger anspruchsvoller Ziele verweisen, begründen, warum aus übergeordneten Gesichtspunkten gerade diesen jetzt zu besprechenden Zielen hohe Priorität zukommt, und so durch das Gespräch und die Zeit, die er einem bestimmten Ziel widmet, symbolisch die Bedeutung dieses Ziels unterstreichen. Im Zielgespräch wird dann schließlich das Ziel vereinbart.

Der beste Weg, um Akzeptanz zu sichern, besteht darin, mit dem Mitarbeiter die Ziele zu vereinbaren

Diese gemeinsame Vereinbarung, die ja einen hohen Grad an Partizipation des Mitarbeiters beinhaltet, hat nun deutlich motivationale Effekte. In vielen Studien konnte der Nachweis erbracht werden, daß die Mitwirkung an Entscheidungsprozessen die Identifikation mit dem angestrebten Ergebnis erhöht, den Einsatz bei Widerständen steigert und aus der fremdbestimmten eine selbstbestimmte Arbeit macht. Darüber hinaus sind Zielvereinbarungen auch ein Mittel der Personalentwicklung. Der Mitarbeiter lernt zu planen, das Pro und Contra abzuwägen und in stärkerem Maße Verantwortung für den Prozeß und das Ergebnis zu übernehmen. Dennoch muß ehrlicherweise gesagt werden, daß Zielvereinbarungen nicht überall möglich sind, weil z. B. Termindruck oder übergeordnete Rahmenbedingungen die Zielvorgabe notwendig machen. In solchen Fällen gilt es dann allerdings auch, angemessen und glaubhaft zu argumentieren.

Mit Mitwirkung an Entscheidungsprozessen erhöht die Identifikation mit dem angestrebten Ergebnis

Zielvereinbarungen sind nicht überall möglich

Vielfach wird in der Praxis auch dort von Zielvereinbarungen gesprochen, wo es darum geht, eine Zielvorgabe durchzusetzen. Das ist Verschleierung, die letztlich auch glaubhafte Prozesse der Zielvereinbarung in Mißkredit bringt.

3.4.9 Bedeutsam für die Oberziele

Denken wir zurück! Ziele der jeweils nachgeordneten Einheit sollten einen Beitrag für die Ziele der nächsthöheren und damit letztlich für die Ziele des gesamten Unternehmens sein. Insofern gilt es zu prüfen, ob die Ziele der nachgeordneten Einheit bzw. des einzelnen Mitarbeiters noch in die übergeordnete Strategie eingebunden sind oder ob aufgrund einer unkontrollierten Eigendynamik Ziele das Verhalten steuern, die kaum Nutzen für das Unternehmen bringen, sondern diesem im Extremfall sogar schaden. Dies soll nun kein Argument gegen die Eigeninitiative nachgeordneter Einheiten sein. Vielfach besteht ja in einer lernfähigen Organisation geradezu der Wunsch, daß einzelne oder Gruppen experimentieren, damit Innovationen generieren, aus der dann das Gesamtsystem Vorteile ziehen kann. Dies aber muß Bestandteil der Grundsätze für Führung und Zusammenarbeit oder aber doch Merkmal der Kultur des Unternehmens sein und somit akzeptierte, wenn auch unausgesprochene Selbstverständlichkeit.

3.4.10 Nicht zu detailliert

Ein Ziel präzise und eindeutig zu formulieren heißt nicht, jedes Detail zu regeln. Schon zuvor war aufgezeigt worden, daß die Unterscheidung zwischen Weg und Ziel nicht ohne Willkür ist. Wer allzusehr ins Detail geht, schreibt mit seinen Zielvorgaben jeden Schritt auf dem Weg zum Ziel vor. Die Erfüllung der Aufgaben wird so für den Mitarbeiter nicht zum Lernfeld, nicht zur Qualifizierungschance. Präzise und eindeutige Endziele, die Freiheit in der Wahl der Wege zulassen, sind eine Chance, Neues zu erproben, aus Fehlern zu lernen, Planung einzuüben und in diesem Sinne eine Selbständigkeit zu erwerben, die im Unternehmen mehr und mehr gebraucht wird. Auch sachlich spricht vieles gegen allzu detaillierte Ziele. Meist wird der Spezialist das aktuellere Wissen aufgrund seiner Ausbildung und seiner einschlägigen Erfahrung haben. Sein Vorgesetzter verfügt zwar über die Macht von heute, hat aber nicht selten das Wissen von gestern. Er wird daher dazu neigen, alles so festzulegen, wie er es seinerzeit – durchaus erfolgreich – gemacht hat.

Präzise und eindeutige Endziele, die Freiheit in der Wahl der Wege zulassen, sind eine Chance, Neues zu erproben, aus Fehlern zu lernen, Planung einzuüben und in diesem Sinne eine Selbständigkeit zu erwerben, die im Unternehmen mehr und mehr gebraucht wird

Ist man allerdings der Auffassung, daß das nützliche Wissen ansteigt, so sind mit höherer Wahrscheinlichkeit neuere Wege noch erfolgreicher als die von gestern. Den Mitarbeitern die entsprechende Freiheit zu lassen, bedeutet zwar für den Vorgesetzten, daß er sich partiell von seinen Erfahrungen verabschiedet, daß er den Mitarbeitern Vertrauen entgegenbringen muß, daß er aber dadurch die Fortschrittsfähigkeit im eigenen Bereich sichert. Er darf dies selbstverständlich aber nur dann tun, wenn er sich vorher davon überzeugt hat, daß der Mitarbeiter die notwendige Qualifikation und Motivation hat.

Diese Freiheit des Weges ist allerdings für den Mitarbeiter wiederum Herausforderung. Gerade ein Hochqualifizierter wird das, was er gelernt hat, auch gerne selbständig nutzen wollen. In diesem Sinne ist ja jede Qualifikation ihre eigene Motivation. Entsprechend ist es in hohem Maße für den Spezialisten frustrierend, wenn der Vorgesetzte ihm bis ins Detail hinein Zielvorgaben macht, obwohl er von den Details sehr viel weniger versteht als der unterstellte Spezialist.

Jede Qualifikation ist ihre eigene Motivation

3.4.11   Positiv formuliert

Ziele sollten positiv formuliert werden. Derartige Aussagen sind an sich von der sprachlichen Form her aufmunternder als negative, die ja letztlich Verbote sind. Darüber hinaus sind sie eindeutiger. Sagt sich der Mitarbeiter: »Ich soll genau dieses oder jenes tun«, so weiß er, was es anzustreben gilt; er erhält eine Orientierung. Sagt er sich dagegen: »Dieses oder jenes soll oder darf ich nicht«, so ist dies erlebte Einengung, die zur Reaktanz, zum Widerstand, motiviert. Darüber hinaus ist die Botschaft unklar. »So soll ich nicht, wie aber dann?« Wird ein Weg blockiert, so gibt es ja eine Vielzahl anderer, die denkbar sind. Welcher anzustreben ist, sollte erarbeitet werden. Und das läßt sich dann auch in eine positive Zielformulierung umsetzen.

3.4.12   Mit Feedback verbunden

Es gibt Ziele, die Rückmeldung in sich selbst tragen. Der Verkäufer, der jeweils ein Auto pro Tag verkaufen soll, kann unmittelbar sehen, ob er jeweils bis zum 15. des Monats 15 Fahrzeuge an den Kunden gebracht hat. Dies aber sind Ausnahmen. Vielfach ist Rückmeldung durch den Vorgesetzten notwendig und wird auch erwartet. Die einschlägige Forschung zeigt, daß eine Bedingung der Erhöhung der Leistung durch Ziele darin liegt, daß Feedback ermöglicht wird. Dies ist ja auch unmittelbar nachzuvollziehen. Die Leistungsmotivation des Menschen, die durch schwierige,

Die Leistungsmotivation wird durch schwierige, aber erreichbare Ziele aktiviert

aber erreichbare Ziele aktiviert wird, findet ihre Befriedigung im Erreichen des Gütemaßstabs, des Ziels. Nur dann, wenn man bemerkt, daß man auf dem Wege ist, das Ziel zu erreichen oder gar es zu verfehlen, wird vom Ziel die Anregung zu vermehrter Anstrengung ausgehen. Nur wenn einem bewußt wird, daß man das Ziel erreicht hat, ist ein Erfolgserlebnis möglich, das ein guter Nährboden für künftige Anstrengungen darstellt. Entsprechend sollten Zielsysteme so durchschaubar wie möglich sein, damit sie – wie gesagt – Feedback in sich tragen.

Trotz erheblicher Bemühungen auf diesem Feld bleibt aber meist die Führungskraft gefordert. Moderne Aufgabenstellungen enthalten viele Tätigkeiten, bei denen nicht unmittelbar erkannt werden kann, ob das Ziel erreicht wurde oder nicht. Wie etwa soll ein Werbetexter erfahren, ob der von ihm konzipierte Slogan die Kunden intensiver anspricht als der alte Text? Woran soll ein Trainer erkennen, ob seine Schulungsmaßnahmen die von ihm Trainierten dazu befähigen, mit zwischenmenschlichen Konfliktsituationen besser umzugehen als bisher? In diesen und ähnlichen Fällen ist es Aufgabe des Führenden, differenziertes und ausführliches Feedback zu geben, dem Mitarbeiter zu sagen, ob bzw. inwieweit er das Ziel erreicht hat, und gemeinsam mit ihm nach Gründen für die Zielverfehlung zu suchen. Dabei können diese Gespräche über das bloße Feedback hinaus auch wertende Stellungnahmen enthalten im Sinne von Anerkennung oder helfender, konstruktiver Kritik.

Feedbackgespräche enthalten auch wertende Stellungnahmen – von Anerkennung bis zu helfender, konstruktiver Kritik

3.5   Ziele für einzelne oder die Gruppe?

Gespräche über Ziele kann man mit einzelnen Personen, aber auch mit den Mitgliedern eines Teams führen. Zielgespräche mit einzelnen sind dann erforderlich, wenn dieser einzelne relativ unabhängig von den Aktivitäten anderer seine Leistungen erbringen kann; Gespräche mit allen Mitgliedern eines Teams sind dann zu bevorzugen, wenn die Einzelleistungen so stark miteinander verflochten sind, daß der Anteil des einzelnen am Gesamtergebnis kaum festgestellt werden kann, oder wenn die isolierte Betrachtung dessen, was einzelne im Team vollbringen, den Zusammenhalt des Teams gefährden würde und ein Denken in Kategorien der Konkurrenz statt jenen der Kooperation begünstigen könnte.

3.5.1 Zielgespräche mit dem einzelnen

Trotz vermehrt notwendiger Teamarbeit gibt es noch immer Situationen, in denen der einzelne vor Aufgaben steht, die er als Spezialist bewältigen muß und bei denen er nicht in seinem Tun gänzlich in die Aktivitäten einer Projektgruppe oder eines Arbeitsteams integriert ist. Derartige Einzelarbeit ist für gar nicht so wenige Personen regelmäßiger Alltag, für andere kann es dabei um Ausnahmesituationen, z. B. um Sonderaufträge, gehen. In all diesen und ähnlichen Fällen ist der zuständigen Führungskraft anzuraten, mit dem Mitarbeiter individuelle Ziele nach den zuvor genannten »Zielen für Ziele« zu vereinbaren. Was ist bei derartigen Gesprächen, die durchaus fließende Übergänge zu Beurteilungsgesprächen zeigen, besonders zu beachten? Ganz grob läßt sich sagen, daß sie durch einen Blick zurück, in die Vergangenheit, einen Blick ins Hier und Jetzt in die Gegenwart, und durch einen Blick nach vorne, in die Zukunft, gekennzeichnet sein sollten.

3.5.1.1 Der Blick zurück

Bevor neue Ziele vereinbart werden, gilt es zu prüfen, ob die zuvor vereinbarten erreicht worden sind. Den Ablauf eines solchen Gesprächs zeigt Abbildung 3.8.

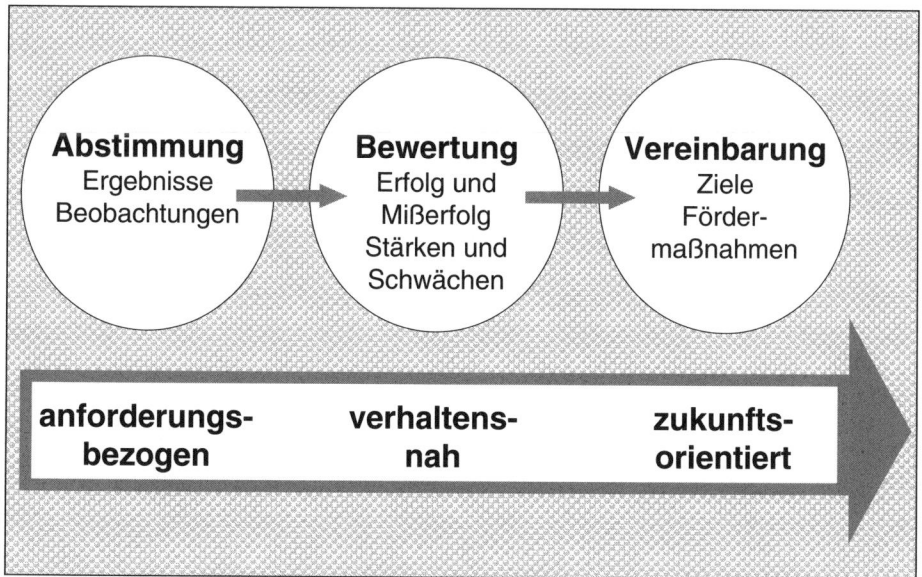

Abb. 3.8: Gemeinsame Durchsprache: Zielerreichung (Quelle: Berkel, 1984)

Beim Blick zurück im Gespräch unter vier Augen, zwischen der Führungskraft und ihrem Mitarbeiter, gilt es die Ziele zu bedenken, die vereinbart worden sind. Dies werden in erster Linie ganz bestimmte Ergebnisziele sein. Wurde die Analyse über die Marktlage rechtzeitig in der gebotenen Qualität abgeschlossen? Wurde der Marktanteil des Produktes, für das der Mitarbeiter als Produktmanager zuständig ist, vergrößert? Konnte der Werkleiter die Fluktuation in seinem Werk – wie vereinbart – reduzieren?

Aber auch Verhaltensziele können – falls vereinbart – thematisiert werden. Wurden die Planungsgespräche mit den Mitarbeitern zu Beginn einer jeden Woche erfolgreich durchgeführt? Gelang es, dem Kunden freundlicher als bisher zu begegnen? Wurde darauf geachtet, bei öffentlichen Reden die vereinbarte Zeit nicht ständig zu überziehen?

Bei den individuellen Zielgesprächen können aber auch Entwicklungsziele thematisiert werden. Hat der Mitarbeiter – wie vereinbart – seine Kompetenz auf dem Gebiet des Wirtschaftsenglischs verbessert? Woran konnte man dies erkennen? Hat er es – wie vereinbart – gelernt, im Gespräch mit den Kunden unter Verwendung von Entspannungstechniken auch dann Ruhe und Freundlichkeit zu bewahren, wenn der Kunde unsachlich oder gar aggressiv wird? Hat er als Gruppenleiter die Geduld entwickelt, die ihm so häufig fehlte, wenn ein Mitarbeiter eine Erklärung nicht sofort verstand? Auf diesen und ähnlichen Gebieten ist zu klären, ob die Beobachtungen des Vorgesetzten mit denen des Mitarbeiters übereinstimmen und ob sie als Erreichen oder Verfehlen des vereinbarten Ziels interpretiert werden können bzw. müssen. Sowohl beim Erreichen als auch beim Verfehlen der Ziele gilt es, nach den Gründen zu fragen. Alles menschliche Verhalten ist ja – wie bereits dargelegt – von der Person und von der Situation bestimmt. Woran also lag es? Sind die Gründe in erster Linie der Person oder doch eher der Situation anzulasten? Das Umsatzziel wurde erreicht. War es der kreative Einfall des einzelnen oder seine besondere Anstrengung? Oder war es eher eine geradezu selbstverständliche Folge der unerwartet positiven Marktentwicklung? Und wie muß man die Zielverfehlung des Trainers interpretieren? Hatte er ein falsches Konzept entwickelt, das keine Hilfen für den Transfer enthielt, oder lag es daran, daß sich die Anforderungen aufgrund einer Fusion vollständig und sehr überraschend gewandelt hatten, so daß auf Situationen hin fortgebildet wurde, die im Unternehmen gar nicht mehr bestehen?

Bei diesen Ursachenerklärungen, den – wie es im Fachchinesischen heißt – »Kausalattributionen«, braucht die Führungskraft sowohl Geduld als auch gute Argumente. Meist wird die handelnde Person geneigt sein, die Gründe des Erfolgs bei sich selbst, im eigenen Können und Wollen, zu suchen, die Gründe des Scheiterns aber nach außen zu legen und diese in ungünstigen Bedingungen, vielleicht sogar in der mangelnden Unterstützung durch den Vorgesetzten zu sehen (Abbildung 3.9).

Abb. 3.9: Attributionstheorien: Kausaler Attributionsfehler

Nichtsdestotrotz sollte sich auch der Vorgesetzte bei Zielverfehlungen seiner Mitarbeiter jeweils fragen, ob er die notwendige Unterstützung geboten hat oder ob er denn nicht selbst einen Teil Mitschuld daran trägt, daß vereinbarte Ziele nicht erreicht wurden.

3.5.1.2   Das Hier und Jetzt: die Wertung

Man sollte beim Gespräch über die Vergangenheit versuchen, sich zu einigen. Sieht man übereinstimmend, ob die vereinbarten Ziele erreicht wurden oder nicht, und hat man auch annähernd eine gleiche Sicht der Ursachen, so ist eine klare Wertung durch den Vorgesetzten erforderlich. Er sollte das Erfolg nennen und anerkennen, was eine vom Mitarbeiter verantwortete Zielerreichung ist, und er sollte in ebenso eindeutiger Weise kritisieren, wenn die vereinbarten Ziele aufgrund mangelnden Einsatzes oder mangelnder Kompetenz des Mitarbeiters nicht erreicht wurden. Sollten freilich Ziele nicht erreicht worden sein, weil sich unerwartete Barrieren oder widrige Umstände aufgetan haben oder weil er selbst bei der Unterstützung seines Mitarbeiters notwendige Unterstützung vermissen ließ, so sollte er auch hier Kritik relativieren und zu einer differenzierten Analyse der Situation zu kommen suchen, verbunden mit dem Ziel, bei künftigen Zielvereinbarungen differenzierter vorzugehen.

3.5.1.3   Der Blick nach vorn: Konsequenzen und neue Zievereinbarungen

Das Nichterreichen vereinbarter Ziele sollte in erster Linie als eine Lernchance begriffen werden. War man allzu »blauäugig« bei der Zielvereinbarung? Hat man die Umstände, die Aktivitäten der Konkurrenz, das Nachlassen der Konjunktur, die organisatorischen Probleme bei der Übernahme eines Mitbewerbers, die zeitliche Belastung des Mitarbeiters durch andere Aufgaben und ähnliches mehr nicht ausreichend bedacht? Was läßt sich aus dem Verfehlen des Ziels in der vergangenen Periode für künftige Phasen lernen? All dies sollte im Vordergrund stehen. Zum Teil aber kann es bei Zielverfehlungen, insbesondere bei solchen, die vom Mitarbeiter mit verschuldet wurden, zu Konsequenzen kommen. Der Mitarbeiter erhält die Prämie nicht, die für das Erreichen eines Ziels in Aussicht gestellt worden war. Ihm sollte dies so begründet werden, daß er es als fair und nicht als eine willkürliche Strafaktion erlebt. Schwächen des eigenen Verhaltens sollten dem Mitarbeiter konkret vor Augen geführt werden, damit er einsieht, daß er im Rahmen der alljährlichen systematischen Personalbeurteilung dieses Mal weniger gut beurteilt wird. Bei massiven Zielverfehlungen muß sogar die Frage erstmals angesprochen und später weiter analysiert werden, ob die Übertragung anderer Aufgaben in Zukunft sinnvoller sein kann, weil die derzeitige offensichtlich weder seiner Eignung noch seiner Neigung entspricht. All dies in letzter Konsequenz zu besprechen, kann freilich nicht die Aufgabe des Zielgesprächs sein. Hier sollte nur die Grundfrage aufgeworfen und auf das später folgende Beurteilungsgespräch hingewiesen werden.

Das Nichterreichen vereinbarter Ziele sollte in erster Linie als eine Lernchance begriffen werden

Der Blick in die Zukunft sollte allerdings primär den neuen Zielen gehören. Was soll – mit Blick auf die Ergebnisziele – in der künftigen Periode geleistet werden? Hier ist wiederum an die »Ziele für Ziele« zu denken, die zuvor besprochen wurden. Welche Verhaltensweisen, welche Wege zu diesen Zielen, sollte der Mitarbeiter verändern? Und was kann er selbst – unterstützt durch die Personalabteilung des Unternehmens – für seine Entwicklung tun? Was erscheint erforderlich, damit er künftig in der bisherigen Position seine Ziele erreicht, was sollte er darüber hinaus tun, um das Potential für neue, höherwertige Aufgaben zu gewinnen. All dies gilt es differenziert zu besprechen und schriftlich festzuhalten, damit eine Grundlage für das künftige Zielgespräch besteht, aber auch für korrigierende Feedbackgespräche zu beliebigen Zeitpunkten, die dem Mitarbeiter während seines Handelns Bestätigung oder Korrektur durch den Vorgesetzten bringen können.

3.5.2   Zielgespräche mit dem Team

Teamarbeit ist im Vormarsch. Viele komplexe Aufgaben können wegen der Quantität und der qualitativen Differenziertheit des Geforderten von einem noch so gut qualifizierten einzelnen nicht bewältigt werden. Das koordinierte Handeln vieler Spezialisten ist erforderlich, die dann gemeinsam an der Zielerreichung arbeiten. Ihre Aktivitäten sind so stark miteinander verwoben, daß es nahezu unmöglich ist, zu sagen, wer nun welchen Anteil beigesteuert hat. In derartigen Situationen ist es zweckmäßig, Ziele mit dem gesamten Team abzusprechen und auch vorgesehene finanzielle Anreize im Sinne eines Gruppenbonus zu gewähren. Dies gilt gleichermaßen für auf Dauer konzipierte Arbeitsgruppen als auch für Projektgruppen, die für eine begrenzte Zeit bestehen bleiben sollen.

Gemeinsame für das Gesamtteam geltende Ziele sind aber gelegentlich auch dann anzuraten, wenn Leistungen durchaus einzelnen Teammitgliedern zugeordnet werden können. Die Gefahr ist bei individueller Bewertung häufig, daß es zu einer störenden Wettbewerbshaltung zwischen den Teammitgliedern kommt. Dies ist vor allem dann eine Gefahr, wenn die Gesamtsituation zum »Nullsummenspiel« wird, wenn also die »Gewinne« und »Verluste« aller sich jeweils zu Null addieren. Dies ist z. B. dann der Fall, wenn die Leistungen aller Teammitglieder in eine Rangreihe gebracht werden, so daß das Erkämpfen eines höheren Rangplatzes notwendigerweise damit verbunden wird, daß andere innerhalb dieser Rangreihe nach hinten rücken. In derartigen Situationen kann das Konkurrenzdenken die für den Gesamterfolg erforderliche Kooperation massiv stören. So kann etwa jemand, der sich um einen vorderen Rangplatz bemüht, nicht so sehr darauf aus sein, seine eigenen Leistungen zu verbessern, als vielmehr darauf, die Erfolge seiner Teammitglieder zu behindern, um auf diese Weise an ihnen vorbeizuziehen.

Werden Leistungen aller Teammitglieder in eine Rangreihe gebracht, wird die Gesamtsituation zum Nullsummenspiel

Kurz, es gibt vielfältige sachliche und gruppendynamische Gründe dafür, auf individuelle Zielvorgaben oder -vereinbarungen zu verzichten und in bestimmten Situationen Gruppenziele zu bevorzugen.

Zielgespräche im Team finden letztlich nach ähnlichen Regeln wie die entsprechenden Gespräche mit einzelnen statt. Auch hier gilt es zunächst den Blick zurückzurichten. Was wurde in der vergangenen Phase erreicht? Wurden die »milestones«, die Projektzwischenziele und Projektziele, nach der vereinbarten Frist in vollem Umfang realisiert? Gelang es, sich flexibel auf die neue Situation einzustellen, die eine Zielrevision notwendig gemacht hatte? Und wie stand es um die dabei gezeigten Verhaltensweisen? Man hatte doch vereinbart, jeden Monat einmal eine Sitzung durchzuführen, in der die Teammitglieder ihre Zusammenarbeit im Sinne der Metakommunikation kritisch analysieren sollten. Ist das erfolgreich geschehen? Hatte man darauf geachtet, nach jeder Sitzung einen Aktionsplan zu vereinbaren, der klar definiert, wer im Team bis wann was zu erledigen hat? Und wie steht es um die geplanten personalen Entwicklungsziele? Hat das Team ein Teamentwicklungstraining durchlaufen, für dessen Organisation es selbst die Verantwortung übernommen hatte? Und auch hier gilt es, beim Erreichen und Verfehlen von Zielen nach den Ursachen zu forschen. Warum wurden bestimmte Ziele erreicht, andere nicht? Lag es an den Teammitgliedern, ihrer Kompetenz, ihrer Einsatzfreude, ihrer Fähigkeit zur Kooperation miteinander oder waren hier in erster Linie unrealistische Zielvereinbarungen oder widrige Umstände verantwortlich?

Nach Klärung all dieser Fragen gilt es für die Führungskraft zu werten und klar anzusprechen, was als Erfolg und was als Mißerfolg zu gelten hat.

Aufbauend auf diesen Wertungen können dann – im Positiven und im Negativen – Konsequenzen erwogen und begründet durch die Erfahrungen in der Vergangenheit – Ergebnis-, Verhaltens- und Entwicklungsziele neu besprochen und vereinbart werden.

Es gibt Stimmen, die davor warnen, mit einem Team Ziele zu vereinbaren.

**TEAM =
Toll
Ein
Anderer
Macht's**

Verantwortung werde damit – so wird argumentiert – verwässert. Keiner fühle sich wirklich verantwortlich, man neige vielmehr dazu, das entsprechende Handeln jeweils von den anderen zu erwarten. Bei Teams, die nicht zum »Wir« und zu der nötigen Reife gekommen sind, mag das gelegentlich zutreffen. Dennoch bringt es auch hier häufig wenig, Ziele mit jedem einzelnen zu vereinbaren, wenn dieser in seinem zielführenden Verhalten in sehr hohem Maße von den Aktivitäten der anderen abhängig ist und nur dann erfolgreich handeln kann, wenn andere ihn unterstützen. Außerdem wird gerade in unreifen Gruppen die Gefahr des unangemessenen Wettbewerbs- und Konkurrenzdenkens überdurchschnittlich groß sein. Es gilt also, die Gruppen so zusammenzusetzen oder zu trainieren, daß sie reif dafür sind, eigenverantwortlich mit ihrer Teamarbeit und mit ihren Zielen umzugehen. Dafür ist im hohen Maße Selbststeuerung erforderlich, wie sie aus den berühmten »teilautonomen Arbeitsgruppen« Skandinaviens bekannt ist. Eine Gruppe wäre überfordert, wollte man ihr unvorbereitet die Selbststeuerung zumuten. Es gilt also, auf diesem Feld angemessen zu qualifizieren und im Rahmen spezieller Teamentwicklungstrainings oder Seminare mit dem Thema »Arbeiten in Projekten« die notwendige Fähigkeit und Bereitschaft zu vermitteln. Im Rahmen derartiger Prozesse der Selbststeuerung kann es durchaus geschehen, daß ohne Mitwirkung der Führungskraft die Teammitglieder miteinander Zielvereinbarungen treffen, sich auf »milestones« verpflichten oder sich begründet darauf verlassen, daß ein besonderer Spezialist in ihren Reihen bis zu einem bestimmten Zeitpunkt eine Aufgabe erledigt hat, die für alle anderen dann die Grundlage weiterer Aktivitäten ist.

Literaturempfehlungen zu Kapitel 3

Berkel, K. (1984): Konfliktforschung und Konfliktbewältigung. Berlin: Duncker & Humblot.

Comelli, G. & **Rosenstiel**, L. v. (1995): Führung durch Motivation. Mitarbeiter für Organisationsziele gewinnen. München: Beck.

Guzzo, R. A., **Jette**, R. D. & **Katzell**, R. A. (1985): The effects of psychologically based intervention programs on worker productivity: A meta-analysis. Personnel Psychology, 38, 275–291.

Kaschube, J. (1997): Ziele von Führungsnachwuchskräften. Berufliche Entwicklung nach der Einarbeitung. München: Hamp.

Kirsch, W. (1997): Strategisches Management: Die geplante Evolution von Unternehmen. München: Kirsch.

Rosenstiel, L. v. (1999): Führung von Mitarbeitern. In: L. v. Rosenstiel, E. Regnet & M. Domsch (Hrsg.), Handbuch für erfolgreiches Personalmanagement. Stuttgart: Schäffer-Poeschel.

4

DIE BEURTEILUNG – »WAHRHEIT«
ODER SOZIAL VERANTWORTETE SUBJEKTIVITÄT?

Kein Mensch kann mit letzter Sicherheit das Wesen eines andern erkennen. Selbst Experten – gut geschulte und erfahrene Psychodiagnostiker – kommen gelegentlich zu Fehlurteilen; ihre Beurteilungen oder Begutachtungen geben in ähnlicher Weise wie medizinische Diagnosen nur Wahrscheinlichkeiten an. Was im Einzelfall bei einem ganz bestimmten Menschen nun wirklich gilt, ist stets mit einem letzten Zweifel belastet.

Es ist nicht leicht zu erkennen, ob die Aussage eines Menschen über einen anderen richtig oder falsch ist. Gelangen verschiedene Beurteiler zu gänzlich unterschiedlichen und einander widersprechenden Aussagen über eine zu beurteilende Person, so sind notwendigerweise zumindest einige dieser Aussagen unzutreffend. Daraus im Umkehrschluß abzuleiten, daß die Aussagen zutreffend sind, wenn sie übereinstimmen, wäre dagegen unrichtig. Verschiedene Beurteiler können ja z. B. ein gleiches Vorurteil haben. Wenn weiße US-Amerikaner ihre farbigen Mitbürger häufig übereinstimmend als faul, abergläubisch und musikalisch beschreiben, so deutet dies wohl eher auf Vorurteile denn auf zutreffende Charakterisierungen hin. Es ist auch kein Kriterium für die Richtigkeit eines Urteils,

Subjektive Sicherheit und Richtigkeit der Urteile korrelieren in der Regel kaum miteinander

wenn der Urteilende sich subjektiv seiner »Sache« völlig gewiß ist. Ein derartiges Evidenzerlebnis hat mit der Güte des Urteils kaum etwas zu tun. Die Forschung zeigt, daß subjektive Sicherheit und Richtigkeit der Urteile in der Regel kaum miteinander korrelieren. Auch die Dauer der praktischen Erfahrung taugt als Kriterium nichts; diese Erfahrung – sieht man von einer ersten kurzen Phase, in der wirklich noch etwas gelernt wird, ab – erhöht zwar die subjektive Sicherheit, nicht aber die Richtigkeit der Urteile.

Am ehesten kann man das Zutreffende einer Beurteilung daran erkennen, daß sie – falls sie verhaltensnah formuliert wurde – mit dem künftigen beobachtbaren Verhalten übereinstimmt. Und – an einem derartigen Kriterium orientiert – kommt es nun häufig zu unzutreffenden Aussagen. Jeder, der beurteilt, sollte dies wissen. Es sollte ihm Anlaß dafür sein, seine eigenen Aussagen selbstkritisch zu hinterfragen, Zweifel zuzulassen. Es sollte jedoch keinesfalls

Argument dafür sein, auf Beurteilungen zu verzichten. Beurteilt wird überall, wo Menschen miteinander umgehen, d. h., es wird häufig mehr oder weniger

Die Frage heißt nicht »Beurteilen, ja oder nein?«, sondern »Beurteilen – wie?«

offen über jeden geredet, der als erster den Raum verläßt. Es wird telefoniert und mehr oder weniger begründet empfohlen, wer für eine bestimmte Position geeignet ist und von wem man sich im Falle von Personalabbau trennen sollte. Die Frage heißt also nicht »Beurteilen ja oder nein?« sondern »Beurteilen – wie?«. Und hier ist im Sinne der Fairneß und Transparenz für ein durchschaubares und offenes Vorgehen zu plädieren.

Alle Formen systematischer Personalbeurteilung sind fehlerbehaftet und dennoch einem völlig unkontrollierten, willkürlichen Wildwuchs vorzuziehen. Mit Martin Luther darf man also argumentieren: »Sündige tapfer!« Urteile von

Man wird schließlich so, wie es der andere von einem erwartet

Menschen über andere im allgemeinen und von Vorgesetzten über Mitarbeiter im besonderen sind eine soziale Realität; sie wirken auch dann, wenn sie nicht zutreffend sind. Hält etwa ein Vorgesetzter seinen Mitarbeiter für wenig kompetent, »am Ende der Fahnenstange angelangt«, für nicht mehr förderungswürdig, so wird dies die berufliche Laufbahn dieses Mitarbeiters auch dann wesentlich bestimmen, wenn es unzutreffend ist. Zugleich haben derartige Urteile die Tendenz, zu einer sich selbsterfüllenden Prophezeiung zu werden; man wird schließlich so, wie es der andere von einem erwartet.

Urteile über andere sollten also im Bewußtsein, daß sie auch falsch sein könnten, mit der nötigen Vorsicht, aber dennoch klar formuliert und dem anderen in einer verantwortbaren Weise kommuniziert werden. Dabei gilt es offen zu bleiben für zusätzliche Informationen, für Aussagen des Beurteilten, der möglicherweise das angesprochene Fehlverhalten bestätigt, die Ursachen dafür aber anders wahrnimmt als der beurteilende Vorgesetzte.

4.1   Wo entstehen Fehler?

Die bei der Beurteilung entstehenden Fehler können auf verschiedenen Ebenen ansetzen und auch in unterschiedlicher Weise klassifiziert werden.

Bedeutsame Fehlerebenen sind die des Verhaltens – konkret des Verhaltens des zu Beurteilenden –, des Eindrucks – hier des Eindrucks, den der Beurteiler vom zu Beurteilenden gewinnt – und schließlich jene der Aussage, d. h. der meist verbalen Aussagen des Beurteilers über den zu Beurteilenden. Klassifizieren lassen sich die Fehler sodann in Anlehnung an statistische Begriffe als Mittelwerts-, Streuungs- und Korrelationsfehler.

4.1.1 Die Ebene des Verhaltens

Wer über einen anderen Menschen zu urteilen sucht, wird sich in erster Linie auf das beziehen, zumindest beziehen sollen, was er an diesem beobachten kann. Die Quelle der Urteile sollten also nicht Erzählungen Dritter, Gerüchte oder schriftliche Unterlagen sein, sondern man sollte sich auf das beziehen, was man an Verhaltensergebnissen objektiv vor sich findet, was man an Handlungsweisen beobachtet oder an Aussagen des zu Beurteilenden registrieren kann. All diese Informationsquellen, die hier zusammenfassend als Verhalten beschrieben werden, können nun dem Beurteiler in sehr unterschiedlichem Maße zugänglich sein. Die sogenannte »Beurteilungsnähe« kann variieren. Das hat zur Folge, daß ein Beurteiler das Verhalten seines Mitarbeiters oder seiner Mitarbeiterin sehr gut und in repräsentativer Weise für das Arbeitsverhalten kennt, während der andere sich lediglich auf karge und häufig unrepräsentative Verhaltensstichproben stützen muß. Das sei an Beispielen belegt. Ein Chef, der Tag für Tag eng mit seiner Sekretärin zusammenarbeitet, verbringt mit dieser möglicherweise mehr wache Stunden als mit der eigenen Ehefrau. Er kennt ihre Verhaltensweisen, ihre Leistungen in ganz unterschiedlichen Situationen, etwa in solchen ruhigen ungestörten Arbeitens und auch in solchen großen Stresses und großer Turbulenzen. Der Vorgesetzte verfügt also über einen relativ repräsentativen Zugang zu verschiedenen leistungsrelevanten Verhaltensweisen seiner Mitarbeiterin und hat so eine hohe Beurteilungsnähe und eine gute Grundlage für die Beurteilung. Ganz anders ist dies möglicherweise bei einem Verkaufsleiter, der die in den weitverstreuten Regionen tätigen Verkäufer nur einmal alle sechs Wochen zu einem Gespräch trifft und damit rechnen muß, daß sich in dieser für das normale Arbeitsverhalten untypischen Situation auch nur unrepräsentative Verhaltensweisen der zu Beurteilenden beobachten lassen.

Wer über einen anderen Menschen zu urteilen sucht, wird sich in erster Linie auf das beziehen, zumindest beziehen sollen, was er an diesem beobachten kann

Bei der Einführung einer Personalbeurteilung und der Entscheidung darüber, wer nun wen beurteilen soll, ist entsprechend darauf zu achten, daß jeweils eine ausreichende Beurteilungsnähe gesichert ist.

4.1.2 Die Ebene des Eindrucks

Liegen Beurteilungsfehler auf der Ebene des Verhaltens der Mitarbeiter, dann können die Beurteiler durchaus zutreffend beobachtet haben, aber sie haben untypisches Verhalten gesehen. Entsteht der Fehler auf der Ebene des Eindrucks, so wird möglicherweise durchaus typisches Verhalten beobachtet, aber ganz offensichtlich durch eine gefärbte Brille.

Ein ganz einfaches Beispiel soll dies verdeutlichen. Im Zuge von Einsparungsbemühungen hat nicht mehr jeder Abteilungsleiter eine eigene Sekretärin, sondern jeweils zwei teilen sich eine Vorzimmerdame. Nun hatte der eine bisher eine ausgesprochene »Perle«, während sich der zweite mit einer »Niete« zufriedengeben mußte. Jetzt haben beide eine für sie jeweils neue

Das Kontrastprinzip ist eine Konstante unserer Wahrnehmung

Kraft, die man als durchschnittlich qualifiziert und motiviert beschreiben könnte. Der erste nun erlebt diese Frau in ihrem Leistungsbild als absolute »Niete«, der zweite dagegen als »Perle«. Der Grund ist offensichtlich. Kontrasteffekte prägten die Bewertung gleicher Wahrnehmungen. Durch Erfahrungen mit einer überragenden Sekretärin hatte der erste ein sehr hohes Anspruchsniveau, dem die neue Kraft nicht gerecht wird. Der zweite war durch die langjährige Erfahrung mit einer ausgesprochen schwachen Kraft bescheiden in seinen Ansprüchen und ist durchaus angetan von dem, was seine neue Sekretärin leistet.

Dieses Kontrastprinzip wirkt nicht nur bei der Beurteilung anderer Menschen, sondern darf geradezu als Konstante unserer Wahrnehmung interpretiert werden. Man denke sich folgendes kleines Experiment: Eine Person taucht für jeweils eine Minute ihren linken Fuß in einen mit Wasser gefüllten Kübel mit einer Temperatur von 15 °C, den rechten dagegen in einen Kübel Wasser mit 35 °C. Nach einer Minute zieht sie ihre beiden Füße aus diesen

Neben den Kontrasteffekten bewirkt jegliche Vorinformation erhebliche Verzerrung

Wasserkübeln, stellt sie nun in einen Topf voll Wasser mit 25 °C. Obwohl sie sieht, daß sich beide Füße im gleichen Kübel befinden, signalisiert der linke Fuß »warm«, der rechte dagegen »kalt«.

Neben den Kontrasteffekten bewirkt auch jegliche Vorinformation erhebliche Verzerrungen.

Beispiel

Ereignis:
Ein Referent auf dem Gebiet der Personalbeurteilung führte mit den Seminarteilnehmern ein kleines Experiment durch. Auf dem Programm des Seminars war ein anderer Name ausgedruckt. Der hausinterne Seminarleiter kündigte dann ge-

trennt in zwei Teilgruppen den Seminarteilnehmern an, daß der im Programm genannte Referent bedauerlicherweise absagen mußte, jedoch einen Vertreter genannt habe. In der einen Gruppe begrüßte er dies, berichtete, daß er diesen Vertreter kenne und einen äußerst positiven Eindruck von ihm gewonnen habe. Der Mann sei zwar noch sehr jung, aber äußerst kompetent, lebhaft im Vortragsstil und sehr praxisorientiert. In der zweiten Gruppe äußerte er sich dagegen kritisch, verwies auf die aufgrund der Jugend geringe Erfahrung des Referenten und eine durch dessen Dissertation geprägte viel zu theoretische Ausrichtung.

Es wurde nun dafür gesorgt, daß die Mitglieder der beiden Gruppen sich nicht mehr austauschen konnten, so daß die unterschiedliche Vorinformation nicht offenkundig wurde.

Dann hielt der Referent seinen ersten Vortrag im Seminar und bat im Anschluß an diesen eineinhalb Stunden während Block die Teilnehmer darum, ihn mit Hilfe eines standardisierten Bewertungsbogens zu beurteilen.

Ergebnis*:*
Obwohl keiner der Teilnehmer ihn zuvor kennengelernt hatte und alle das Gleiche gesehen hatten, fielen die Urteile, die anonym abgegeben wurden, dramatisch unterschiedlich aus. Die günstig vorinformierte Gruppe urteilte weit positiver als die negativ informierte. Selbst als das Vorgehen aufgedeckt worden war, beharrten die Teilnehmer beider Gruppen auf ihren Wertungen. Der Grund dafür lag darin, daß sie jeweils gleiche zutreffende Beobachtungen unterschiedlich klassifiziert hatten. So bewegte etwa die Beobachtung, daß der Referent relativ viele Fachworte verwandte, die positiv vorinformierten Teilnehmer dazu, ihn als kompetent einzustufen, während die gleiche Information die andere Gruppe dazu veranlaßte, ihn als unverständlich oder als zu theoretisch zu bewerten. Auch der Umstand, daß der Referent während des Vortrags über längere Phasen eine Hand in der Hosentasche hatte, führte bei der ersten Gruppe dazu, den Referenten als locker und entspannt einzustufen, während die zweite Gruppe dies als unhöflich klassifizierte etc.

Erkenntnis:
Vorinformationen über eine bisher nicht bekannte Person – selbst wenn sie in bester Absicht gegeben wurde – bringt meist mehr Schaden als Nutzen. Man setzt sich dabei die Brille des anderen auf und verliert die Chance, sich ein eigenes, vorurteilsfreies Bild zu machen.

*Die Problematik einer spezifisch wertenden Vorinformation kann in der Praxis
darüber hinaus dazu führen, daß sie zu einer sich selbst erfüllenden Prophezeiung wird. Man stelle sich vor, Mitarbeiter Müller wechsle vom Abteilungsleiter
Huber zum Abteilungsleiter Meier. Huber spricht Meier sein Bedauern aus und
verweist darauf, daß dieser Müller doch ein ausgesprochen unangenehmer und
unfreundlicher Mann sei. Der Abteilungsleiter Meier verhält sich daraufhin bei
den ersten Begegnungen äußerst reserviert und zurückhaltend. Der Mitarbeiter
bemerkt die Distanzierung und wird selbst eher zurückhaltend und unsicher
und bestätigt so langfristig das über ihn abgegebene unangemessene Urteil. Vor
diesem Hintergrund sind auch Übergabebeurteilungen kritisch zu sehen.*

Häufig ist es ja so, daß eine ausscheidende Führungskraft den Nachfolger de-
tailliert über die einzelnen Mitglieder des Arbeitsteams informiert. Damit
wird – wie schon einmal betont – dem Nachfolger sofort
die »Brille« des Vorgängers aufgesetzt; der Mitarbeiter erhält keine neue Chance, wenn er jahrelang Opfer von Beurteilungsfehlern seines bisherigen Chefs war. Richtiger
wäre es, wenn der neue Vorgesetzte zunächst gänzlich un-
beeinflußt und in Ruhe sein Bild vom Mitarbeiter formen
und vorläufig zu Papier bringen könnte, um dann einige
Monate nach der Übernahme der Gruppe mit dem Vorgänger darüber zu diskutieren.

*Eine spezifisch
wertende Informa-
tion kann zu einer
sich selbst erfüllen-
den Prophezeiung
werden*

Der Eindruck von einem Menschen wird vielfach auch
von der Reihenfolge bestimmt, in der man Informationen
über ihn gewinnt. Auch dies sei am Beispiel belegt. Man
stelle sich vor, ein Mensch werde einer Gruppe vorgestellt, wobei man die Gruppenmitglieder bittet, sich ein
Bild von diesem Menschen zu machen. Bevor allerdings
der zu Beurteilende zur Gruppe stößt, wird den Gruppen-
mitgliedern gesagt, man habe diesen Menschen psychologisch untersucht. Er sei aufgrund dieser Untersuchungen einzustufen als
(Abb. 4.1):

*Der Eindruck von
einem Menschen
wird vielfach auch
von der Reihenfolge
bestimmt, in der
man Informationen
über ihn gewinnt*

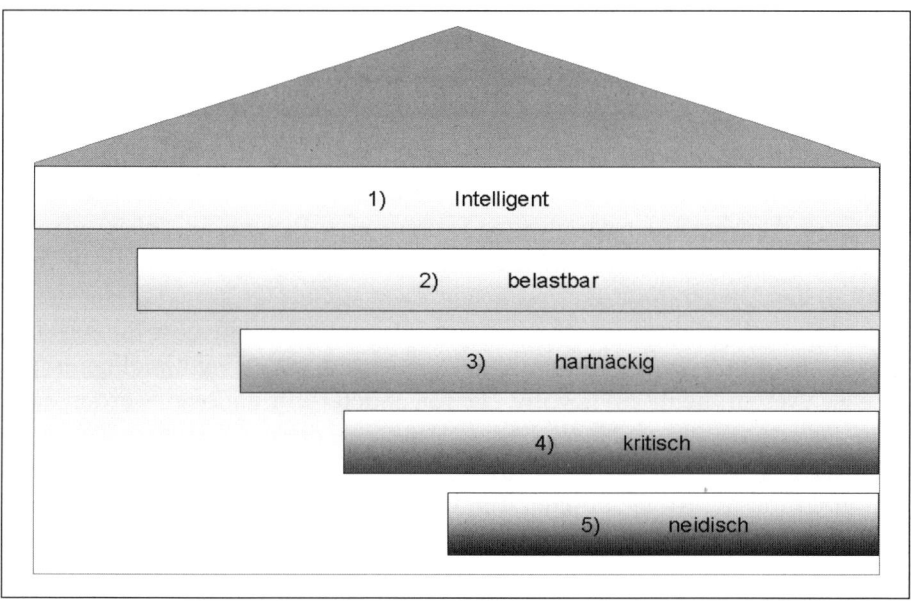

Abb. 4.1: Positiver erster Eindruck

Die Mitglieder der zweiten Gruppe werden in ähnlicher Weise vorinformiert, nur wird diesen gesagt, die Person sei (Abb. 4.2):

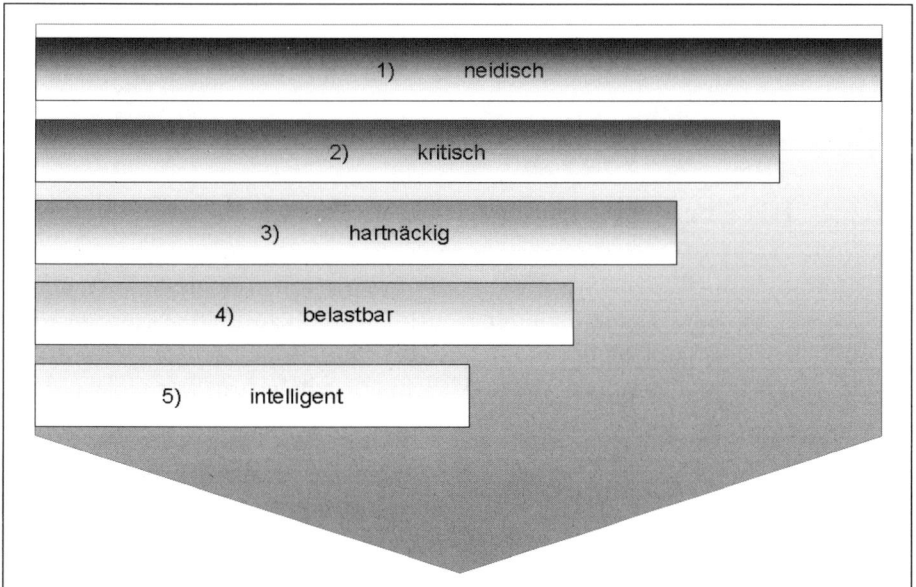

Abb. 4.2: Negativer erster Eindruck

Die Mitglieder beider Gruppen werden nun gebeten, nachdem sie sich konkret ein Bild von diesem Menschen gemacht hatten, eine freie Personenbeschreibung über diesen zu Papier zu bringen. Diese Beschreibungen fallen in drastischer Weise unterschiedlich aus. Während die Mitglieder der ersten Gruppe einen befähigten einsatzfreudigen Menschen schildern, der sich nicht »über den Tisch ziehen« läßt, jedoch leider einige kleine persönliche Fehler habe, beschreiben die Mitglieder der zweiten Gruppe eine Person mit üblen, unangenehmen Zügen, die deshalb besonders gefährdet sei, weil sie Kompetenz und Kraft in den Dienst ihrer unerfreulichen Ziele stelle. Der Grund dieser unterschiedlichen Wertungen ist offensichtlich. Die erste Information, die gegeben wird, prägt das vorläufige Gesamtbild. Dieses ist im ersten Fall (intelligent) positiv, im zweiten (neidisch) negativ. Die folgenden Informationen werden dann so in das erste Eindrucksbild integriert, daß sie zu diesem passen.

Um aufgrund derartiger falscher Eindrücke Tendenzen zu Urteilsfehlern zu vermeiden, sollte man möglichst lange offenbleiben, eine freischwebende Aufmerksamkeit bewahren, bereit sein, das vorläufige Bild zu korrigieren, und sich jeweils fragen, wie man denn nun den vorläufigen Eindruck, den man gewonnen hat, begründen kann.

Bleibt man bei relativ vagen beschreibenden Begriffen wie »tüchtig« oder »kooperativ«, so sind derartige Eindrucksfehler, die freilich nie ganz vermieden werden können, sehr viel wahrscheinlicher, als wenn man präzise Verhaltensbeschreibungen vornimmt, wie z. B. »hält Termine stets ein«, »hilft Kollegen, die mit ihrer Arbeit nicht fertig geworden sind, ohne daß man ihn bitten muß« etc.

4.1.3   Die Ebene der Aussage

Fehler können auch dann entstehen, wenn es zwar keine nennenswerten Eindrucksverzerrungen gibt, jedoch der Beurteiler den Eindruck, den er gewonnen hat, in Worte oder Symbole kleidet, die vom Empfänger mißverstanden werden. Dies kann ohne jede »böse Absicht« geschehen, es kann sowohl bei verbalen Beschreibungen als auch bei an Zahlen orientierten Skalierungen beobachtet werden.

Bei verbalen Beschreibungen ist es häufig so, daß Worte wie z. B. »vital«, »zuverlässig«, »bemüht«, »selbständig« vom Empfänger oder anderen mit der Beschreibung konfrontierten Personen anders verstanden werden, als der Sender es meinte. Dieser dachte möglicherweise, als er das Wort »pünktlich«

aussprach, daran, daß der Beurteilte fast nie zu spät zum Dienst kommt, während derjenige, der die Beschreibung liest, generell Termintreue mit diesem Wort verbindet. Auch bei Skalen, die den Ausprägungsgrad des Merkmals angeben sollen, sind derartige Mißverständnisse denkbar. So enthält die Einstufung 7 auf einer neunpunktigen Skala zwischen 1 (unzureichend ausgeprägt) und 9 (überragend ausgeprägt) in den Augen des Senders schon erhebliche Kritik, während der Empfänger darin noch eine ausgesprochen gute, weit überdurchschnittliche Einstufung erblickt. Derartige Probleme lassen sich zumindest entschärfen, wenn Sender und Empfänger die Beurteilung im wechselseitigen Gespräch diskutieren, so daß der Empfänger nachfragen kann, was der Sender eigentlich damit gemeint hat.

Sender und Empfänger sollten die Beurteilung im wechselseitigen Gespräch diskutieren, so daß der Empfänger nachfragen kann, was der Sender eigentlich damit gemeint hat

Sehr viel problematischer sind derartige Fehler auf der Ebene der Aussage, wenn sie gegen besseres Wissen des Beurteilers aus taktischen Gründen bewußt gemacht werden. So stuft etwa ein Beurteiler einen leistungsschwachen Mitarbeiter durchgehend positiv ein, weil er weiß, daß dieser auch in Zukunft in seinem Bereich arbeiten wird, sich wohl kaum nachhaltig verbessern kann und er die Beziehungsebene durch kritische Urteile nicht belasten will. Häufig läßt sich aber auch beobachten, daß innerhalb einer kostenverantwortlichen Abteilung, etwa innerhalb eines Profit-Centers, ausgesprochen leistungsschwache Mitarbeiter sehr positiv beurteilt werden, um sie auf diese Weise »wegzuloben« (»Flaschenpost«), während man sich darum bemüht, die Leistungsträger hinter nur durchschnittlichen Beurteilungen zu verstecken, um sie auf diese Weise auch künftig in der eigenen Einheit zu halten (Angst vor »Heldenklau«).

Gegen diese bewußt gemachten Fehler auf der Ebene der Aussage kann der Aufbau einer Kultur der Kooperation und des Vertrauens helfen, die jede Führungskraft berechtigt an faire Austauschbeziehungen glauben läßt, daß man also, wenn man einen guten Mitarbeiter abgibt, einen anderen qualifizierten bekommt und nicht eine »Flasche«, die woanders »weggelobt« wird. Gelegentlich wird dies auch durch strukturale Maßnahmen begünstigt, etwa dann, wenn die Förderung qualifizierter Mitarbeiter zu den expliziten Zielen gehört, an denen eine Führungskraft beurteilt wird, oder wenn das Ansehen der Führungskraft auch davon abhängt, wie viele qualifizierte Mitarbeiter sie dem Gesamtunternehmen bereitgestellt hat. Dies kann dadurch intensiviert wer-

Gegen bewußt gemachte Fehler auf der Ebene der Aussage kann der Aufbau einer Kultur der Kooperation und des Vertrauens helfen

den, daß eine Gutschrift an das Profit-Center erfolgt und die Führungskraft eine Prämie erhält, wenn ein positiv beurteilter Mitarbeiter danach in eine qualifizierte Position in einem anderen Bereich aufrückte und dort ein Jahr später überdurchschnittlich beurteilt wird.

4.2 Fehlertypen

Die auf den Ebenen des Verhaltens des Mitarbeiters, des Eindrucks beim Beurteilers und der Aussage des Beurteilers entstehenden Fehler lassen sich nach formalen Gesichtspunkten klassifizieren. Dabei bewährt es sich, mit Blick auf standardisierte Beurteilungsskalen statistische Konzepte als Ordnungsprinzipien heranzuziehen. So lassen sich die Fehlertendenzen von Beurteilern – meist Vorgesetzten, aber durchaus auch Gleichgestellten oder Nachgeordneten – danach differenzieren, ob sie im Mittel milder oder strenger urteilen als andere (Mittelwertsfehler), ob sie zwischen den von ihnen Beurteilten zu stark oder zu wenig differenzieren (Streuungsfehler) oder ob sie die verschiedenen Beurteilungsaspekte bzw. -kriterien nicht unabhängig voneinander bewerten, sondern – bewußt oder nicht bewußt – von einem Merkmal auf das andere schließen (Korrelationsfehler).

4.2.1 Mittelwertsfehler

Mittelwertsfehler bei der Beurteilung sind dadurch gekennzeichnet, daß die durchschnittliche Beurteilung, die ein Beurteiler über alle von ihm zu Beurteilenden abgibt, deutlich von der mittleren Beurteilung anderer Beurteiler abweicht, und zwar entweder in die positive Richtung – man spricht dann von der Tendenz zur Milde – oder in die negative Richtung – man spricht dann von der Tendenz zur Strenge. Die Abbildungen 4.3 und 4.4 visualisieren diese beiden Fehlertendenzen.

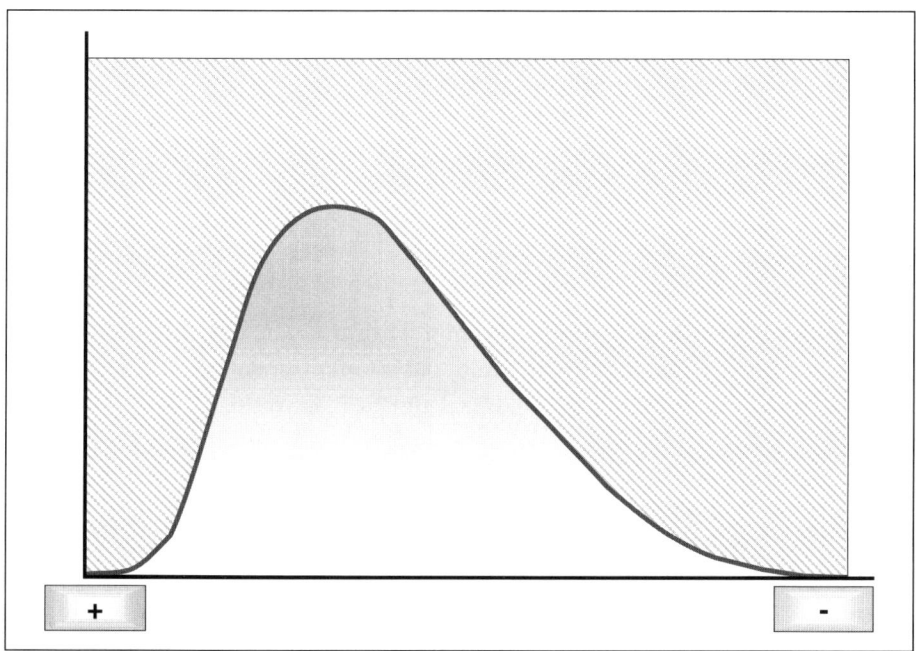

Abb. 4.3: Mittelwertsfehler (Tendenz zur Milde)

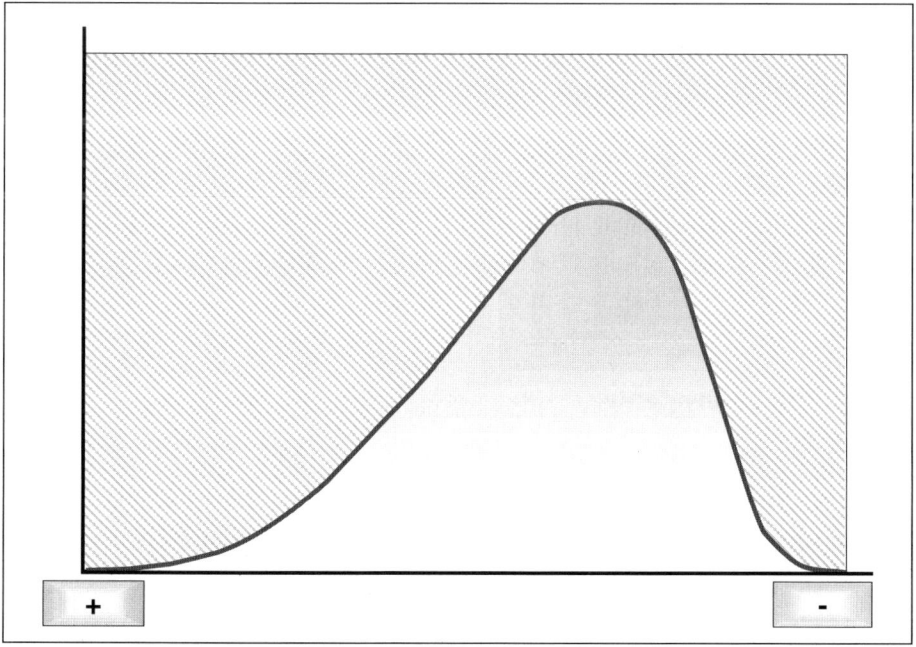

Abb. 4.4: Mittelwertsfehler (Tendenz zur Strenge)

Die Gründe für derartige Fehler können auf den Ebenen des Verhaltens, des Eindrucks oder der Aussage liegen. Ein Beispiel – orientiert an der Tendenz zur Milde – soll dies verdeutlichen:

Der Vorgesetzte sieht die ihm unterstellten Mitarbeiter nur sehr selten. Diese verhalten sich in den kurzen Phasen des Beisammenseins sehr untypisch und versuchen einen möglichst guten Eindruck zu machen (Ebene des Verhaltens).

Der Vorgesetzte hat aufgrund schlechter Erfahrungen eine abgesenkte Erwartungshaltung. Sein Anspruchsniveau ist so niedrig, daß er von jeder Normalleistung einen überaus positiven Eindruck gewinnt (Ebene des Eindrucks).

Der Vorgesetzte scheut belastende Gespräche oder offene zwischenmenschliche Konflikte. Obwohl er seine Mitarbeiter durchaus kritisch sieht, bringt er diesen Eindruck nicht zu Papier, sondern beurteilte alle ausgesprochen milde, um ein entspanntes Klima während des Beurteilungsgesprächs und in den späteren Phasen des Zusammenarbeitens zu sichern (Ebene der Aussage).

In der Praxis ist die Tendenz zur Milde sehr viel häufiger als die Tendenz zur Strenge. Diese ist nur relativ selten zu beobachten, z. B. dann, wenn der Beurteiler selbst eher negativ beurteilt wurde und der Meinung ist, daß keiner seiner Mitarbeiter besser als er selbst beurteilt werden sollte.

Mittelwertsfehler kann man dem Beurteiler bewußt machen und in diesem Zusammenhang gelegentlich auch abbauen, wenn man ihm die Verteilungen der Urteile anderer Beurteiler über ihre Mitarbeiter zuspielt und in visualisierter Weise diese Verteilungen mit jenen kontrastiert, die sich bei der Zusammenfassung seiner Beurteilungen ergeben.

4.2.2   Streuungsfehler

Streuungsfehler liegen dann vor, wenn der Beurteiler zwischen den von ihm zu Beurteilenden zu wenig oder zu stark differenziert oder zu unplausibel erscheinenden Differenzierungen kommt. Abbildung 4.5 visualisiert in schematisierter Form eine extrem reduzierte und eine extrem vergrößerte Streuung.

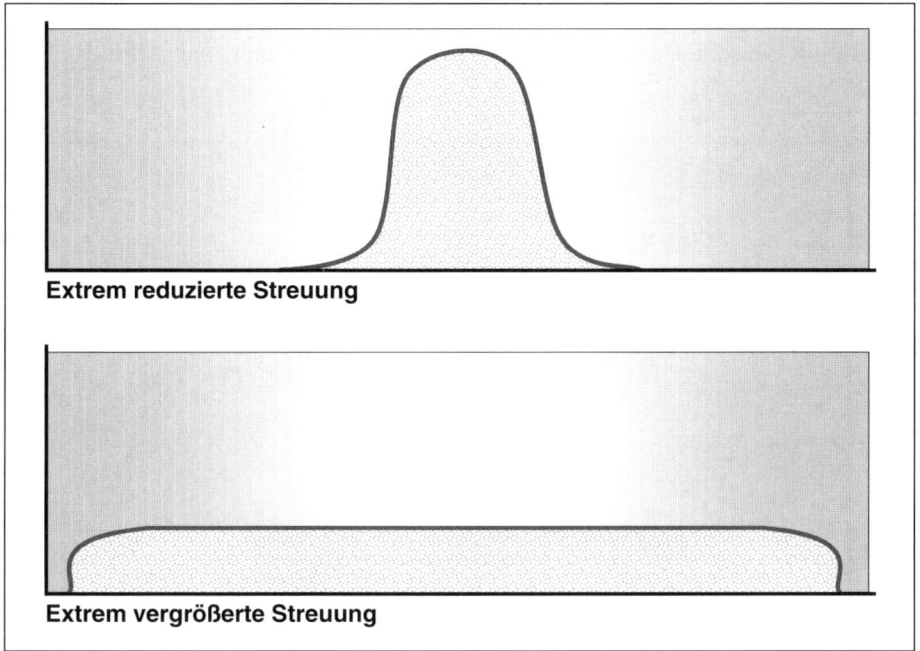

Extrem reduzierte Streuung

Extrem vergrößerte Streuung

Abb. 4.5: Streuungsfehler

Die Verringerung der Streuung ist in der Praxis sehr viel häufiger als die überstarke Differenzierung. Die Streuungsverringerung kommt insbesondere verbunden mit dem Mittelwertsfehler vor. Im Extremfall sieht es dann so aus, daß auf einer Skala, die von 9 (sehr positiv) bis zu 1 (sehr negativ) reicht, alle Mitarbeiter mit 8 bewertet werden: Alle werden als überdurchschnittlich gut eingestuft. Der Grund für diesen Streuungs-

Grund für den Streuungsverlust ist häufig die Konfliktscheu des Beurteilers

verlust ist häufig die Konfliktscheu des Beurteilers, der den Schwächeren nicht sagen möchte, daß er mit ihren Leistungen weniger zufrieden als mit denen anderer ist.

Eine Ausweitung der Streuung kommt gelegentlich dann vor, wenn der Vorgesetzte zunächst alle seine Mitarbeiter hinsichtlich der Beurteilungskategorie in eine Rangreihe bringt und sodann den am positivsten Bewerteten den höchsten Skalenwert gibt, dem am zweitpositivsten Eingestuften den nächsten und so fort.
Eine derartige Verteilungsform ist jedoch statistisch unplausibel, da ja – man denke an die Normalverteilung – im mittleren Bereich der Unterschied zwischen den Mitarbeitern niedrig sein dürfte.

Gelegentlich kommt es auch zu Streuungsanomalien in einer vermutlich unplausiblen Weise, z. B. zu zweigipfeligen Verteilungsformen, wie Abbildung 4.6 zeigt.

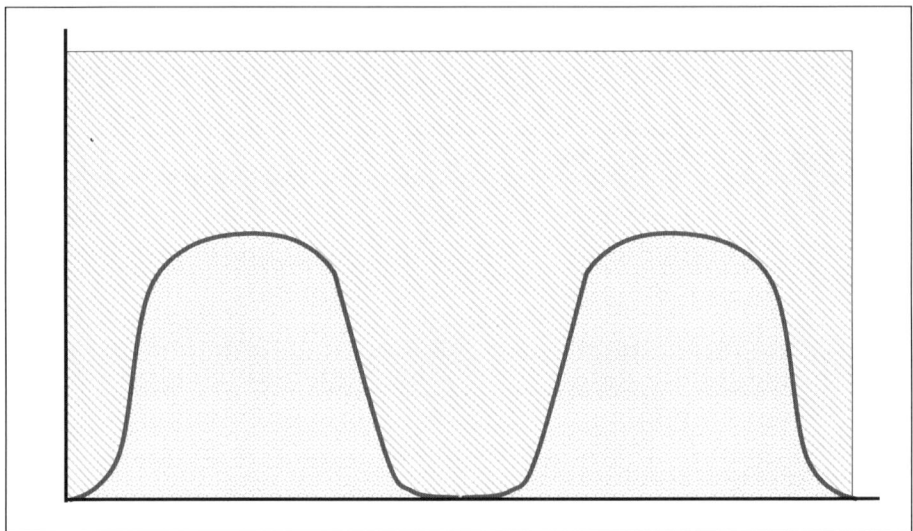

Abb. 4.6: Zweigipfelige Verteilungsform

Natürlich kann es in Ausnahmefällen so sein, daß ein Teil der Mitarbeiter deutlich überdurchschnittliche Leistungen erbringt, ein anderer Teil dagegen relativ geschlossen zurückhängt. Geschehen kann dies z. B., wenn einige der Mitarbeiter in Zeiten eingestellt wurden, in denen der Arbeitsmarkt leergefegt war und man nahezu jeden Bewerber nehmen mußte, während die anderen in einer Phase gewonnen wurden, in der man erhebliche Auswahl hatte und die Besten für sich gewinnen konnte. Vielfach aber verbirgt sich hinter der Zweigipfeligkeit Spannung und Konflikt in der Gruppe. Zwei Cliquen rivalisieren untereinander, und der Beurteiler gehört einer dieser Cliquen an und beurteilt die Mitglieder seiner Teilgruppe positiv, die der anderen negativ. Die Teilgruppen können z. B. dadurch gekennzeichnet sein, daß die eine aus Anhängern des Fußballvereins A, die anderen aus Anhängern des Fußballvereins B besteht, daß sich hier Einheimische und Zugereiste, Deutsche und Ausländer, Männer und Frauen, Ältere und Jüngere etc. gegenüberstehen.

Häufig verbirgt sich hinter der Zweigipfeligkeit Spannung und Konflikt in der Gruppe

Auch Fehlertendenzen im Sinne des Streuungsfehlers können mit dem Beurteiler am besten besprochen werden, wenn man ihm seine Urteilstendenzen –

ähnlich wie es die Darstellungen zeigen – zurückspiegelt und im Vergleich dazu die Verteilung der Urteile anderer Beurteiler präsentiert.

4.2.3   Korrelationsfehler

Korrelationsfehler liegen dann vor, wenn zu beurteilende Merkmale oder Verhaltensweisen der Person, die aufgrund psychologischer Analysen unabhängig voneinander sind, vom Beurteiler nicht als unabhängig voneinander vorgenommen werden. Er beurteilt z. B. die Mitarbeiter, die er für intelligent hält, auch als überdurchschnittlich fleißig, belastbar und gepflegt. Er schließt aus der Tatsache, daß jemand leicht sozialen Kontakt mit anderen Menschen findet, daß er nicht abstrakt und gründlich denken kann. Abbildung 4.7 verdeutlicht dies in schematisierter Form.

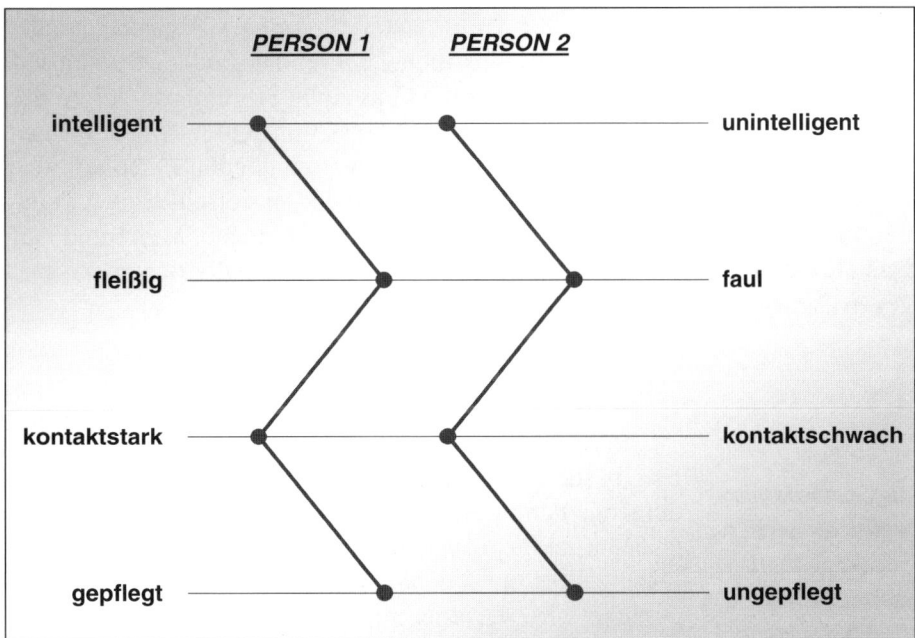

Abb. 4.7: Korrelationsfehler

Derartige Korrelationsfehler sind dann die Regel, wenn man zu viele Beurteilungskriterien heranzieht. Selbst wenn jemand begrifflich durchaus die Unterschiede zwischen Intelligenz, Kreativität und der Fähigkeit zum systematischen Arbeiten beschreiben kann, differenziert er bei der konkreten Beurteilung zwischen diesen Aspekten meist nicht. Die Erfahrung zeigt, daß selbst geschulte Beurteiler nicht mehr als drei bis vier Beurteilungsaspekte

Selbst geschulte Beurteiler können nicht mehr als drei bis vier Beurteilungsaspekte voneinander abheben und diese unabhängig sehen

voneinander abheben und diese unabhängig sehen können. Dies sind dann z. B. kognitive Befähigung, Einsatzbereitschaft, Umgang mit anderen Menschen, Gepflegtheit. Fehlt ein entsprechendes Training, so schrumpfen die Beurteilungen – mögen auch noch so viele Kriterien vorgegeben sein – zu dem einen Aspekt »gut« bzw. »schlecht« zusammen, d. h., wird ein zu Beurteilender in einem Punkt positiv gesehen, so gilt dies in aller Regel auch für alle anderen Aspekte. Dieses Phänomen wird gelegentlich auch als Halo-Effekt oder Überstrahlungseffekt bezeichnet.

Diese drei Beurteilungstendenzen – Mittelwerts-, Streuungs- und Korrelationsfehler – sind nicht unabhängig voneinander, sondern können in beliebiger Weise kombiniert sein und bei manchen Beurteilern in ausgeprägter Form zugleich auftreten. So kann z. B. ein Vorgesetzter alle seine Mitarbeiter in allen Beurteilungsaspekten sehr positiv einstufen. Er zeigt dann zugleich einen Mittelwertsfehler im Sinne der Tendenz zur Milde, einen Streuungsfehler im Sinne der Streuungsschrumpfung und einen Korrelationsfehler. Mit derartigen Beurteilungen, die dann weder zwischen den verschiedenen Personen noch zwischen den verschiedenen Merkmalen innerhalb der verschiedenen Personen differenzieren, ist dann in der Praxis nichts anzufangen. Mühe und Aufwand für die Beurteilung sind wertlos. Man sollte sich also überlegen, was man gegen derartige Fehlertendenzen unternehmen kann.

4.3 Was kann man gegen Fehler tun?

Angemessene Information der Beurteiler und der zu Beurteilenden, die Konstruktion eines praxisgerechten Verfahrens und die Qualifikation der Beurteiler, möglicherweise auch der zu Beurteilenden, durch adäquate Schulung

Es gibt die unterschiedlichsten Maßnahmen, etwas gegen derartige Fehlertendenzen zu tun. Einige, die in der Praxis gelegentlich erprobt wurden, haben sich nicht bewährt. Dazu gehört die sogenannte Zwangsverteilung. Der Vorgesetzte wird verpflichtet, alle seine Mitarbeiter in eine Rangreihe zu bringen oder im Sinne einer Normalverteilung einzustufen, bzw. er soll alle Beurteilungskategorien bei einem Mitarbeiter in eine Rangreihe bringen oder im Sinne der Normalverteilung einstufen. Zwar wird durch derartige Vorgehensweisen sowohl der Mittelwerts- als auch der Streuungsfehler, vielfach auch der Korrelationsfehler vermieden, doch der Zwang zu bestimmten Beurteilungen führt zum Widerstand, zur Reaktanz gegen das ganze Beurteilungssystem, und scheitert dann schließlich am hinhaltenden oder massiven Widerstand der Beurteiler. Man sollte also Wege finden, die die Akzeptanz nicht gefährden. Diese sind die angemessene Information der Beurteiler und der zu Beurteilenden, die Konstruktion eines praxisgerechten Verfahrens und die Qualifikation der Beurteiler, möglicherweise auch der zu Beurteilenden, durch adäquate Schulung.

4.3.1 Information: Einsicht in die Chancen

Mit einer systematischen Personalbeurteilung werden gelegentlich unrealistische Zielsetzungen verbunden. Sie soll alle Mitarbeiter vergleichbar machen, um der zentralen Personalabteilung die Möglichkeit zu geben, den Personaleinsatz informationsgestützt zu planen; die Beurteilungen sollen zur Lohndifferenzierung, zur Personalentwicklung, zur Rückmeldung über die gesamte Personalpolitik, zur Stärken-/Schwächenanalyse des Humankapitals im Gesamtunternehmen nützlich sein, aber auch ein vertrauensvolles Mitarbeitergespräch zwischen dem Führenden und den Geführten ermöglichen. Mit derartigen Zielkatalogen überfordert man das System. Im Extremfall wird mit erheblichem Aufwand und mit differenzierten Verfahrensweisen alljährlich beurteilt. Die Beurteilungsergebnisse liegen aber dann ungenutzt abgeheftet in der zentralen Personalabteilung. Die gesamte Arbeit war umsonst. Unter derartigen Bedingungen kann es nicht verwundern, wenn die Motivation der Beurteiler und der Beurteilten zurückgeht, sich engagiert daran zu beteiligen.

Man sollte sich in den Zielsetzungen bescheiden, die gewählten Ziele aber intensiv kommunizieren und dann konsequent danach handeln. Bei grober Unterscheidung läßt sich zwischen Selektions- und Kommunikationszielen differenzieren. Selektionsziele liegen dann vor, wenn zwischen allen Beurteilten Auswahlentscheidungen in bezug auf Beförderung, Versetzung, Gehaltssteigerung, Qualifizierungsmaßnahmen, Entlassung etc. getroffen werden sollen. Dies allerdings setzt voraus, daß die Urteile des Beurteilers A mit jenen des Beurteilers B vergleichbar sind. Da dies kaum je zu erreichen ist, sollte man eher das Kommunikationsziel in den Blickpunkt rücken. Wird trotzdem eine Personalbeurteilung mit Selektionsziel favorisiert, muß eine möglichst hohe Vergleichbarkeit hergestellt werden. In Kapitel 7 wird dargestellt, welche Punkte hierbei zu beachten sind.

Man sollte sich in den Zielsetzungen bescheiden, die gewählten Ziele aber intensiv kommunizieren und dann konsequent danach handeln

Im Falle des Kommunikationsziels kann das Beurteilungsverfahren dazu beitragen, daß nun wirklich das getan wird, was an sich auch ohne ein solches Verfahren eine Selbstverständlichkeit sein sollte: ein intensives Gespräch im regelmäßigen Abstand zwischen dem Vorgesetzten und seinen Mitarbeitern, zwischen den Kollegen einer Projektgruppe oder zwischen dem Team insgesamt und dem Vorgesetzten, je nachdem ob es sich um die Beurteilung der Mitarbeiter, um eine Gleichgestelltenbeurteilung oder eine Aufwärtsbeurteilung handelt.

Auch wenn die Urteile in Teilen unzutreffend sind – wenn sie authentisch kommuniziert werden, wenn die Beurteiler überzeugt sind, die Merkmale der zu Beurteilenden angemessen beschrieben zu haben, dann sind diese Bilder eine soziale Realität, die das Handeln bestimmt. Der Mitarbeiter sollte wissen, was der Vorgesetzte von ihm hält, wo er seine Stärken und Schwächen sieht, weil dies für seinen künftigen Lebensweg durchaus entscheidend sein kann. Ein ernsthaftes Gespräch darüber, wie sich das Leistungsverhalten des Mitarbeiters, seine Eingliederung in das Team, seine Entwicklung im letzten Jahr darstellen und wie dies zu bewerten ist, sowie daraus ableitbare Ziele für die Zukunft auf dem Gebiet der Leistungsergebnisse, des Verhaltens und der persönlichen Entwicklung sind häufig für Vorgesetzte und für Mitarbeiter erstrebenswert und befriedigend; zudem hilft dies, dabei Humankapital im Unternehmen aufzubauen. Entsprechend sollte ein derartiges Ziel konsequent verfolgt werden; die Betroffenen sollten eingehend darüber informiert werden, was das Ganze soll, und zumindest die Beurteiler sollten in der Anfangsphase persönliches Coaching nutzen, um diese Gespräche ernsthaft und erfolgreich zu führen.

Der Mitarbeiter sollte wissen, was der Vorgesetzte von ihm hält, wo er seine Stärken und Schwächen sieht, weil dies für seinen künftigen Lebensweg durchaus entscheidend sein kann

4.3.2 Konstruktion: Entwicklung eines angemessenen Verfahrens

Manches standardisierte Beurteilungsverfahren überfordert den Beurteiler und den Beurteilten. Es gibt einige, die 40, 50 oder gar mehr Kategorien umfassen, nach denen beurteilt werden soll. Aus den zuvor genannten Gründen kann ein solches Verfahren nicht funktionieren. Eine Beschränkung auf das Wesentliche, eine Konzentration auf nicht mehr als zehn Kategorien, die dann ohnehin nicht unabhängig voneinander gesehen werden können, ist zu empfehlen. Außerdem sollte man sich die Frage stellen, wie die im Verfahren vorgesehenen Skalen verbal verankert werden sollen. Letztlich gibt es drei ernsthafte Alternativen:

- Eigenschaften,

- Verhaltensweisen,

- Ergebnisse (Zielerreichung).

An Eigenschaften verankerte Verfahrensweisen sind besonders häufig, aber nicht zu empfehlen. Eigenschaften kann man ja nicht wahrnehmen, sondern nur Verhaltensweisen, die man dann in Eigenschaften übersetzt. Intelligenz kann man nicht sehen, man kann aber sehen, daß jemand eine schwierige Aufgabe rasch und fehlerfrei bearbeitet. Entsprechend wäre es besser, gleich das, was man sehen kann, im Verfahren zu verankern und nicht die Abstraktion, die Eigenschaft. Tatsächlich führt der Abstraktionsgrad bei der Eigenschaftenbenennung häufig dazu, daß die Urteile zu vage und mehrdeutig sind, weil sich jeder verschiedene Verhaltensweisen vorstellt, die mit der Eigenschaft verbunden sind.

Eigenschaften kann man nicht beurteilen, sondern nur Verhaltensweisen, die man dann in Eigenschaften übersetzt

Vorzuziehen sind daher solche Skalen, die an Verhaltensweisen festgemacht sind, also statt »kreativ« – »entwickelt neue und bisher nicht bekannte Ideen innerhalb seines Aufgabengebietes«. Hier ist es selbstverständlich, daß man bei der Konzeption des Verfahrens solche Verhaltensweisen benennt, die vom Beurteiler auch erkannt werden können, und sich dabei auf das für die Aufgabenerfüllung Wesentliche beschränkt. Es gibt eine so große Zahl von beobachtbaren Verhaltensweisen im Arbeitsalltag eines Mitarbeiters, daß eine Beschränkung auf dieses Wesentliche notwendig ist.

Eine Alternative zu einem verhaltensbasierten Beurteilungsverfahren ist ein ergebnisorientiertes. Man schreibt die Ziele, die man vorgegeben oder vereinbart hat, innerhalb des Beurteilungsverfahrens fest und nimmt den Grad der Zielerreichung zum Beurteilungsmaßstab. Dies ist dann eine wirklich anforderungs- und ergebnisbezogene Beurteilung, die in ein konkretes Gespräch über die zu erstellenden Aufgaben und über die künftigen Verhaltensweisen und Ergebnisziele übergehen kann.
Vielfach ist es ratsam, in einem Verfahren Ergebnisse und Verhaltensweisen zu verankern. Das Verfahren könnte dabei vier verschiedene Abschnitte haben:

Inwieweit wurden die vereinbarten Ziele in quantitativer und qualitativer Hinsicht erreicht (Leistungsmenge und Leistungsgüte).

Inwieweit sind externe, vom Mitarbeiter nicht zu verantwortende Umstände dafür verantwortlich, wie z. B. die Entwicklung der Konjunktur, Umstrukturierungen im Unternehmen, Grad der Unterstützung durch Kollegen und Vorgesetzte etc.? Innerhalb dieses Teiles kann dann beim Beurteilungsgespräch auch darüber gesprochen werden, wie ein Mitarbeiter seinen eigenen Chef wahrnimmt und beurteilt.

4.3.3 Qualifikation: Schulung der Beurteiler und der Beurteilten

Andere Menschen fair und mit sozial verantwortbarer Subjektivität zu beurteilen ist schwierig. Darüber mit dem Beurteilten zu sprechen ist ebenfalls schwer. Schwer aber ist es auch für den Beurteilten, sich eine derartige Beurteilung offen anzuhören, mit der Bereitschaft zum Einwand gegenüber dem Chef, wenn dieser möglicherweise falsch beurteilt hat, aber auch mit der selbstkritischen Bereitschaft, die Aussage anzunehmen, wenn etwas Zutreffendes kommuniziert wurde.

All dies kann man lernen. Vertreter der Beurteiler und der Beurteilten sollten daher in die Entwicklung des gesamten Verfahrens eingebunden werden und sodann – und dies gilt in erster Linie für die Beurteiler – im Rahmen entsprechender Schulungen lernen, wie man beurteilt, wobei ihnen durch konkrete und präzise Rückmeldungen für sie typische Fehlertendenzen deutlich gemacht werden sollten.

Noch wichtiger als der angemessene und annähernd vergleichbare Umgang mit dem Beurteilungsinstrument ist jedoch die Gesprächsführung. Die Vorgesetzten sollten lernen, wie man in der Sache klar und menschlich schonend das kommuniziert, was man beobachtet und bewertet hat. Dabei muß vor allem auch der nötige Selbstzweifel entwickelt werden. Ein Beurteiler sollte zwar nicht um »des lieben Friedens willen« eine kritische Aussage zurücknehmen, aber durchaus Offenheit für die Argumente des Beurteilten zeigen und seine Aussage und Auffassung revidieren, wenn der Beurteilte gute Gegenargumente bringt und das, was bemängelt wurde, überzeugend erklären oder zurechtrücken kann. Die Beurteiler – dies gilt nun spezifisch für Vorgesetzte in der Beurteilerrolle – sollten zudem informiert auf dem Felde der Personalentwicklung sein, um im Anschluß an das Beurteilungsgespräch den Beurteilten helfen zu können, sich zu verbessern. Angeboten werden sollte den Beurteilern außerdem ein Coaching durch kundige und sensible Experten, das ihnen hilft, mit schwierigen Beurteilungssituationen angemessen umzugehen.

Geschult werden sollten aber auch die zu Beurteilenden. Sie haben in erster Linie das Verfahren zu kennen, zu wissen, auf was die Beurteiler schauen und auf was nicht, und sie sollten lernen, konstruktiv, aber kritisch nachzufragen, den Mut entwickeln, Einwände zu erheben, wenn sie nicht überzeugt sind, aber ebenfalls dazu gebracht werden, zutreffende kritische Aussagen zu akzeptieren, um daraus zu lernen. Sie sollten aber auch im Sachlichen und im Persönlichen Unterstützung anfordern, wenn sie ihnen nicht vom Beurteiler spontan angeboten wird. All dies, was hier mit Blick auf Vorgesetzte in der Rolle der Beurteiler gesagt wurde, gilt mit Modifikationen auch für beurteilende Kollegen (Gleichgestelltenbeurteilung) und beurteilende Unterstellte (Vorgesetztenbeurteilung).

Auch hier gilt das, was man verallgemeinernd für nahezu alle Gebiete des Verhaltens sagen darf: Jede Qualifikation ist ihre eigene Motivation. Wer Sicherheit im Beurteilen und Führen von Beurteilungsgesprächen erworben hat, wird dieses Können gerne nutzen. Er wird also mit einer gewissen Freude diese Aufgabe übernehmen zum Nutzen seiner eigenen Qualifikation, zum Nutzen des Mitarbeiters und des gesamten Unternehmens.

Wer Sicherheit im Beurteilen und Führen von Beurteilungsgesprächen erworben hat, wird dieses Können gerne nutzen

Literaturempfehlungen zu Kapitel 4

Schuler, H. (1980): Das Bild vom Mitarbeiter. Goch: Bratt.

Schuler, H. (1989): Leistungsbeurteilung. In: E. Roth (Hrsg.), Organisations-psychologie (Enzyklopädie der Psychologie; Bd. 3, S. 399–430). Göttingen: Hogrefe.

Selbach, R. & **Pullig**, K. (Hrsg.) (1992): Handbuch Mitarbeiterbeurteilung. Wiesbaden: Gabler.

Stehle, W. (1999): Mitarbeiterbeurteilung. In: L. v. Rosenstiel, E. Regnet & M. Domsch (Hrsg.), Führung von Mitarbeitern (S. 205–214) (4. Aufl.). Stuttgart: Schäffer-Poeschel.

Rosenstiel, L. v. (1994): Auswahl und Entwicklung des Führungsnachwuchses in Organisationen. In: L. v. Rosenstiel, T. Lang, & E. Sigl (Hrsg.), Fach- und Führungsnachwuchs finden und fördern (S. 3–19). Stuttgart: Schäffer-Poeschel.

5
WELCHE FRAGEN SIND BEI DER GESTALTUNG EINES BEURTEILUNGSSYSTEMS ZU BEANTWORTEN?

5.1 Warum überhaupt Beurteilungen?

Die wirtschafts- und gesellschaftspolitischen Rahmenbedingungen, in denen sich Entlohnungs- und Beurteilungssysteme zu bewähren haben, sind grundlegend verändert. Durch die hohe Komplexität der Abläufe wird es immer schwieriger, das unmittelbare Ergebnis zu bewerten, den Gesamtbeitrag des einzelnen zum Unternehmenserfolg zu ermitteln sowie nicht quantifizierbare Leistungen oder gar Kompetenzen zu beurteilen.

Bereits vor über 20 Jahren gelang Peter F. Drucker eine äußerst treffende Beschreibung dieses Problems: »…Viele haben auch wirklich beeindruckendes funktionales Wissen, beschäftigen Leute von großer Fähigkeit und Kompetenz und produzieren eine rasch wachsende Literatur. Es ist jedoch keineswegs erwiesen, *Denn sie wissen nicht, was sie tun …* daß sie alle einen bestimmten Beitrag leisten. Und in den meisten Fällen wüßte ich nicht einmal, wie ich ihre Leistung beurteilen oder ihre Ergebnisse messen sollte – sie wissen es selbst nicht.«

Der Bedarf an Personalbeurteilungssystemen entwickelte sich im 19. Jahrhundert durch den Trend zum Großbetrieb und der dabei entstehenden bürokratischen Organisation. Die USA galten hierbei als Vorreiter in der Entwicklung und Anwendung von Beurteilungsverfahren.

In Deutschland kam es Mitte der 70er Jahre sowohl im Bereich der privaten Wirtschaft als auch in den öffentlichen Verwaltungen zum intensiven Einsatz von Beurteilungssystemen. Wesentlich beeinflußt wurde die Implementierung von computergestützten Personalinformationssystemen. Standardisierte Verfahren sollten einen Überblick über Mitarbeiter, deren Stärken und Schwächen sowie Leistungs- und Entwicklungspotentiale ermöglichen. Die DV-mäßige Erfassung dieser Daten sollte hierfür die Basis der qualitativen und quantitativen Personalplanung bilden (Schuler, 1980).

Was sich rein betriebswirtschaftlich gesehen auf den ersten Blick äußerst ökonomisch darstellte, stieß in der betrieblichen Praxis auf starke Vorbehalte.

Neben Berührungsängsten vor der vollständigen Transparenz der eigenen Leistung und Kompetenz – dem Schreckensszenario vom »gläsernen Mitarbeiter« – bestanden und bestehen immer noch Befürchtungen vor dem gezielten Mißbrauch des Instrumentariums, beispielsweise in Form des sogenannten »Weglobens« von Mitarbeitern, die sich eher zurückhaltend in der Nutzung ihrer Fähigkeiten zeigen, oder umgekehrt der schlechteren Einstufung von leistungsstarken Mitarbeitern, die dadurch nicht aufsteigen und so der eigenen Organisationseinheit erhalten bleiben.

Allerdings provoziert nicht nur der bewußte Mißbrauch Beurteilungsfehler. Generell lassen sich bei »sozialen Urteilsbildungen« Fehler nicht vermeiden. Diese können zwar durch entsprechende Schulungsmaßnahmen für die Beurteilenden und Beurteilten reduziert, nicht aber völlig ausgeschlossen werden. Eine absolute Objektivität und damit hundertprozentige Vergleichbarkeit der beurteilten Mitarbeiter ist nicht möglich. Dieser Umstand ist besonders dann problematisch, wenn mit den eingesetzten Methoden die Entgeltfindung oder personelle Entscheidungen verbunden sind.

»Es gibt keine objektive Welt, die Welt ist das, was wir von ihr denken.«
(J. E. Charon)

Ungeachtet aller Vorbehalte gaben zu Beginn der 90er Jahre rund 90 % aller bundesdeutschen Unternehmen an, regelmäßig Personalbeurteilungen durchzuführen (Stehle, 1993).

Die Mitarbeiter sind im Zuge von Globalisierung, Restrukturierung und technologischem Wandel zu einer der bedeutendsten Ressourcen einer Organisation geworden. Ihre Kompetenzen und Motivation werden damit zum erfolgskritischen Faktor. Investitionen in den Mitarbeiter erzeugen also einen Wettbewerbsvorteil, der von der Konkurrenz nicht so schnell aufgeholt werden kann. Hierzu müssen aber auch zielgerichtet die richtigen Mitarbeiter zur richtigen Zeit in der richtigen Position eingesetzt und entwickelt werden, was eine kontinuierliche Rückmeldung der gezeigten Leistung und Kompetenz erfordert.

»... die wertvollste Investition überhaupt ist die in den Menschen.«
(Jean-Jacques Rousseau)

Daraus abgeleitet müssen im Rahmen einer potentialorientierten individuellen Qualifizierung die entsprechenden Aufstiegs- und Entwicklungschancen angeboten werden. Voraussetzung hierfür sind klare Anforderungsprofile, gemeinsam vereinbarte Ziele zwischen Führungskraft und Mitarbeiter sowie Konsequenzen bei deren (Nicht-)Erreichung.

Trotz der dargestellten Unsicherheiten können sich Beurteilungen also – vorausgesetzt konstruktiv und systematisch eingesetzt – positiv auf die Entwicklung des einzelnen Mitarbeiters und damit der gesamten »Lernenden Organisation« auswirken. Das Beurteilungssystem bietet hier also einen konzeptionellen Rahmen, mit dessen Hilfe Lernprozesse in den Arbeitsprozeß integriert werden können (Zeitz, 1998).

Beurteilungssysteme, die ausschließlich nur auf Auswahlentscheidungen abzielen, eignen sich allerdings nicht zum Initiieren unternehmenskultureller Prozesse, die den Erfordernissen einer Lernenden Organisation gerecht werden können. Auch bei Beurteilungssystemen ist der Weg bereits das Ziel. So sollten idealerweise bereits bei der Gestaltung eines Beurteilungssystems alle Beteiligten und Betroffenen eingebunden sein, damit eine gemeinsame Wertebasis entwickelt werden kann.

Beurteilungssysteme sind nicht nur Ausdruck der Organisationsstruktur und -kultur, sondern auch integraler Bestandteil derselben

5.2 Wie ist das Beurteilungssystem in die Gesamtstrategie der Organisation integriert?

In fast allen Organisationen werden gegenwärtig in irgendeiner Form Personalbeurteilungen durchgeführt. Bei näherem Hinsehen zeigt sich allerdings, daß Beurteilungsgespräche nicht nur häufig unsystematisch und/oder inkonsequent erfolgen, sondern zudem in den allerwenigsten Fällen einen Bezug zur strategischen Ausrichtung des Unternehmens aufweisen. So existieren zum Teil isolierte Stellenbeschreibungen ohne dazugehörige Anforderungsprofile oder gar daraus systematisch abgeleiteten Beurteilungskriterien. Damit bleibt nicht nur im unklaren, welche Kompetenzen der Mitarbeiter benötigt, um den Anforderungen dieser Stelle gerecht zu werden, sondern ob man diese Stelle überhaupt noch benötigt, um den Anforderungen des Wettbewerbs gerecht werden zu können.

Meist bleibt nicht nur im unklaren, welche Kompetenzen ein Mitarbeiter benötigt, um den Anforderungen gerecht zu werden, sondern ob man diese Stelle überhaupt noch benötigt, um den Anforderungen des Wettbewerbs gerecht werden zu können

Erfolgreiche Unternehmen verfolgen daher visionsgeleitete Leitbild- und Veränderungsprozesse, um zukünftige Anforderungen im turbulenten Wettbewerb zu meistern. Dazu werden von der Geschäftsleitung zukünftige Erfolgsfaktoren prognostiziert und erforderliche Strategien und Ziele sowie Konsequenzen für die personalpolitischen Maßnahmen erarbeitet (Abb. 5.1).

Vision ist die Kunst, unsichtbare Dinge sichtbar zu machen

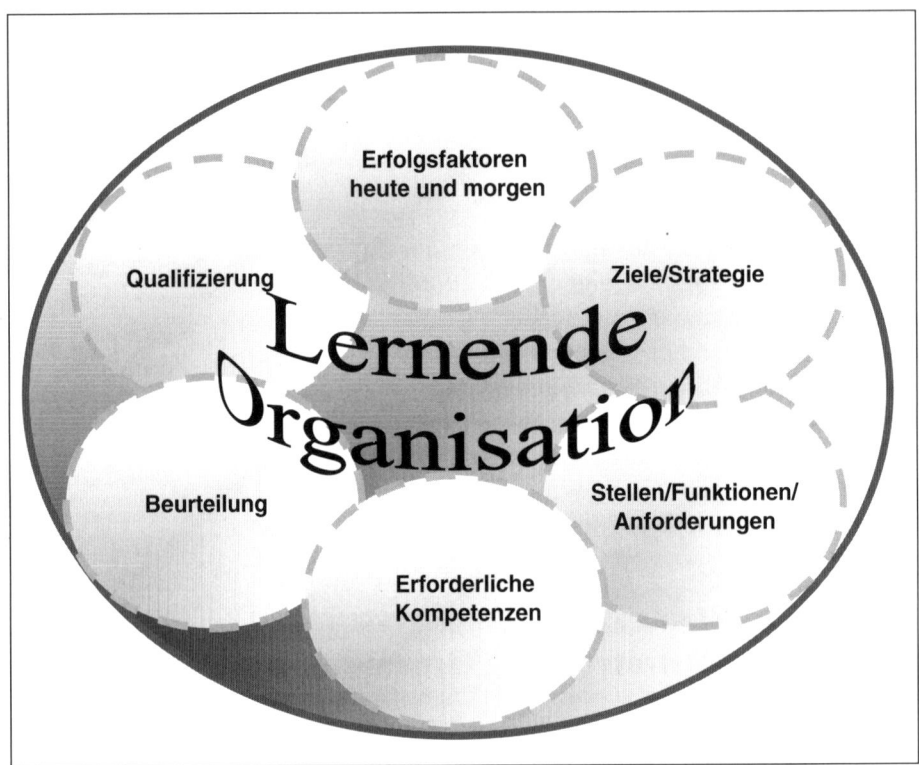

Abb. 5.1: Zusammenhang: Strategie und Beurteilungssystem

Die Stellen bzw. Funktionen leiten sich also von den zukünftigen Erfolgsfaktoren, der daraus resultierenden strategischen Ausrichtung und den Organisationszielen ab.

Die Anforderungs- und Kompetenzprofile eines jeden einzelnen Mitarbeiters sowie die gesamtstrategische Ausrichtung sind idealerweise aufeinander abgestimmt. Die zur Erreichung der Organisationsziele erforderlichen Kompetenzen sind also richtungsweisend auf zukünftige und nicht rückblickend auf vergangene und gegenwärtige Erfolgsfaktoren konzentriert.

Die persönliche Kompetenz der Mitarbeiter und die Geschäftskompetenz müssen aufeinander abgestimmt sein, damit das Zusammenspiel von systematischen, vergangenheitsbezogenen Beurteilungen, zukunftsorientierten Potentialeinschätzungen sowie konstruktivem Feedback im täglichen Umgang miteinander die Basis für einen kontinuierlichen und aufeinander abgestimmten Lernprozeß und damit auch zielgerichteten Wissenstransfer sein kann (Abb. 5.2).

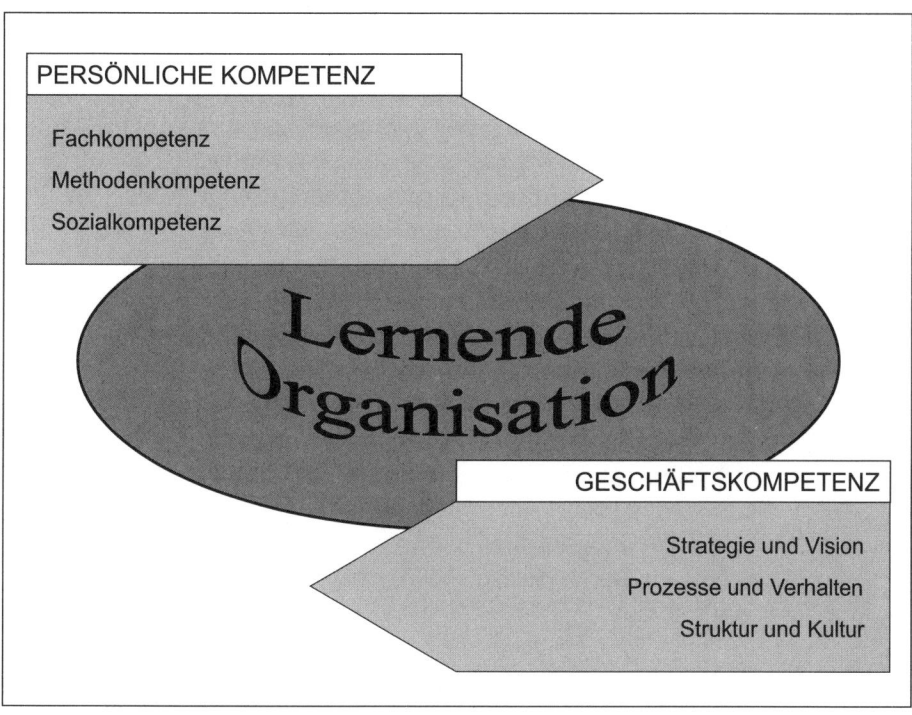

Abb. 5.2: Persönliche Kompetenz und Geschäftskompetenz (Quelle: Siemens AG SQT, 1999)

Zur (Neu-)Gestaltung ihrer Organisationseinheiten benötigen die Entscheidungsträger adäquate Führungsinstrumente. Führung und Kommunikation sind hierbei untrennbar miteinander verbunden. Kommunikation kann nur zielgerichtet mit entsprechenden Rückmeldeprozessen erfolgen. Derartige Feedbackschleifen entstehen aber nicht von selbst. Führungskräfte und Mitarbeiter müssen einander strategiegeleitet Rückmeldung geben und erhalten dadurch Orientierung für ihre Tätigkeit (Zeitz, 1998).

Ohne strategiegeleitetes Feedback ist ein zielorientierter Wandel nicht denkbar

5.3 Welche Ziele werden mit der Beurteilung verfolgt?

Unter Beurteilung wird zumeist die Beurteilung von Mitarbeitern durch die nächsthöhere Führungskraft verstanden. Diese gibt basierend auf ihrer Wahrnehmung eine Bewertung des Leistungsverhaltens und der Persönlichkeit des Mitarbeiters ab. Diese Beurteilung kann unterschiedliche Funktionen haben (Neuberger, 1980):

1. Entgeltdifferenzierung: Förderung der Leistungsgerechtigkeit, Schaffung monetärer Leistungsanreize;
2. Personalentwicklungsmaßnahme: Analyse des Aus- und Weiterbildungsbedarfs, Planung von individuellen bzw. kollektiven Aus- und Weiterbildungsmaßnahmen;
3. Personalplanung: Bestandsaufnahme des Mitarbeiterpotentials als Planungsdaten für Personaleinsatz, Beschaffungs-, Nachwuchs-, Karriere und Freisetzungsplanung;
4. Personaleinsatz: Versetzung, Beförderung, Kündigung, Übernahme nach Ausbildung oder Probezeit, Vorbereitung künftiger Personaleinsatzentscheidungen;
5. Personalführung: Anerkennung und Bestätigung gezeigter Leistungen, Festlegungen gemeinsamer Erwartungen und Ziele für die anstehende Planperiode, Verbesserung des Vorgesetzten-Untergebenen-Verhältnisses, individuelle Beratung und Förderung des Mitarbeiters;
6. Erfolgskontrolle personalpolitischer Maßnahmen: etwa in den Bereichen Personalbeschaffung und -einsatz, Ausbildung, Zielsetzung, arbeitsorganisatorische Maßnahmen.

In der Praxis finden sich häufig Mischformen. So werden Beurteilungen sowohl zur Entgeltdifferenzierung als auch zur Ableitung von Personalentwicklungsmaßnahmen durchgeführt. In der überwiegenden Zahl der Fälle dient die Beurteilung zudem als Basis für personelle Entscheidungen. Die Frage nach der richtigen »Dosierung« zwischen Kommunikationsziel und Selektionsziel läßt sich nicht pauschal beantworten, sondern muß jeweils organisationsspezifisch gelöst werden.

Kommunikations- oder Selektionsziel

Im Vordergrund einer jeden Beurteilung sollte das Zusammenspiel einer transparenten und für den Mitarbeiter nachvollziehbaren Einschätzung seiner erbrachten Leistung sowie seines eingeschätzten Potentials, den daraus resultierenden Konsequenzen, sowie das Aufzeigen weiterer, langfristiger Entwicklungsmöglichkeiten stehen.

Je nach Schwerpunktsetzung der Organisation gewinnen methodische Fragestellungen an Bedeutung

Wird mit der Beurteilung ein Selektionsziel verfolgt, werden also personelle Entscheidungen vorbereitet oder die Entgeltfindung damit verbunden, so werden höchste methodische Ansprüche an das Verfahren und vor allem auch an die Beurteilungskompetenz des jeweiligen Beurteilenden gestellt.

Steht hingegen die gezielte Weiterentwicklung des einzelnen und damit der gesamten »Lernenden Organisation« im Fokus, gewinnen andere Überlegungen an Bedeutung. Bei einem Kommunikationsziel ist vor allem wichtig, wie die potentialorientierte und individuelle Qualifizierung der Mitarbeiter sichergestellt werden kann.

Die Balance zwischen dem an der persönlichen Weiterentwicklung orientierten Kommunikationsziel und dem für die berufliche Karriere ausschlaggebenden Selektionsziel gleicht einer Gratwanderung. Diese unterschiedlichen Zielrichtungen können als Eckpfeiler eines Spannungsfeldes gesehen werden, indem sich Beurteilungssysteme grundsätzlich befinden (Abb. 5.3).

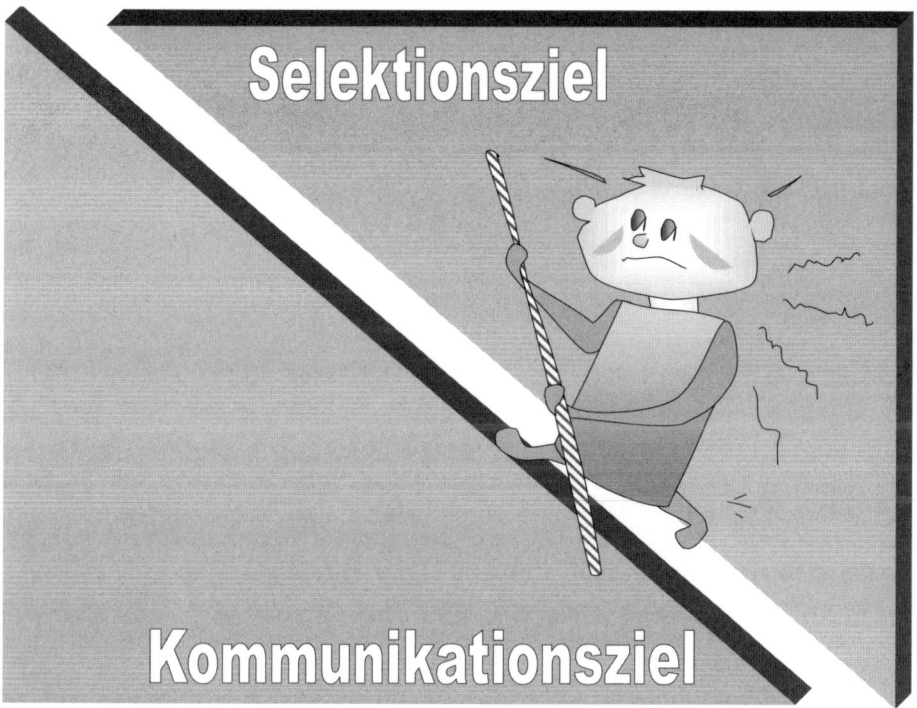

Abb. 5.3: Kommunikationsziel vs. Selektionsziel

Es ist von entscheidender Bedeutung, daß die Leitung klar kommuniziert, an welcher Stelle mit welchem Verfahren welches Ziel wozu verfolgt wird und welche Konsequenzen damit verbunden sind.

Häufig entscheiden sich Unternehmen für einen kontinuierlichen Feedbackprozeß, der alle ein bis zwei Jahre in Form eines Beurteilungsgespräches formal festgehalten wird. Diese Gespräche zwischen Führungskraft, Mitarbeiter und fallweise einem Mitarbeiter aus der Personalabteilung werden überwiegend als Personalbeurteilung bezeichnet (Abb. 5.4).

Abb. 5.4: Feedbackprozeß und Personalbeurteilung

Der Spiegel, den man dem anderen vorhält, sollte auf beiden Seiten geschliffen sein

Während das kontinuierliche Feedback vor allem der sukzessiven Verbesserung dient (Kommunikationsziel), erfüllt das »formale Beurteilungsgespräch« den Zweck einer Standortbestimmung mit direkten Auswirkungen auf die persönliche Karriereplanung (Selektionsziel).

Die klassische Form der Personalbeurteilung ist in den letzten Jahrzehnten differenzierter und um viele Verfahren erweitert worden.

5.4 Überblick über die wichtigsten Verfahren

Nicht nur zwischen den verschiedenen Organisationen existieren unterschiedliche Sprachregelungen, sondern auch innerhalb der Organisationen werden die unterschiedlichen Verfahren nicht einheitlich bezeichnet. Auch die ent-

sprechende Fachliteratur bietet an dieser Stelle keine allgemeingültige Termi-
nologie, was zu einer oftmals nur schwer durchschaubaren Begriffsvielfalt
führt (Abb. 5.5).

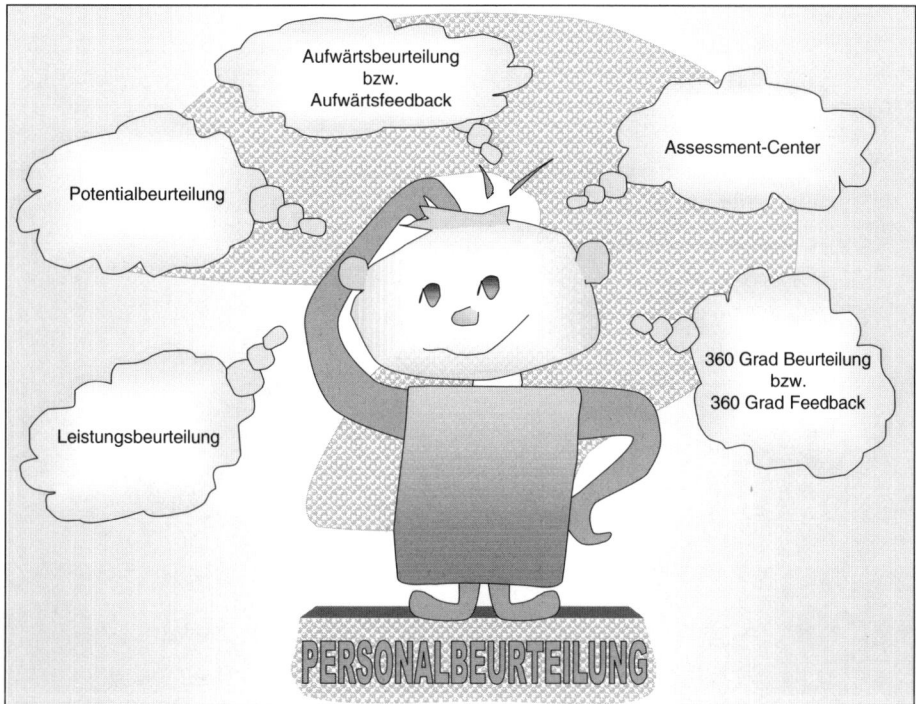

Abb. 5.5: Was ist eigentlich was?

Bereits der Begriff Personalbeurteilung wird übrigens ebenso synonym für
Mitarbeitergespräch, Personalgespräch, Zielgespräch etc. benutzt.

5.4.1   Leistungsbeurteilung und Potentialbeurteilung

Die Leistungsbeurteilung ist ein Blick zurück. Hier steht die Bewertung der
im Beurteilungszeitraum gezeigten Leistung im Vorder-
grund. Sie ist also vergangenheitsorientiert und ein Ab-
gleich aus »Soll« und »Ist«, wobei das »Soll« idealerweise
zwischen Führungskraft und Mitarbeiter im Rahmen
des Zielgesprächs vereinbart wird. Beurteilungsgegenstand ist hier also der Beitrag zur Erreichung der Unternehmensziele.

*Die Leistungs-
beurteilung blickt
auf das »Ist« und
das »Soll«, die Po-
tentialbeurteilung
auf das »Kann«*

Anders verhält es sich im Fall der Potentialbeurteilung. Hier geht es nicht um die Leistung an einem bestimmten Arbeitsplatz, sondern um das Leistungspotential des Mitarbeiters hinsichtlich weiterführender Aufgaben im Unternehmen. Die Kompetenz des Mitarbeiters soll im Sinne einer zukunftsgerichteten Potentialaussage erfaßt werden. Gegenstand der Beurteilung ist hier also nicht, was alles erreicht wurde, sondern was in Zukunft alles erreicht werden könnte, also das Potential bzw. das Ausmaß und die Richtung der Entwickelbarkeit (Abb. 5.6).

Abb. 5.6: Leistungsbeurteilung und Potentialbeurteilung

Im Gegensatz zur Leistungsbeurteilung geht die Potentialbeurteilung also über den bloßen Soll-Ist-Vergleich von Leistung und Kompetenz hinaus und wirft einen Blick nach vorne, ist also zukunftsgerichtet. Meist wird hierzu im Rahmen und auf Basis der Leistungsbeurteilung von der Führungskraft eine Aussage bezüglich des Potentials des Mitarbeiters getroffen, die dann in einem Assessment-Center im Rahmen der internen Führungskräfteentwicklung geprüft wird. Hierzu erfolgt dann eine umfassende Potentialanalyse.

Die Basis der Potentialbeurteilung entspricht also dem Bild vom Mitarbeiter in seiner bisherigen Stellung und den gezeigten Leistungen. Insbesondere, wenn die zukünftigen Anforderungen erheblich von den bisherigen abweichen oder nicht klar definiert sind, ist die zu treffende Aussage allerdings eher problematisch. Der prognostische Horizont wird zudem durch die sich ständig wandelnden Anforderungen eingeschränkt. Beispielsweise führte die Anwendung der elektronischen Datenverarbeitung zu tiefgreifenden Veränderungen bei den Berufen des Rechnungswesens, die neue Kompetenzanforderungen stellten. Unabhängig davon besteht zudem immer die Möglichkeit, daß sich Interessen ändern und Fähigkeiten wachsen oder verkümmern (Lattmann, 1975).

Die Interessen und Fähigkeiten der Mitarbeiter können sich ändern

5.4.2 Assessment-Center

Die Potentialbeurteilung erfolgt zunehmend in aufwendigen und komplexen Assessment Centern, kurz AC genannt. Hier werden Managementqualitäten systematisch unter Hinzuziehung von Experten beobachtet, diskutiert und bewertet. Trotz aller methodischen Kritik sagt kein Verfahren den künftigen Führungserfolg so gut voraus, wie das Assessment-Center. Im AC werden

- mehrere Kandidaten (meist sechs bis zwölf)
- mehrere Tage (meist zwei bis drei)
- mit mehreren Verfahren untersucht und dabei von
- mehreren Beobachtern (meist drei bis sechs) nach
- mehreren Kriterien beurteilt.

Mit diesem Verfahren wird also nicht nur ein einzelnes Konstrukt – wie z. B. die Intelligenz – erfasst, sondern ein Verhalten auf eine Situation projiziert, die strukturell der künftigen Arbeitssituation unter bestimmten Perspektiven ähnlich sein soll. Um diesem Anspruch gerecht werden zu können, muß bei der Konzeption unbedingt ein Experte (idealerweise ein Psychologe mit testtheoretischem Hintergrund) mit im AC-Team sein. Dieses Team, das bei der Durchführung der ACs meist auch die Beobachterrolle übernimmt, setzt sich überwiegend aus Führungskräften, Personalentwicklern, (zunehmend) Vertretern des Betriebs- und Personalrats sowie einem externen Berater zusammen.

Die Ergebnisse aus dem AC dienen dann als Entscheidungsgrundlage für die Führungskraft bzw. Personalabteilung. In einem weiteren Schritt nutzen einige Unternehmen die Resultate als Input zur Neugestaltung ihrer Qualifizierungslandschaft. Die alleinige Zielsetzung besteht also nicht mehr nur in der Prognose, ob jemand (nicht) geeignet scheint, die zukünftigen Anforderungen zu erfüllen, sondern darüber hinaus, wie die weitere berufliche Entwicklung zielgerichtet gestaltet werden kann.

Im Rahmen der Durchführung von ACs gewinnt also der Entwicklungsaspekt mehr und mehr an Bedeutung. Bereits das AC-Team, also das Team, das das AC konzipiert und durchführt, unterliegt hierbei einem Entwicklungsprozeß. So fließen oftmals die im Team gewonnenen systemischen Einstellungen und Verhaltensweisen in den Führungsalltag und bewirken damit auch ein Organisationslernen. Unterstützt wird dieser unternehmenskulturelle Prozeß durch die Einbindung des Betriebsrats, die am besten bereits in der Konzeptionsphase erfolgt.

Auch wenn Zusammenarbeit nicht zwingend gesetzlich vorgeschrieben ist, erleichtert sie die Sache doch ungemein

In einigen Organisationen werden Betriebs- und Personalrat bzw. deren Vertreter zudem als Beobachter im AC hinzugezogen. Dadurch entsteht eine gemeinsame Basis für Personalentscheidungen, die an den Bedürfnissen der Organisation orientiert sind und nicht die unterschiedlichen Standpunkte der Geschäftsleitung und der Arbeitnehmervertretung widerspiegeln.

Beispiel

Ereignis:

In einem ehemals städtischen Betrieb, der durch die Liberalisierung tiefgreifenden strukturellen Veränderungen ausgesetzt war, mußten 30 neugeschaffene Führungspositionen besetzt werden, wofür sich 130 interne Kandidaten beworben haben. Unter Hinzuziehung einer externen Unternehmensberatung wurden die Führungsanforderungen definiert und eine AC-Reihe (insgesamt 26 ACs) konzipiert, die exakt auf die Erfordernisse der Organisation zugeschnitten war. Bei der Durchführung der ersten fünf ACs zeichnete sich bereits ab, daß das gegenwärtige Entwicklungsstadium der Kandidaten und die künftig erforderlichen Kompetenzen stark divergierten. Zudem standen Betriebs- und Personalrat dem gesamten Projekt eher ablehnend gegenüber. Sie hatten bereits im Vorfeld signalisiert, daß die freien Stellen in jedem Fall – ungeachtet der Eignung der Kandidaten – intern zu besetzen seien und sie externen Stellenbesetzungen nicht zustimmen würden. Dieses eher noch traditionelle Rollenverständnis war zusätzlich dadurch provoziert worden, daß die bisherige Einbindung durch die Geschäftsleitung nur der Einhaltung der gesetzlichen Bestimmungen verpflichtet war. Da die Kandidaten der ersten fünf ACs einen durchaus repräsentativen Querschnitt des qualifizierten Personals darstellten, bestand dringender Handlungsbedarf bezüglich der weiteren Vorgehensweise. Sowohl seitens der Geschäftsleitung als auch seitens der Arbeitnehmervertretung bestand Konsens *darüber, daß das Unternehmen einer aggressiven und bis dato eher ungewohnten Wettbewerbssituation ausgesetzt war. Diese gemeinsame Bewertung der Situation ermöglichte dann doch noch eine konstruktive Zusammenarbeit.*

Ergebnis:
Im Verlauf der restlichen 20 ACs, die gemeinsam mit wechselnden Vertretern aus dem Personal- und Betriebsrat durchgeführt wurden, zeigte sich, daß gerade diese äußerst kritisch das gezeigte Verhalten der Kandidaten beobachteten. Es wurde also nicht nur, wie ursprünglich angedacht, sichergestellt, daß das AC mitarbeiterorientiert und fair abläuft, sondern »Mitarbeiterorientierung« erhielt in diesem Kontext eine zusätzliche Bedeutung: Nicht allein der Schutz der Mitarbeiter, die sich dem AC unterzogen, sondern auch der Schutz der Mitarbeiter, die von den »potentiellen Führungskräften« in Zukunft geführt werden sollten, wurde zum Thema. Nach Abschluß der AC-Reihe waren noch zwölf Stellen unbesetzt. Ohne die in diesen Fällen üblichen langwierigen Abstimmungsprozeduren konnten für diese Stellen geeignete externe Kandidaten gefunden werden.

Erkenntnis:
Die rechtzeitige Einbindung des Personal- und Betriebsrates ermöglicht in vielen Fällen eine wesentlich umfassendere und lösungsorientiertere Vorgehensweise und trägt damit zur Sicherung der Wettbewerbsfähigkeit bei.

5.4.3 Aufwärtsbeurteilung

Der in der Literatur am häufigsten verwendete Begriff für diese Form der Beurteilung heißt Vorgesetztenbeurteilung. Eine einheitliche Begriffsbildung läßt sich jedoch weder in der Praxis noch in der Literatur finden. Die Gründe für die unterschiedlichen Etikettierungen liegen zum einen darin, daß die meisten Instrumente unternehmensspezifisch entwickelt und eingesetzt werden. Zum anderen, daß in dem Begriff »Beurteilung« auch »Aburteilung« und »Verurteilung« mitschwingen, weshalb oft versucht wird, diesen Begriff zu ersetzen. Diese beiden Umstände haben zu einer regelrechten Begriffsinflation geführt, die selbst bei Experten Verwirrung erzeugt. In der nachfolgenden Darstellung sind die gängigsten Bezeichnungen aufgeführt (Abb. 5.7).

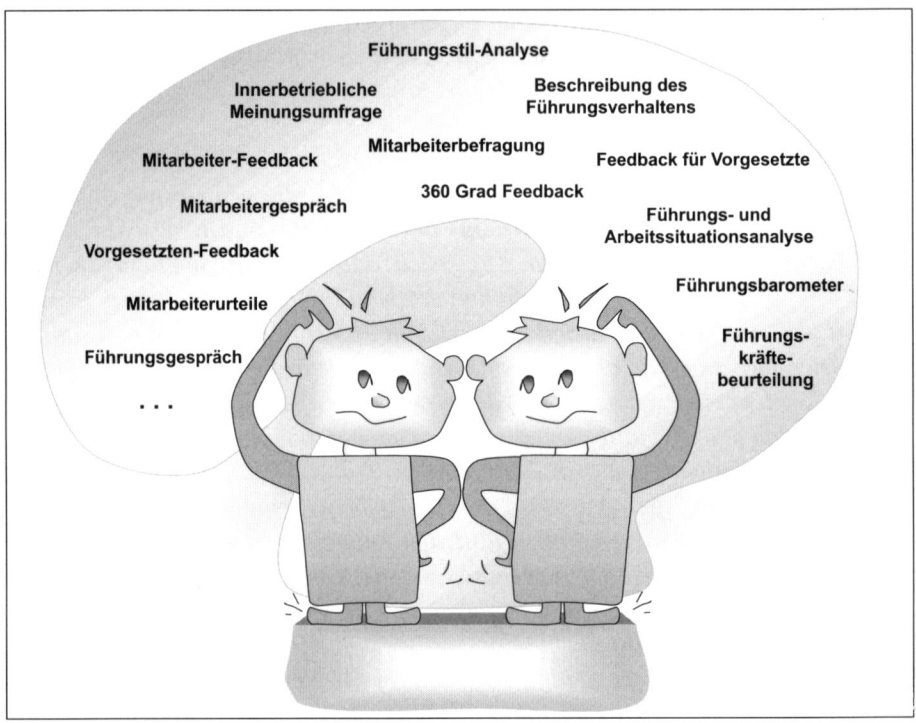

Abb. 5.7: »Begriffsinflation«

Die Beurteilung von Führungskräften durch ihre Mitarbeiter galt in deutschen Unternehmen lange Zeit als Tabuthema. Nach ersten unsystematischen und zaghaften Versuchen in den 50er Jahren wurde von einem weiteren Einsatz dieses Instrumentariums dann wieder abgesehen. Erst zu Beginn der 80er Jahre gewann die Aufwärtsbeurteilung als Ergänzung zur gängigen Personalbeurteilung immer mehr an Bedeutung. Ursachen hierfür sind unter anderem (Domsch, 1995):

- die generelle Diskussionen über Art und Umfang partizipativer Führung im Zusammenhang mit einer konsequenten Demokratisierung der Wirtschaft,
- die individuellen Wünsche der Mitarbeiter nach mehr Selbst- und Mitbestimmung auch im Arbeitsleben im Rahmen des Wertewandels,
- die Konzeptionen und Erfahrungen mit den vielfältigsten Formen der Organisations- und Teamentwicklung.

Führung steht synonym für die Schaffung von Rahmenbedingungen, die es den Mitarbeitern ermöglichen, ihre Aufgaben selbständig und effizient zu erfüllen. Nicht nur Ziele setzen, Entscheidungen treffen, durchsetzen usw. prägen also die Führungsrolle, sondern zunehmend mehr die Fähigkeit zur Teamarbeit und zum Umgang mit Konflikten sowie die Fähigkeit, unterschiedliche Ziel- und Wertewelten von Vorgesetzten, Kollegen und Mitarbeitern integrieren zu können. Die Berücksichtigung der Führungskompetenz in weitaus stärkerem und differenzierterem Maße als bisher bei personalpolitischen Entscheidungsprozessen signalisiert den Stellenwert, der dieser Kompetenz beim Erreichen der Unternehmensziele beigemessen wird. Wichtig ist, daß von den Mitarbeitern wirklich nur das unmittelbar beobachtete Verhalten beurteilt wird und nicht die Leistung und das Potential der Führungskraft. So zeigt die Erfahrung, daß Mitarbeiter ihre Vorgesetzten häufig an ihrer eigenen Fachkompetenz messen. Es ist aber nicht Aufgabe der Führungskraft, genauso fachkompetent wie ihre Mitarbeiter zu sein. Die Beurteilung sollte nur das wiedergeben, was von den Mitarbeitern erfahrbar ist, also das erlebte Führungsverhalten. Hierbei gibt es selbstverständlich keine Objektivität: Wirklich ist, was wirkt!

Wird Führung als Dienstleistung verstanden, ist die Aufwärtsbeurteilung das wichtigste Instrumentarium der Qualitätskontrolle

Wirklich ist, was wirkt

Die eigene persönliche Wirkung auf das soziale Umfeld realistisch einschätzen und weiterentwickeln zu können ist nicht einfach Ausdruck einer permanenten Selbstbespiegelung, sondern zwangsläufig Folge einer immer komplexer werdenden Welt. Kritische Reflexionen und persönliches Feedback werden also zu entscheidenden Erfolgsfaktoren. Dies erfordert sowohl vom Mitarbeiter als auch von der Führungskraft die uneingeschränkte Bereitschaft, voneinander lernen zu wollen. Hierbei steht nicht die Schuldfrage, sondern die Chance auf ein verbessertes Führungsverhalten im Vordergrund.

»Ich muß von denjenigen, mit denen ich arbeite, verlangen können, daß sie auch mir gegenüber Kritik üben. Wenn sie das nicht tun, dann sind sie mir und dem Hause Siemens nicht von Nutzen« (C. F. von Siemens, 1936)

Viele Organisationen mach(t)en die Erfahrung, daß Mitarbeiterbefragungen zwar ein Stimmungsbild wiedergeben, jedoch nicht nachhaltig zur Veränderung des gelebten und erlebten Führungsverhaltens beitragen. Im Gegensatz zur Mitarbeiterbefragung erfüllt die Aufwärtsbeurteilung hingegen mehrere zusätzliche Funktionen (Domsch, 1995):
• Informationsgewinnung im Sinne einer Marktforschung, um herauszufinden, inwieweit die Mitarbeiter als »Kunden« des Führungsverhaltens des Vorgesetzten dieses Verhalten empfinden, akzeptieren oder sich eine Veränderung wünschen (Diagnosefunktion);
• Überprüfung von verändertem Verhalten, ob und inwieweit für die betroffenen Mitarbeiter Veränderungen spürbar werden (Kontrollfunktion);

- Umsetzung des Gedankenguts über Partizipation, Führung und Zusammenarbeit in konkrete Maßnahmen, hier durch das Instrument der »Vorgesetztenbeurteilung« selbst (Partizipationsfunktion);
- Integration eines Elementes der Organisations- und Teamentwicklung in den Vorgesetzten-Mitarbeiter-Bereich (Teamentwicklungsfunktion);
- Entwicklung von Führungskompetenzen (Personalentwicklungsfunktion);
- Erhöhung der Arbeitszufriedenheit (Motivationsfunktion)
- Leistungssteigerung im Vorgesetzten-Mitarbeiter-Bereich (Leistungsfunktion).

Im Rahmen einer Befragung von 32 Unternehmen nach den Gründen für die Einführung der Aufwärtsbeurteilung wurden neun mögliche Antworten zur Auswahl gestellt. Dabei zeigte sich, daß die »Verbesserung der Führungsleistung« die wichtigste Zielsetzung darstellte. Danach folgten »Kommunikation« (Dialog über Führung), »Personalentwicklung« und »Motivation« vor »Teamentwicklung«, »Partizipation« und »Diagnose«. Nur zwei Unternehmen haben »Kontrolle« als Grund für die Einführung angeführt, kein Unternehmen gab »Personalauswahl« an (Fecher, 1995) (Abb. 5.8).

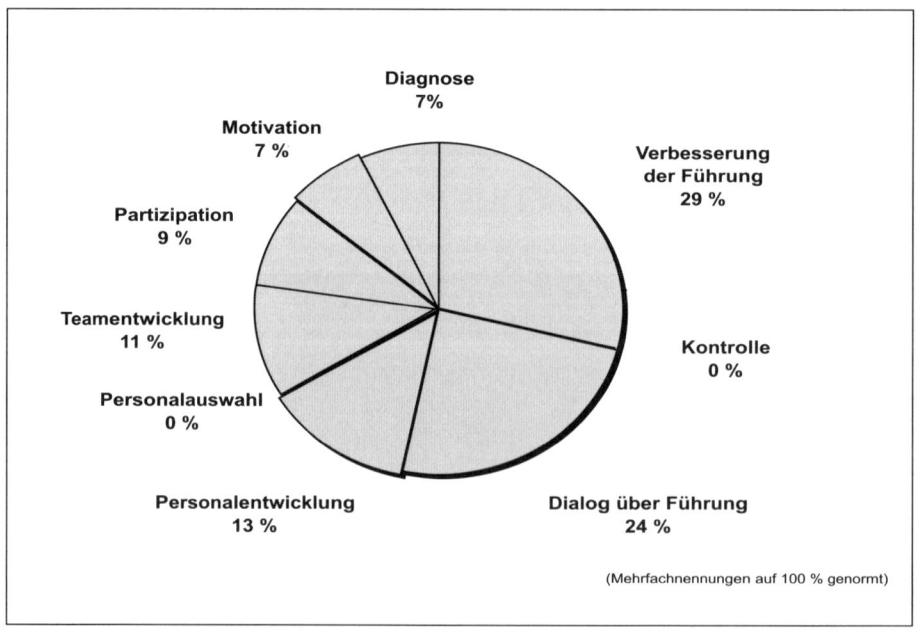

Abb. 5.8: Gründe für die Einführung einer Aufwärtsbeurteilung (Quelle: Fecher, 1995)

Dieses Ergebnis spricht für eine Orientierung in Richtung Entwicklungsinstrumentarium, also für die Fokussierung eines Kommunikationsziels.

Die Führungskraft erhält im Gespräch mit den Mitarbeitern die Möglichkeit, eigene Potentiale im Führungsverhalten ausfindig zu machen. Durch das Aufdecken eventueller Diskrepanzen zwischen der Eigenwahrnehmung der Führungskraft und der Fremdwahrnehmung durch die Mitarbeiter erfolgt eine Gegenüberstellung von gelebtem und erlebtem Führungsverhalten. Daraus können dann nicht nur Maßnahmen zur gezielten Weiterentwicklung des persönlichen Führungsverhaltens abgeleitet, sondern in einem weiteren Schritt zudem auch Spielregeln der Zusammenarbeit für das gesamte Team definiert werden.

Gegenüberstellung von gelebtem und erlebtem Führungsverhalten

5.4.4 360 Grad Beurteilung

Die Vorgehensweise, (un-)konstruktives Führungsverhalten direkt von den geführten Mitarbeitern und nicht nur vom nächsthöheren Vorgesetzten beurteilen zu lassen, führte zu einer weiteren Spezifizierung: (un-)kollegiales Verhalten und mangelnde bzw. ausgeprägte Kundenorientierung werden entsprechend nicht mehr allein von der Führungskraft im Zuge der traditionellen Personalbeurteilung bewertet, sondern auch von den »Betroffenen« direkt. So wird Kundenorientierung bzw. die organisationsübergreifende Zusammenarbeit in Projektteams aus Sicht der Kunden bewertet, Zusammenarbeit aus Kollegensicht und die erlebte Führungsqualität aus Mitarbeitersicht.

Diese Einschätzung durch verschiedene Zielgruppen ermöglicht die umfassende Ermittlung unterschiedlicher Fremdbilder. Die Gegenüberstellung von Selbst- und Fremdwahrnehmung vervollständigt die Außenwirkung zu einem »360 Grad Gesamtbild«.

Aus Untersuchungen im militärischen Bereich ist schon seit langem bekannt, daß Einschätzungen von Führungsqualitäten durch Mitarbeiter und Kollegen besonders zuverlässig und aussagefähig sind. Die 360 Grad Beurteilung wurde Ende der 80er Jahre vom »Center for Creative Leadership« in den USA und Israel entwickelt. Nach der Veröffentlichung der ersten Versuche und Untersuchungen konnte sich diese Form der Beurteilung dann auch Mitte der 90er Jahre in Großbritannien und Deutschland durchsetzen (Schöning, 1998).

Die 360 Grad Beurteilung wirkt sich durch mehrere Funktionen positiv auf den einzelnen, auf Teams und das gesamte Unternehmen aus (Abb. 5.9):

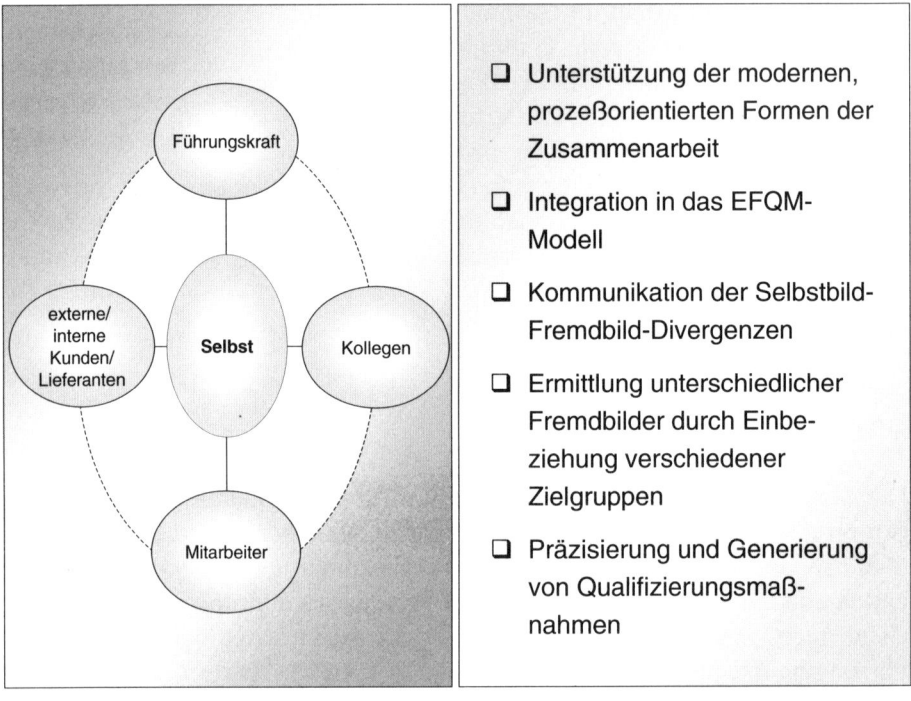

Abb. 5.9: 360 Grad Beurteilung (Quelle: Siemens AG EL, 1999)

Unterstützung der modernen, prozeßorientierten Formen der Zusammenarbeit

Im Zuge der Verschlankung der Organisationen, dem Abbau von Hierarchie-stufen, der offensiven und durchgängigen (internen) Kundenorientierung so-wie der konsequenten Qualitätssicherung haben sich neue Formen der Zu-sammenarbeit herausgebildet.

Die Zusammenarbeit zwischen Führungskräften und Mitarbeitern ist über-wiegend intensiver, vielfältiger, konstruktiver und angstfreier geworden. Teamorientierte Verhaltensweisen werden erfolgversprechender eingestuft als isolierte Einzelaktionen. Die konstruktive Zusammenarbeit im Team wird durch den Austausch und die Diskussion über gegenseitiges Einschätzen von Leistungen, vermutetes Potential und beobachtetes und empfundenes Ver-halten gefördert.

Die Entwicklung von Teams und deren Leistungsfähigkeit stellt für die Zu-kunft einen zentralen Erfolgsfaktor dar. Von entscheidender Wichtigkeit ist hierbei, wie sich die Teams organisieren, nach welchen Prinzipien sie arbeiten und wie sie mit Konflikten umgehen. Teamfähigkeit ist zu einer persönlichen Schlüsselkompetenz geworden. Daher stellt »Teamfähigkeit« in Assessment-Centern auch ein wesentliches Beobachtungskriterium dar. Was darunter genauer zu verstehen ist, zeigt das nachfolgende Beispiel aus einem Assessment-Center (Abb. 5.10).

- gemeinsam mit anderen Menschen eine Aufgabe bearbeiten

- sich persönlich für die Ziele der Gruppe aktiv einsetzen

- die Meinungen, Bedürfnisse und Werthaltungen anderer erkennen und berücksichtigen

- Spielregeln für die Zusammenarbeit in der Gruppe entwickeln und beachten

- sich an Vereinbarungen halten, die innerhalb einer Gruppe getroffen werden

- nicht auf der eigenen Meinung beharren, sondern auch einmal nachgeben

- Vorschläge bzw. Lösungen und Erfolge anderer Gruppenmitglieder (auch wenn diese hierarchisch unter ihm stehen) akzeptieren

- Rollen in Teams, z. B. Moderator, erfolgreich ausüben

Abb. 5.10: Beispiel aus einem Beobachtungsbogen zu dem Kriterium »Teamfähigkeit« (Quelle: Dr. Theis & Partner, 1999)

Integration in das EFQM-Modell

Es gibt viele Instrumente, um den Ist-Zustand eines Unternehmens zu durchleuchten. Das Selbstbewertungsmodell des EFQM räumt die Möglichkeit ein, zu lernen, wo die Stärken und Verbesserungsbereiche liegen. Die 360 Grad Beurteilung setzt hier direkt bei Führung und Mitarbeiterorientierung sowie Mitarbeiter- und Kundenzufriedenheit an. Die Anwendung der 360 Grad Beurteilung im Rahmen des EFQM ist nicht zuletzt auch Ausdruck einer ganzheitlichen, werteorientierten Führung (Abb. 5.11).

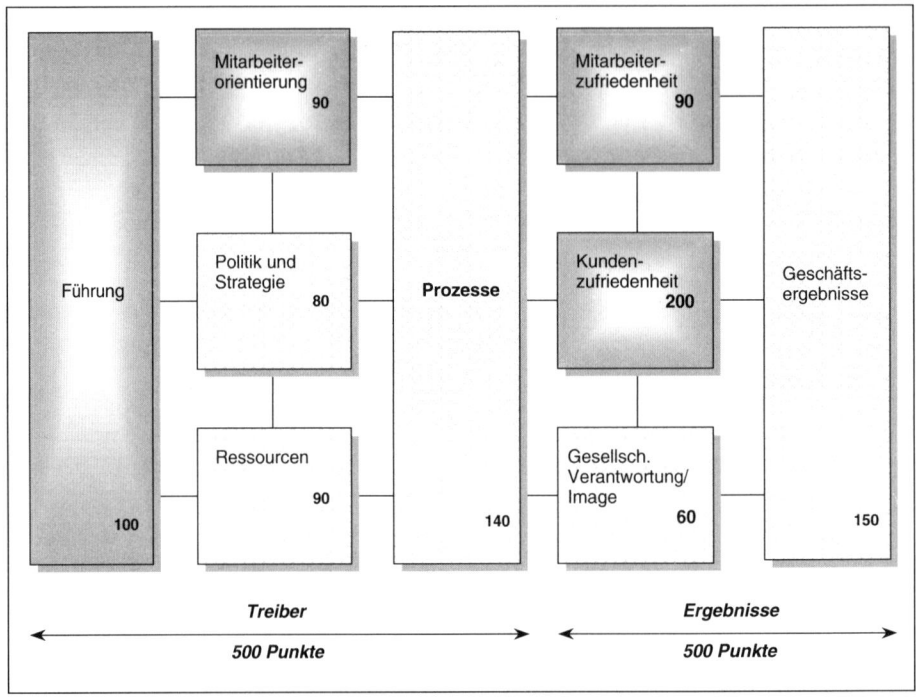

Abb. 5.11: Integration in das EFQM-Modell

Zudem wird durch die Hebelwirkung auch auf andere Kriterien indirekt Einfluß genommen (Abb. 5.12).

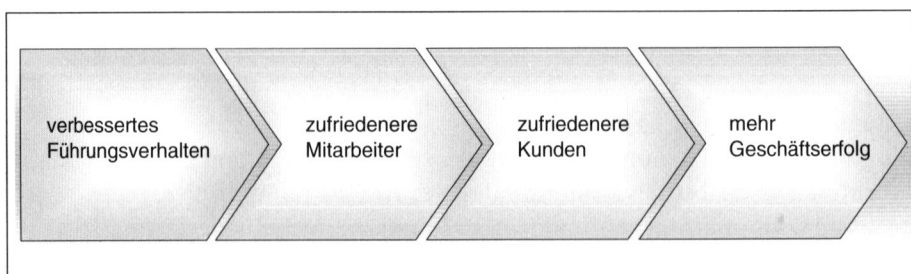

Abb. 5.12: Beispiel für den Wirkungszusammenhang der EFQM-Kriterien

Kommunikation der Selbstbild-Fremdbild-Divergenzen

Diskrepanzen in der Selbst- und Fremdwahrnehmung beeinflussen den Kommunikationsprozeß negativ, da Mißverständnisse und Konflikte entstehen können. Die Kenntnis der unterschiedlichen Fremdbilder kann also zu einer störungsfreieren Interaktion beitragen.

Selbstmitteilung und Feedback stehen in einem Wechselverhältnis. Wer etwas von sich mitteilt, tritt deutlicher hervor und kann ein Feedback erhalten. Die Reaktion auf ein erhaltenes Feedback teilt etwas über den Feedbacknehmer mit (Fengler, 1998). Die Art und Weise, wie Feedback gegeben wird, sagt wiederum etwas über den Feedbackgeber aus.

Die Art und Weise, wie Feedback gegeben wird, sagt auch etwas über den Feedbackgeber aus

Das Johari-Fenster, benannt nach den Autoren Joseph Luft und Harry Ingham (Luft, 1970), ist eine einfache Matrix, die die Veränderungen von Selbst- und Fremdwahrnehmung im Verlaufe eines Teamprozesses darstellt (Abb. 5.13).

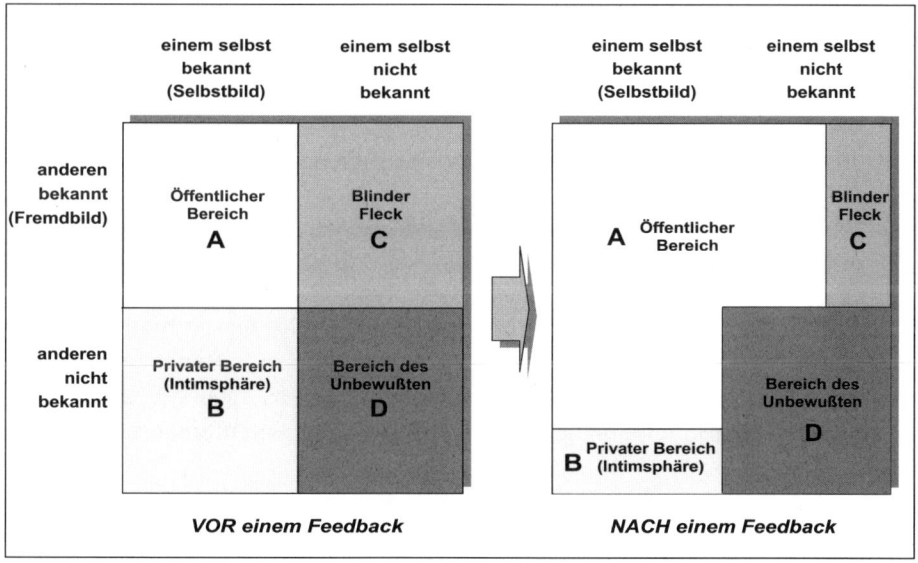

Abb. 5.13: Johari-Fenster (Quelle: in Anlehnung an Luft, 1970)

Folgende vier Verhaltensbereiche werden durch die einzelnen Quadranten beschrieben:

Quadrant A: der Bereich der freien Aktivität, der öffentlichen Sachverhalte und Tatsachen, wo Verhalten und Motivation sowohl *mir selbst bekannt als auch für andere wahrnehmbar* sind;

Quadrant B: der Bereich des Verhaltens, der *mir bekannt und bewußt ist, den ich aber anderen nicht bekannt gemacht habe* oder machen will. Dieser Teil des Verhaltens ist für andere verborgen oder versteckt;

Quadrant C: der blinde Fleck der Selbstwahrnehmung, d. h. der Teil des Verhaltens, der *für andere sichtbar und erkennbar ist, mir selbst hingegen nicht bewußt*. Abgewehrtes, Vorbewußtes und nicht mehr bewußte Gewohnheiten fallen hierunter.

Quadrant D erfaßt Vorgänge, *die weder mir noch anderen bekannt sind* und sich in dem Bereich bewegen, der in der Tiefenpsychologie unbewußt genannt wird. Dieser Bereich wird in der Regel in Trainingsgruppen nicht bearbeitet.«

Durch kontinuierliches und konstruktives Feedback soll das eigene Verhalten bewußter werden, um damit den sogenannten blinden Fleck und den Bereich des Unbewußten zu verkleinern bzw. das Wissen um die unterschiedlichen Fremdbilder (die Wirkung auf andere) zu vergrößern. Hierzu leistet die 360 Grad Beurteilung einen erheblichen Beitrag, da sie Einsicht über mehrere Fremdbilder ermöglicht.

Ermittlung unterschiedlicher Fremdbilder durch Einschätzung verschiedener Zielgruppen

Durch die Zunahme von Team- und Projektarbeit gewinnt die 360 Grad Beurteilung also erheblich an Bedeutung. So werden nach Projektabschluß in vielen (Projekt-)Organisationen routinemäßig Beurteilungen durchgeführt, die die Sichtweisen aller Teammitglieder gruppen- und hierarchieunabhängig widerspiegeln. Darüber hinaus werden teamübergreifende Beurteilungen vorgenommen; es wird also die Gesamtwirkung des Teams nach außen bewertet, so daß man zusammenfassend von zwei Hauptkomponenten sprechen kann (Abb. 5.14):
1. den Feedbackprozessen innerhalb des Teams und
2. den Feedbackprozessen zwischen dem Team und internen oder externen Partnern.

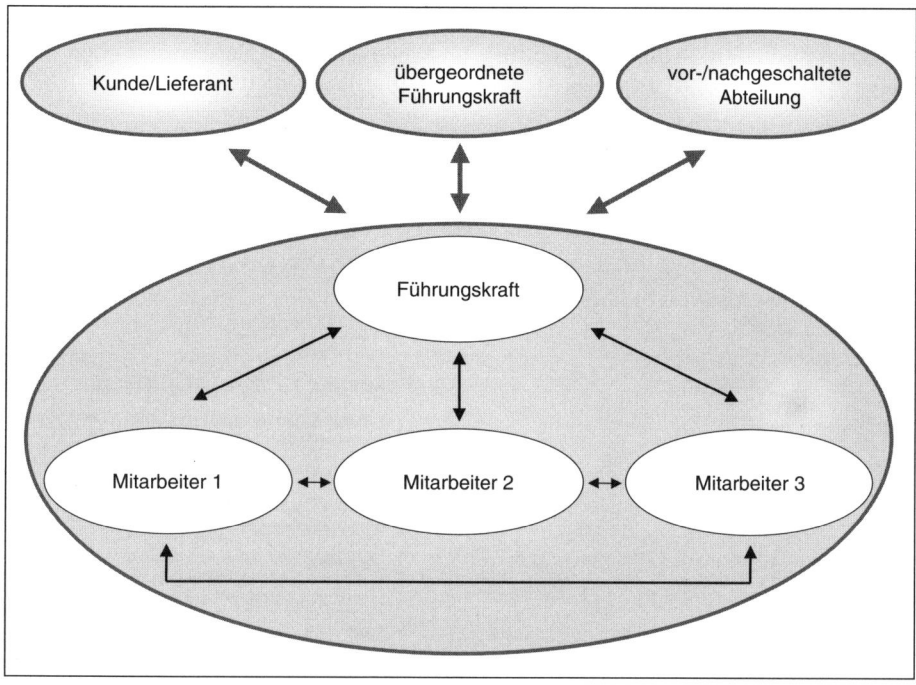

Abb. 5.14: Teamorientierte 360 Grad Beurteilung

Das nach innen gerichtete Feedback beinhaltet folgende Bestandteile:
- das Gespräch zwischen Führungskraft und jedem einzelnen Mitarbeiter (Abwärtsbeurteilung),
- das Gespräch zwischen Führungskraft und allen Mitarbeitern (Aufwärtsbeurteilung),
- das Gespräch der Kollegen untereinander (Kollegenbeurteilung).

Die zweite – nach außen gerichtete Komponente – besteht aus dem Feedbackprozeß zwischen
- dem Team und der übergeordneten Führungskraft,
- dem Team und vor- oder nachgeschalteten Abteilungen (internen Kunden und Lieferanten),
- dem Team und unternehmensfremden Beteiligten (Kunde/Lieferant).

Präzisierung und Generierung von Qualifizierungsmaßnahmen
Die unterschiedlichen Fremdbilder ermöglichen an dieser Stelle die Präzisierung des individuellen Qualifizierungsbedarfs und damit die Entwicklung potentialorientierter, individueller Entwicklungsprogramme für den einzelnen Mitarbeiter. In einem weiteren Schritt kann aber auch durch die Auswertung

aller Feedbacks eine Qualifizierungslandschaft für das gesamte Unternehmen generiert werden. Allerdings sollten hierzu alle Ergebnisse zugänglich sein, was meistens nur im Rahmen des Selektionsziels der Fall ist.

Ebenso wie im Fall der Aufwärtsbeurteilung, die ja ein Bestandteil der 360 Grad Beurteilung ist, muß also auch an dieser Stelle geklärt werden, ob vorwiegend ein Kommunikations- oder ein Selektionsziel verfolgt wird. Die folgende Darstellung zeigt, welche Aspekte mit der jeweiligen Zielrichtung favorisiert werden (Abb. 5.15).

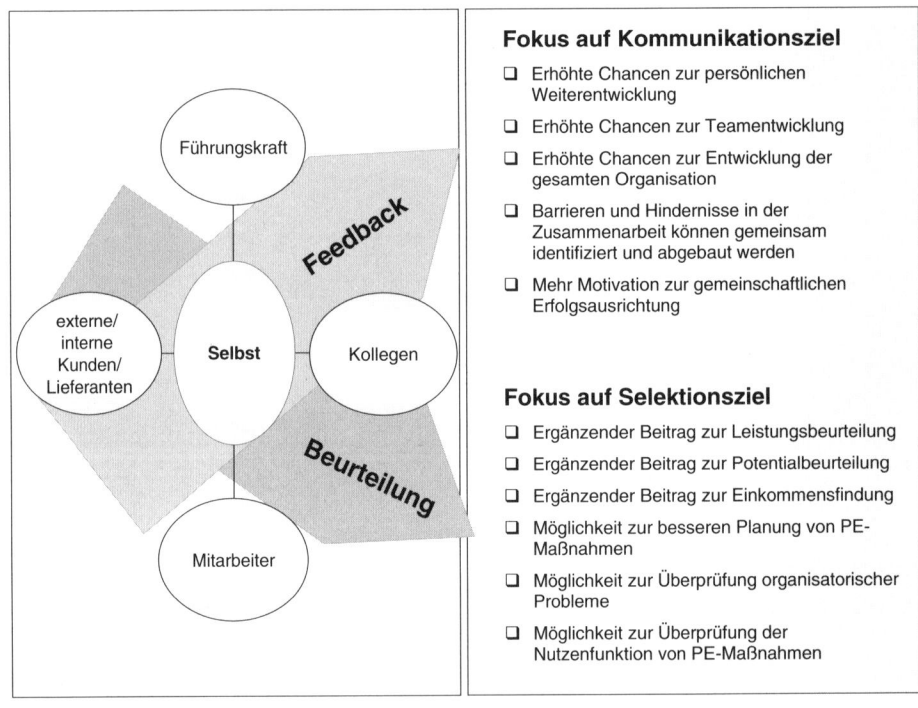

Fokus auf Kommunikationsziel

❑ Erhöhte Chancen zur persönlichen Weiterentwicklung

❑ Erhöhte Chancen zur Teamentwicklung

❑ Erhöhte Chancen zur Entwicklung der gesamten Organisation

❑ Barrieren und Hindernisse in der Zusammenarbeit können gemeinsam identifiziert und abgebaut werden

❑ Mehr Motivation zur gemeinschaftlichen Erfolgsausrichtung

Fokus auf Selektionsziel

❑ Ergänzender Beitrag zur Leistungsbeurteilung

❑ Ergänzender Beitrag zur Potentialbeurteilung

❑ Ergänzender Beitrag zur Einkommensfindung

❑ Möglichkeit zur besseren Planung von PE-Maßnahmen

❑ Möglichkeit zur Überprüfung organisatorischer Probleme

❑ Möglichkeit zur Überprüfung der Nutzenfunktion von PE-Maßnahmen

Abb. 5.15: 360 Grad Beurteilung

Die unterschiedlichen Zielrichtungen lassen sich nicht immer ganz eindeutig voneinander trennen. Dies führt häufig zu (nicht immer ganz konfliktfreien) Mischformen. In der obigen Darstellung würden sich dann die Zeiger entsprechend mehr überlappen.

Während Maßnahmen zur Personalentwicklung unter dem Begriff Kommunikationsziel zusammengefaßt sind, werden Maßnahmen zur Personalauswahl und -entscheidung unter dem Begriff Selektionsziel zusammengefaßt.

5.4.4.1 Fokus auf Kommunikationsziel

Kommunikationsziele stehen insbesondere bei Themen der individuellen Weiterentwicklung, Teamentwicklung sowie der gesamten organisatorischen Entwicklung im Vordergrund. An dieser Stelle umfaßt die 360 Grad Beurteilung im Rahmen der Personalentwicklung die Vereinigungsmenge von Personen-, Team- und Organisationsentwicklung (Abb. 5.16).

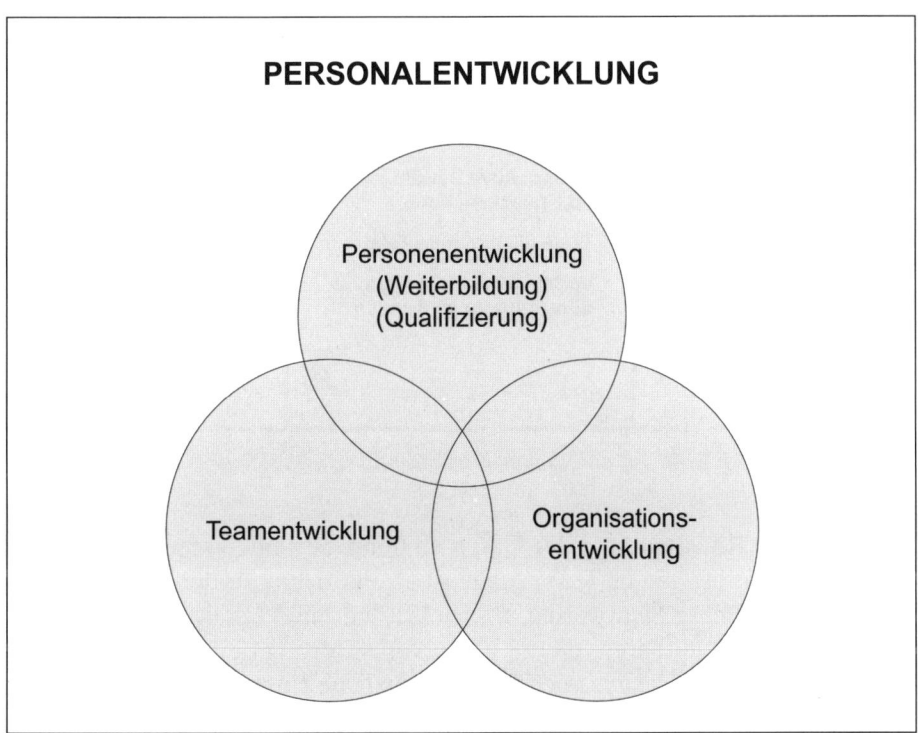

PERSONALENTWICKLUNG

Personenentwicklung
(Weiterbildung)
(Qualifizierung)

Teamentwicklung

Organisations-
entwicklung

Abb. 5.16: Personalentwicklung als Vereinigungsmenge (Quelle: Neuberger, 1994)

Kommunikation bedeutet hierbei aber nicht nur Dialog, sondern in einem umfassenderen Sinne die Aushandlung gemeinsamer Werte: Jeder Einzelne, jedes Team und damit auch die gesamte Organisation können sich kontinuierlich weiterentwickeln (Abb. 5.17).

Einzelner Mitarbeiter	Team	Organisation
• Konsequente, persönlichkeits-gerechte Förderung durch entsprechende Trainingsmaßnahmen • Beitrag zum lebens-langen Lernen • Gezielte Bekämpfung eigener Schwächen • Höhere Motivation durch Kommunikation von Stärken • Erhöhte Sensibilität gegenüber Kollegen	• Offene Kommunikation und Vertrauen • Aufbau eines sozial-kompetenten Teams • Austarieren von Stärken und Schwächen erleichtert • Konstruktive Bewältigung von Teamkonflikten • Team als lernende Zelle • Vorleben einer Kommunika-tionskultur beim Kunden	• Offene Kommunikation und Vertrauen durch alle Hierarchien • Sozialkompetente lernende Organi-sation • Erhöhte Attraktivität der Organisation für potentielle Mit-arbeiter

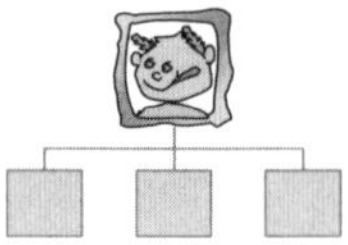

Abb. 5.17: Feedback wirkt auf die gesamte Organisation (Quelle: Siemens AG EL, 1999)

So dienen die Rückmeldung der Daten an den Beurteilten sowie die Diskussion und Interpretation im Team zunächst als Plattform für die Kommunikation unterschiedlicher Sichtweisen. Endziel ist hierbei, Verhaltensziele auf beiden Seiten zu vereinbaren, die zu einer Verbesserung der Zusammenarbeit führen. Dies kann durchaus auch durch zusätzliche Entwicklungsmaßnahmen erfolgen (Vaassen, 1996).

5.4.4.2 Fokus auf Selektionsziel

Bei einem Selektionsziel liefert das Verfahren einen ergänzenden Beitrag zur Leistungs- und Potentialbeurteilung, was in einigen Unternehmen auch Einfluß auf die Einkommensfindung hat (Abb. 5.18).

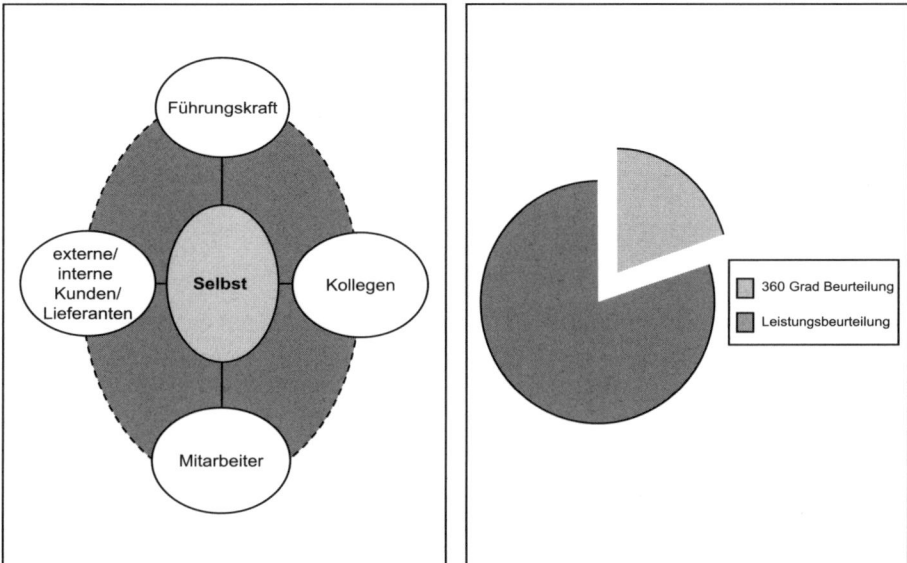

Abb. 5.18: Ergebnisse der 360 Grad Beurteilung fließen in die Leistungsbeurteilung mit ein

Liegt der Fokus auf dem Selektionsziel, müssen methodische und meßtheoretische Fragestellungen stärker thematisiert werden. So verlangen Selektionsziele möglichst objektive Vergleichbarkeit zwischen den Beurteilern der Führungskräfte und das Festlegen eines prototypischen Führungsprofils.

Im Rahmen der Qualifizierung bedeutet dies, daß der Fokus auf flächendeckenden, organisatorischen Qualifizierungsmaßnahmen liegt. Da die Ergebnisse ohnedies an die Personalabteilung gegeben werden, wird eine flächendeckende Auswertung ermöglicht, die eine Generierung einer maßgeschneiderten Qualifizierungslandschaft zuläßt. Zudem wird die Möglichkeit für ein Bildungscontrolling geschaffen, da die aus den Ergebnissen der Beurteilung abgeleiteten Entwicklungsmaßnahmen mit den Beurteilungsergebnissen nach diesen Maßnahmen verglichen werden können.

5.4.4.3   Was ist bei der Einführung zu beachten?

Die Einführung der 360 Grad Beurteilung greift nur da, wo Veränderungsbereitschaft bei Führungskräften und Mitarbeitern herrscht, der Leitgedanke einer Hol- und Bringschuld als gemeinsame Verpflichtung akzeptiert ist und Feedback über das eigene Verhalten ein gemeinsames Bedürfnis der Beteiligten ausdrückt (Steinhoff, 1995).

Mit der Einführung der 360 Grad Beurteilung werden unternehmenskulturelle Veränderungen vorgenommen. Die Einführung erfor-

**Die 360 Grad Beurtei-
lung ist kein Schnell-
schußinstrument**

dert Risikobereitschaft und konsequentes Vorgehen,
weshalb eine schrittweise und (unternehmens-)individu-
elle Einführung gewählt werden sollte. Insbesondere,
wenn der Fokus auf einem Selektionsziel liegt, ist mit großen Akzeptanz-
schwierigkeiten zu rechnen, da Widerstände aus Angst vor »harten Daten«,
die in der Personalakte manifestiert sind, auftreten.

Wie bei allen personalpolitischen Themen ist auch hier auf eine äußerst sensible und gemeinsam getragene Vorgehensweise sowohl seitens der Geschäftsleitung als auch des Personal- bzw. Betriebsrats zu achten.

Eine häufige Einführungsstrategie besteht beispielsweise darin, daß der Fokus
auf dem Lernprozeß durch gegenseitiges Feedback liegt, die Ergebnisse aus
der Aufwärtsbeurteilung aber in die Personalbeurteilung, hier vor allem bei
der Bewertung der (sozialen) Kompetenzen, mit einfließen. Die Beurteilung
des Mitarbeiters durch die nächsthöhere Führungskraft im Rahmen der gängigen Personalbeurteilung bleibt mit einem Selektionsziel verbunden. Die Beurteilungsergebnisse finden also Eingang in die Personalakte und bilden die
Basis für Personalentscheidungen.

Die synonyme Verwendung von 360 Grad Beurteilung und 360 Grad Feedback in der betrieblichen Praxis sowie zum überwiegenden Teil auch in der
Fachliteratur spiegelt bereits das Problem der Unterscheidung dieser beiden
Begriffe wider. Häufig hat man sich darauf geeinigt, von 360 Grad Beurteilung
zu sprechen, wenn ein Selektionsziel verfolgt wird, und von 360 Grad Feedback, wenn ein Kommunikationsziel verfolgt wird. Neben den Unsicherheiten
bezüglich methodischer Fragestellungen bleibt trotz inflationärer Verwendung der Begriffe auch der inhaltliche Aspekt zumeist nebulös – vor allem,
wenn es um die damit verbundenen Konsequenzen geht.

**Nicht vorhandene In-
formationen werden
durch Gerüchte ersetzt**

Es ist daher sehr wichtig, das Beurteilungssystem bei seiner Einführung im Unternehmen politisch klar zu posi-
tionieren. Sinn und Zweck müssen für alle Beteiligten
nachvollziehbar und transparent sein (Vaassen, 1996).

In jedem Fall muß von der Führungsmannschaft klar kommuniziert werden,

**Keinen Nährboden
für Spekulationen und
Irritationen bieten**

welche Konsequenzen mit der Durchführung verbunden
sind. Hierbei hat es sich durchaus bewährt, ehrlich und
offen insbesondere die Problematik der eindeutigen Differenzierung anzusprechen.

Neben allen Schattierungen muß eines allerdings auf jeden Fall »schwarz-weiß« bleiben: die eindeutige Stellungnahme, welche Konsequenzen mit der Beurteilung verbunden sind. »Grauzonen« führen an dieser Stelle zu erheblicher Unsicherheit. Es wird als fundamentaler Vertrauensbruch gesehen, wenn kommuniziert wird, daß es sich ausschließlich um ein Feedbackinstrumentarium handelt, die Ergebnisse dann aber, in welcher Form auch immer, doch Eingang in die Personalbeurteilung finden.

Aber auch die »folgenlose Ankündigung« von Konsequenzen führt zu Demotivation bei den Mitarbeitern. Fällt die Beurteilung beispielsweise sehr positiv aus und wird im nachhinein auf ein reines Kommunikationsziel verwiesen, führt dies häufig ebenfalls zur Frustration.

Für die Einführung der 360 Grad Beurteilung gibt es mehrere Möglichkeiten. Zum Teil machen Führungskräfte ihre erste Bekanntschaft mit dieser Form der Beurteilung in Teamführungsseminaren. Insbesondere jüngere Führungskräfte verstehen sich häufig in erster Linie als Teamleader und suchen nach geeigneten Verfahren, um sich selbst in und mit dem Team weiterzuentwickeln. Auf mehr oder weniger informeller Basis entstehen dann »Feedbackinseln« im Unternehmen, die intern als Modell dienen und zur Nachahmung anregen (Vaassen, 1996).

Häufig ist aber auch die Sensibilisierung für die gemeinsame Wertebasis ein Auslöser. Hier hat es sich bewährt, wenn die Beurteilung zunächst auf den obersten Ebenen praktiziert wird und dann in einem langsamen Prozeß von oben nach unten »durchsickert«. Der Grundgedanke ist, daß jeder Beurteilte zunächst selbst die Erfahrung als Feedbackgeber für seinen Vorgesetzten gemacht hat, bevor er sich dem Urteil anderer stellt.

Erfahrungen zeigen, daß zumindest für den Einstieg eine Berücksichtigung aller Zielgruppen, wie sie im Grundmodell der 360 Grad Beurteilung vorgesehen sind, kaum praktikabel ist. Deshalb wird häufig zunächst eine Aufwärtsbeurteilung durchgeführt. Im Anschluß daran werden dann auch schrittweise Kollegen und Kunden hinzugezogen. Im ersten Schritt ist es auch sinnvoll, den Fokus auf das Kommunikationsziel zu legen. Dadurch werden die ohnedies vorhandenen Berührungsängste nicht noch unnötig geschürt. Darüber hinaus kann eine gewisse Sicherheit im Umgang mit dem Instrumentarium entstehen.

Die Ausgangsbasis bei den meisten Einführungen ist der Wunsch nach einem Entwicklungsinstrumentarium, durch das die vertikale und horizontale Kommunikation verbessert werden kann und damit die Voraussetzungen für eine sozialkompetente, lernende Organisation geschaffen werden.

Neben den strukturellen Veränderungen und gezielten Prozeßoptimierungen ist vor allem das kontinierliche Feedback wichtig, um die Wettbewerbsfähigkeit zu erhalten (Abb. 5.19).

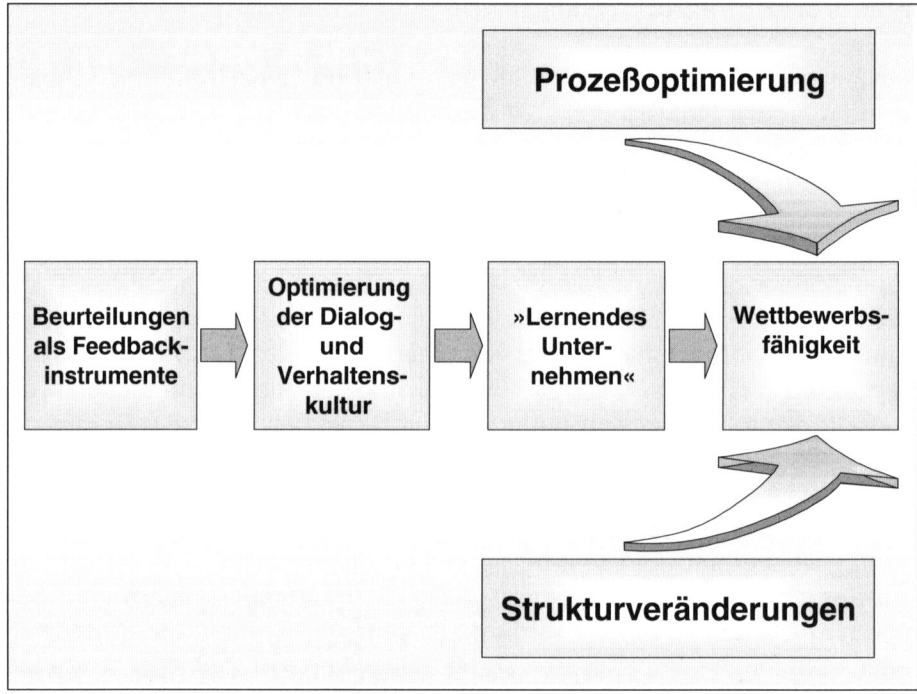

Abb. 5.19: Feedback und Wettbewerbsfähigkeit (Quelle: Rollinger, Fink, 1997).

Literaturempfehlungen zu Kapitel 5

Domsch, M. (1999): Vorgesetztenbeurteilung. In: In: L. v. Rosenstiel, E. Regnet & M. Domsch (Hrsg.), Führung von Mitarbeitern (S. 491–500) (4. Aufl.). Stuttgart: Schäffer-Poeschel.

Drucker, P. F. (1974): Neue Management-Praxis. Erster Band. Aufgaben. Düsseldorf/Wien: Econ.

Fecher, G. (1995): Vorgesetztenbeurteilung in Deutschland – eine Bestandsaufnahme. In: K. Hofmann, F. Köhler & V. Steinhoff (Hrsg.), Vorgesetztenbeurteilung in der Praxis (S. 15–19). Weinheim: Beltz.

Fengler, J. (1998): Feedback geben. Strategien und Übungen. Weinheim: Beltz.

Lattmann, C. (1975): Leistungsbeurteilung als Führungsmittel. Bern: Haupt.

Luft, J. (1970): Einführung in die Gruppendynamik. Stuttgart: Klett.

Neuberger, O. (1979). Rituelle Selbsttäuschung. Kritik der irrationalen Praxis der Personalbeurteilung. Problem und Entscheidung, 23, S. 34–57.

Neuberger, O. (1980): Das Mitarbeitergespräch. Goch: Bratt.

Neuberger, O. (1994): Personalentwicklung (2. Aufl.). Stuttgart: Enke.

Rollinger, G. & **Fink**, G. (1997): Was bringt das Aufwärts-Feedback? In: Personalführung, 2, S. 452–457.

Rosenstiel, L. v. (1991). Vorgesetzte lernen viel durch Aufwärtsbeurteilung. In: io Management Zeitschrift, 60, 9, S. 56–58.

Schöning, H. (1998): Vom Assessment Center zum Competencies Review. In: Personalführung, 2, S. 36–41.

Schuler, H. (1980): Das Bild vom Mitarbeiter. Goch: Bratt.

Siemens AG. Siemens Qualifizierung und Training. Seminarunterlage »Change Management«. München 1999.

Stehle, W. (1999): Mitarbeiterbeurteilung. In: L. v. Rosenstiel, E. Regnet & M. Domsch (Hrsg.), Führung von Mitarbeitern (S. 209–214) (4. Aufl.). Stuttgart: Schäffer-Poeschel.

Steinhoff, V. (1995): Vorgesetztenbeurteilung: Grundlagen – Philosophie – Anwendung. In: K. Hofmann, F. Köhler & V. Steinhoff (Hrsg.), Vorgesetztenbeurteilung in der Praxis (S. 7–15). Weinheim: Beltz.

Theis & Partner, Assessment Center-Unterlage »Beobachterbogen«. Herrsching 1998.

Vaassen, B. (1996): 360 Grad Feedback: ein Beurteilungssystem für die Teamkultur. In: io Management Zeitschrift, 65, 5, S. 59–61.

Zeitz, A. (1998). Das Survey-Feedback als Führungsinstrument zur Gestaltung strategiegeleiteter Veränderungsprozesse in großen Organisationen. (Arbeitswissenschaften in der betrieblichen Praxis, Bd. 10). Frankfurt am Main: Europäischer Verlag der Wissenschaften.

6
GESTALTUNG UND IMPLEMENTIERUNG EINES BEURTEILUNGSSYSTEMS

Ein Beurteilungssystem ist mehr als die die Summe seiner Stellenbeschreibungen

6.1   Warum als Projekt und nicht als Aufgabe?

Die (Neu-)Gestaltung und Implementierung eines Beurteilungssystems stellt einen schwerwiegenden Eingriff in den Organismus sowohl von Wirtschaftsunternehmen als auch von Non-Profit-Organisationen dar, der ohne Interaktion und Kommunikation kaum vorstellbar ist.

Versuche, durch den Einkauf von »bequemen Komplettlösungen« Kosten und Zeit zu sparen, haben sich hier nicht bewährt. Konzepte mit den dazugehörigen (vermeintlichen) Erfolgsstories aus anderen Organisationen kombiniert mit »bombensicheren Bedienungsanleitungen« berücksichtigen die Spezifika der eigenen Organisation und Kultur häufig nur unzureichend und stoßen daher bei den Mitarbeitern überwiegend auf Ablehnung.

»Erfahrungen sind wie Maßarbeit: Sie passen nur dem, der sie macht«
(Carlo Levi)

Damit Beurteilungen akzeptiert und darüber hinaus als fair und gerecht empfunden werden, müssen sie transparent, nachvollziehbar und vor allem auch gewollt sein. Die betroffenen Mitarbeiter müssen sich das »Wozu« positiv beantworten, sich also nicht als Beurteilungsgegenstand, sondern als integrativer Bestandteil des Beurteilungssystems sehen können. Nur so können die Individualziele der Mitarbeiter und die Gesamtziele der Geschäftsleitung aufeinander abgestimmt werden. Während die Unternehmensziele, sofern sie nicht auf das EFQM-Modell ausgerichtet sind, häufig nur umsatz- und/oder ergebnisorientiert festgelegt werden, gestaltet sich die Ziellandschaft der Mitarbeiter sehr viel komplexer. Einige Ziele seien hier exemplarisch genannt (Mentzel, 1997):
- Anpassung der persönlichen Qualifikation an die Ansprüche des Arbeitsplatzes,
- Erhöhung der individuellen Mobilität auf dem Arbeitsmarkt,

- Sicherung der erreichten Stellung in Beruf und Gesellschaft,
- Minderung der Risiken, die sich aus dem wirtschaftlichen oder technischen Wandel ergeben können,
- Sicherung eines ausreichenden Arbeitseinkommens,
- größere Chance der Selbstverwirklichung am Arbeitsplatz durch Übernahme anspruchsvollerer Aufgaben,
- Erschließung und Vervollkommnung bisher ungenutzter persönlicher Fähigkeiten,
- Übernahme größerer Verantwortung.

Das Erreichen dieser Ziele kann durch schlüssige Beurteilungssysteme entscheidend unterstützt werden. Ebenso wie die genannten Ziele bei den einzelnen Mitarbeitern individuell priorisiert sind, liegen auch organisationsspezifische Unterschiede vor. So finden sich beispielsweise bei den Mitarbeitern einer Unternehmensberatung zumeist andere Zielvorstellungen als bei den Mitarbeitern einer Landschaftsgärtnerei. Ein anwenderorientiertes Beurteilungssystem kann daher keine »Konfektionsware von der Stange« sein. Erst der individuelle Zuschnitt auf den Kunden macht den Anzug zum Maßanzug, der vom Kunden auch gerne getragen wird (Abb. 6.1).

Abb. 6.1: Beurteilungssystem: Konfektionsanzug oder Maßanzug

Das nachfolgend beschriebene Praxisbeispiel soll daher nicht zum Kopieren, also zum bequemen Griff nach der »Konfektionsware von der Stange«, verleiten, sondern zur Modifizierung auf die Spezifika des eigenen Unternehmens anleiten. Der Fokus liegt daher auch auf der Prozeßbeschreibung des Projekts »Beurteilungssystem« und weniger auf der intensiven Auseinandersetzung mit Inhalten und Detailfragen.

Die Chancen für die erfolgreiche Gestaltung und Umsetzung eines Beurteilungssystems erhöhen sich nicht zwangsläufig mit dessen Projektstatus, wie zahlreiche gescheiterte Projekte belegen.

Projekte binden zudem Zeit, Geld und Mitarbeiter und sollten daher auch nur als gut geplantes Instrument eingesetzt werden. Nicht jede Aufgabe muß zum Projekt ausgerufen werden.

Kommunikations-intensive Lernprozesse lassen sich nicht routinemäßig neben dem Tagesgeschäft erledigen

Sensible Veränderungsprozesse, zu denen die (Neu-)Gestaltung und Implementierung eines Beurteilungssystems zweifellos gehören, lassen sich nicht routinemäßig neben dem Tagesgeschäft erledigen. Kommunikationsintensive Lernprozesse, die mit unternehmenskulturellen Veränderungen einhergehen, können nicht einfach unabgestimmt in Form vieler kleiner Aufgabenschritte delegiert werden. Vielmehr muß an dieser Stelle ein übergeordneter Rahmen durch ein gutgeplantes und koordiniertes Projekt geschaffen werden.

Das Know-how für die zu beantwortenden interdisziplinären Fragestellungen aus der Betriebswirtschaft und Psychologie sowie aus dem Arbeitsrecht etc. ist meist nicht in einer Abteilung vertreten, sondern auf mehrere Abteilungen verteilt. Zudem erfordern die unternehmenskulturellen Prozesse eine möglichst weite Durchdringung und abteilungsübergreifende Zusammenarbeit, die in einem Projekt besser gewährleistet ist.

6.2 Wer sollte im Projektteam vertreten sein?

Das Team sollte einen repräsentativen Querschnitt der Ablauf- und Aufbauorganisation bilden

Damit die unterschiedlichen Perspektiven und Anforderungen der gesamten Organisation berücksichtigt werden können, muß das Team einen repräsentativen Querschnitt der Ablauf- und Aufbauorganisation bilden. Es sollten daher Mitarbeiter aus jeder Abteilung und Hierarchiestufe eingebunden sein. In großen Unternehmen werden fall-

und zeitweise auch Unterteams gebildet, die sich mit ausgewählten Fragestellungen beschäftigen und dem Projektteam zuarbeiten. Im Projektteam sollten auf jeden Fall mit »an Bord« sein (Abb. 6.2):

Abb. 6.2: Projektteammitglieder

6.2.1 Mitarbeiter

Es sollten Mitarbeiter eingebunden werden, die sich bereits konkret mit diesem oder nahe verwandten Themen beschäftigt haben. Diese Mitarbeiter müssen nicht zwingend zum eigentlichen Projektteam oder einem Unterteam gehören. Wichtig ist nur, daß vorhandenes Know-how und bereits Erarbeitetes in das Projekt einfließen kann. Bindet man diese Wissensträger nicht mit ein, ist nicht nur bei den betroffenen Mitarbeitern mit Demotivation zu rechnen, sondern darüber hinaus auch bei deren Kollegen. Die ent-

Solidaritätswiderstände durch negative Multiplikatorwirkung

täuschten Mitarbeiter werden so zu negativen Multiplikatoren, die bei den Kollegen »Solidaritätswiderstände« hervorrufen. Die dabei stark überstrapazierten Redewendungen vom »alten Wein in neuen Schläuchen« oder »zum fünften Mal erfundenen Rad« lassen sich häufig auf ebensolche Versäumnisse zurückführen.

*»Freiwillige« Ein-
bindung zu Beginn
des Projekts statt
»zwingend vorge-
schriebener« Hinzu-
ziehung am Ende
des Projekts*

Ein weiteres Versäumnis stellt der Verzicht auf kritische Mitarbeiter dar, die oftmals wertvolle Beiträge zu den wahren Problemursachen liefern. Auch wenn es manchmal zu zeitintensiven und zugegebenermaßen auch nervenaufreibenden Grundsatzdiskussionen und Verzögerungen kommen kann, sind gerade diese Mitarbeiter – überzeugt und richtig eingebunden – bei der Umsetzung häufig die größten Promotoren des Wandels.

6.2.2   Personalabteilung

Von der Personalabteilung wird das aktuelle Wissen aus der Personal- und Organisationsentwicklung sowie die Methodenkompetenz zur Nutzung der betriebswirtschaftlichen Tools benötigt. Hierzu müssen allerdings auch tatsächlich Personalentwickler freigestellt und nicht Personalverwalter abgeordnet werden. Es sollte sich also um eine kontaktfreudige, kooperationsbereite und überzeugende Persönlichkeit handeln, die über ausgeprägte organisatorische und planerische Fähigkeiten verfügt. Außerdem sollten pädagogische und psychologische Grundkenntnisse vorhanden sein (Mentzel, 1997). Dies erfordert ein Rollenverständnis, das Personalentwicklung als Unterstützung zur emotionalen Verarbeitung der Veränderungen betrachtet, im Rahmen der Personalprozesse Handlungsfähigkeit für zukünftige Veränderungen gestaltet und die zukünftigen Herausforderungen insbesondere an das Management unterstützt (Kiefer, 1997).

*Die Personalabtei-
lung sollte Partner
und nicht zentraler
Ordnungsdienst sein*

6.2.3   Betriebsrat

Durch die frühe Einbindung des Betriebsrates können unterschiedliche Standpunkte integriert und damit langfristige Abstimmungsprozeduren und Grabenkämpfe zwischen Geschäftsleitung und Arbeitnehmervertretung vermieden werden. Darüber hinaus hat der Betriebsrat ohnedies ein Beratungsrecht bezüglich der Förderung der Arbeitnehmer und ein Mitbestimmungsrecht bei der Durchführung betrieblicher Bildungsmaßnahmen und bei Fragen der allgemeinen Beurteilungsgrundsätze. Außerdem verfügt der Betriebsrat häufig über ein »Frühwarnsystem« bezüglich der Unsicherheiten und Mißstimmungen der Mitarbeiter, so daß diese im Rahmen des Projekts rechtzeitig berücksichtigt und geklärt werden können. Ganz davon abgesehen, signalisiert die »freiwillige Einbindung« zu Beginn des Projekts eine andere Form der Unternehmenskultur als die durch den Gesetzgeber »zwingend vorgeschriebene« Hinzuziehung am Ende des Projekts.

6.2.4 Führungskräfte

Ein Beurteilungssystem ist immer auch ein Führungsinstrument – die Führungskraft also ebenso wie der Mitarbeiter, Kunde und »Endverbraucher«. Ein anwenderorientiertes Beurteilungssystem muß also nicht nur den Mitarbeitern, sondern auch den Führungskräften die Möglichkeit geben, Anforderungen und Wünsche einfließen lassen zu können.

Darüber hinaus trägt die starke Multiplikatorwirkung von Führungskräften maßgeblich zur Akzeptanz bei den Mitarbeitern bei. Um die kommunizierten Werte auch glaubhaft und authentisch vorleben zu können, müssen Führungskräfte allerdings von den Inhalten überzeugt sein. So zeigt sich immer wieder, daß bei Projekten, in denen Führungskräfte mit eingebunden waren, die Umsetzung reibungsloser, konzentrierter und damit auch erfolgreicher verläuft.

6.2.5 Berater

Die Gestaltung eines praxisorientierten Beurteilungssystems muß neben pädagogisch-didaktischen Überlegungen auch (personal-)betriebswirtschaftlichen Ansprüchen gerecht werden (Neuberger, 1994). Zudem muß die Akzeptanz bei den »Kunden«, also Mitarbeitern und Führungskräften, sichergestellt werden. So wünscht die beurteilende Führungskraft ein effizientes und vor allem noch ohne fundierte psychologische Ausbildung praktikables Führungsinstrument und der zu beurteilende Mitarbeiter ein individuelles Rückmelde- und

Führungsinstrument für die Führungskraft; Rückmelde- und Entwicklungsinstrumentarium für den Mitarbeiter

Entwicklungsinstrumentarium. Beide wollen, daß es transparent, fair, gerecht, einfach in der Handhabung und nicht zu »theorielastig« ist. Diese Anforderungen an die Personalbeurteilung gelten gleichermaßen auch für die 360 Grad Beurteilung.

Der Berater übernimmt bei einem solchen Projekt also bis zu fünf Rollen, die je nach Projektphase unterschiedlich ausgeprägt sind. So unterstützt er die Gestaltung und Implementierung des Beurteilungssystems (**Experte** und **Prozeßbegleiter**) und bereitet Führungskräfte und Mitarbeiter auf die Beurteilungsgespräche (**Trainer**) vor. Die eigentliche Durchführung der Beurteilung erfolgt dann meistens zwischen den Beteiligten im Dialog. Im Fall der Teammoderation wird der Berater häufig dann wieder als **Moderator** hinzugezogen. Zudem steht er als **Coach** seinem Auftraggeber zur Seite (Abb. 6.3).

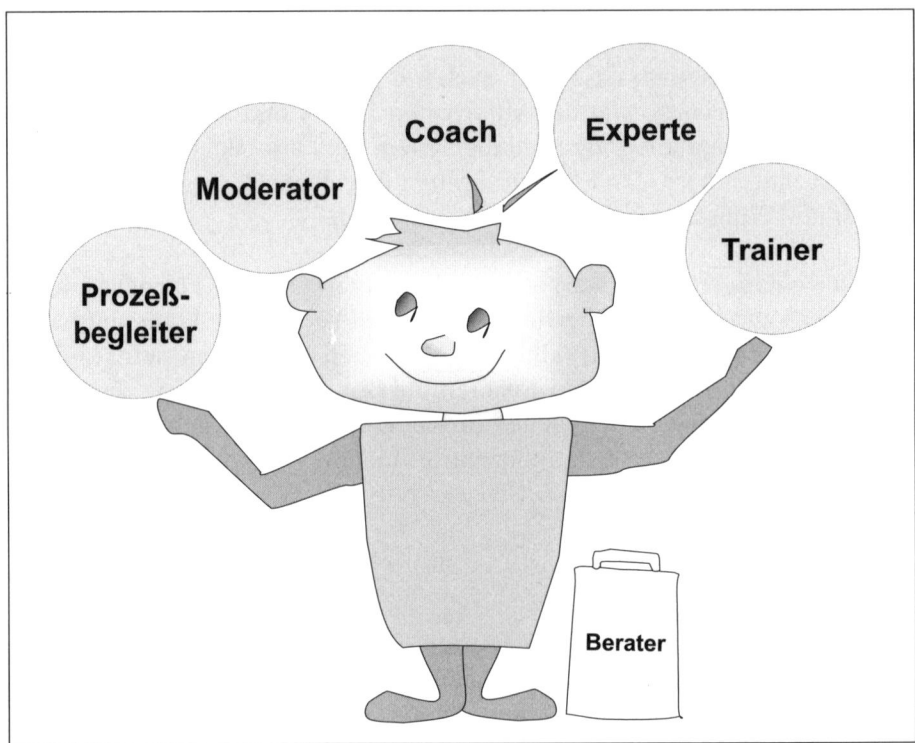

Abb. 6.3: »Rollenspiel« des Beraters

Dieses »Rollenspiel« verlangt ein hohes Maß an Professionalität und Flexibilität.

6.3 Umgang mit Widerständen

Oft werden gut geplante und strukturierte Vorhaben nicht umgesetzt, da die Führungskräfte bei der Anwendung des Konzepts schlichtweg überfordert sind und/oder die Mitarbeiter – nicht zuletzt wegen *Auch eine Uhr, die* großer Informationsdefizite und mangelnder Einbindung *stehengeblieben ist,* – dem Konzept ablehnend gegenüberstehen. Häufigster *stimmt zweimal am* Einwand ist an dieser Stelle, daß der Status quo doch ganz *Tag genau* akzeptabel sei (entgegen den sonst doch eher kritischen Anmerkungen zu diesem Thema) und sicherlich nichts Besseres nachkommen wird.
Wie bei allen Veränderungsprozessen dürfen Widerstände auf keinen Fall unterschätzt oder gar ignoriert werden (Siemens AG SQT, 1999).

6.3.1 Welche Arten von Widerständen gibt es?

Der emotionale Widerstand
Emotionaler Widerstand resultiert aus der Angst vor dem Neuen. Er äußert sich in Form eines unbestimmten Gefühls, das nicht rational erklärt werden kann. Häufig beruht er lediglich auf der Befürchtung, mit der Veränderung »nicht fertig zu werden«. Dadurch ist diese Widerstandsart am schwersten zu handhaben. Die Befürchtungen und Ängste müssen thematisiert und Schritt für Schritt abgebaut werden.

Der politische Widerstand
Politischer Widerstand entsteht, wenn die Veränderung mit der Angst verbunden ist, den Einfluß und die Positionsmacht im Unternehmen zu verlieren. Er wird nur selten offen vorgebracht. Der Machterhaltungswille kann zu irrationalen Handlungsweisen führen, die nicht vorhersehbar sind. Wenn die Einbindung der »Widerständler« in den Veränderungsprozeß mißlingt, bleibt nur die möglichst rasche Trennung als Lösung.

Der rationale Widerstand
Rationaler Widerstand kann in logische Argumente gefaßt werden und stellt damit den am leichtesten handhabbaren Widerstand dar. Wenn nachvollziehbar begründet werden kann, warum der Wandel für das Unternehmen von entscheidender Bedeutung ist, weicht diese Art von Widerstand schnell der besseren Einsicht.

6.3.2 Welche Steuerungsmöglichkeiten gibt es?

Jeder Mitarbeiter reagiert anders auf Veränderungen. Das nachfolgende aus der Projektarbeit und Seminarerfahrung abgeleitete Schema soll daher auch nur als Anhaltspunkt verstanden werden, wie Widerständen begegnet werden kann. Unverzichtbar bleibt weiterhin das offene Gespräch, in dem durch zielorientiertes Fragen und aktives Zuhören die Ursachen der Reaktionen genauer ermittelt und diskutiert werden müssen, um dann die notwendigen Maßnahmen abzuleiten (Siemens AG, SQT, 1999).

Mitarbeiter reagieren mit Angst
- Ablehnung und Widerstand gegen das Projekt
- Orientierung an der Vergangenheit, Festhalten an den Erfolgen des Bewährten
- mangelnde Identifikation mit den spezifischen Veränderungen

Steuerungsmöglichkeiten
- Die Quellen der Angst aufspüren
- Verständnis zeigen und entgegenbringen

Mitarbeiter reagieren mit Ärger

- Mitarbeiter ziehen sich anfangs zurück, reden nicht mehr, Ärger staut sich an. Heimliche Sabotage und das Bemühen, offene Konfrontation zu vermeiden, sind zu beobachten.
- Ärger kann sich auch plötzlich entladen. Verärgerte Mitarbeiter äußern sich provokativ, verweigern demonstrativ jeglichen kommunikativen Austausch, betrachten sich selbst als Opfer und versuchen, andere negativ zu beeinflussen.

Steuerungsmöglichkeiten
- Versuchen, Ärger und Wut zu neutralisieren
- Trotzdem aber auch dazu ermutigen, Dampf abzulassen, Verständnis dafür zeigen
- Unterstützung anbieten, wenn es darum geht, Blockaden gegenüber Veränderungen abzubauen

Mitarbeiter reagieren mit Konfusion

- Mitarbeiter zeigen ein ausgesprochenes Sicherheitsbedürfnis, indem sie ständig Fragen stellen. Damit suchen sie nach Information und Orientierung. Diese Mitarbeiter sind sehr aktiv und engagiert, allerdings häufig ziellos und unsystematisch in ihrer Vorgehensweise.

Steuerungsmöglichkeiten
- Geplante Veränderung erklären
- Rolle und Position jedes einzelnen aufzeigen, der von der Veränderung betroffen ist
- Gemeinsame Überlegungen, wie sich der Mitarbeiter orientieren und in seine Rolle finden kann

Mitarbeiter reagieren mit Rückzug

Die »**innere Kündigung**« ist die häufigste Reaktion von Mitarbeitern auf Veränderung. Die Kündigung wird nicht ausgesprochen, sondern sie erfolgt innerlich. Sie äußert sich in mehreren Arten:
- **ruhiges, passives** und zurückhaltendes Verhalten
- **Resignation:** Die Mitarbeiter tun nur noch das Nötigste, sind nicht begeistert und in ihrer Leistungsbereitschaft gehemmt.
- **Perspektivelosigkeit:** Die Mitarbeiter sind desinteressiert und weigern sich, an Entwicklungen mitzuwirken. Das führt dazu, daß sie sich nicht aktiv an Veränderungen beteiligen.

Steuerungsmöglichkeiten
- Gemeinsame Überlegungen wie sich Mitarbeiter mit Veränderungen und Aufgaben arrangieren könnten
- Festlegung der weiteren Zusammenarbeit

Aber nicht nur die hier aufgezeigten projektteamexternen Widerstände gefährden den Projekterfolg nachhaltig. Auch projektteaminterne Konflikte können zum Scheitern des Projekts führen.

6.4 Wann sollte das Projekt abgebrochen bzw. gar nicht erst gestartet werden?

Daß ein Projekt in die Sackgasse geraten ist, zeigt sich folgendermaßen: Während das Projektteam nur noch »formal« mit an Bord ist, wird dem Berater sukzessive die alleinige Lösungsfindung und Themenbearbeitung anheimgestellt. Zudem kümmert er sich um die Koordination der Projektteammitglieder, trifft Terminabsprachen, bringt Einladungsschreiben in Umlauf und stellt den gesamten Wissens- und Kompetenztransfer sicher. Der Berater geht dabei also schlichtweg baden (Abb. 6.4).

Der Berater ist Hebamme und nicht Kindermädchen

Abb. 6.4: »Sackgasse Projekt«

Allerdings gibt es schon im Vorfeld einer solchen Eskalation Alarmsignale:
- Bedeutung und Notwendigkeit des Themas sind nicht klar.
- Der formale Ablauf und die Inhalte der Arbeitspakete sind schlecht koordiniert.
- Besprechungen verlaufen nicht ziel- und lösungsorientiert.
- Es gibt keine zielgerichtete gemeinsame Ausrichtung.
- Es liegt keine durchgehende Akzeptanz für das Thema vor.
- Es erfolgen keine flächendeckenden Aktivitäten.
- Termine werden nicht eingehalten.
- Getroffene Vereinbarungen werden »vergessen«, nicht eingehalten oder gar rückgängig gemacht.
- Verantwortungen werden hin und her geschoben.
- Es kommt zu Spannungen im Team.
- Es wird ohne konsequentes und konstruktives Feedback gearbeitet.
- …

Diese Symptome sind überwiegend auf folgende Ursachen zurückführen:
- Die Geschäftsleitung und/oder Führungsmannschaft steht bzw. stehen nicht wirklich zu dem Projekt.
- Die Mitarbeit im Projektteam ist nicht Bestandteil der Zielvereinbarung und wird auch sonst nicht honoriert.
- Es werden zuwenig personelle und monetäre Ressourcen zur Verfügung gestellt.
- Im Team existieren persönliche Konflikte, die keiner Lösung zugeführt werden können und/oder wollen.

Kommt es hier auch nach mehreren Versuchen zu keiner nachhaltigen Verbesserung der Situation, sollte das Projekt abgebrochen bzw. gar nicht erst gestartet werden.
Bei einem Abbruch des Projekts muß überlegt werden, ob das Thema damit definitiv ad acta gelegt wird oder ob gegebenenfalls mit einer anderen Besetzung und/oder zu einem späteren Zeitpunkt weitergemacht wird. Im letzteren Fall müssen intensivere Kommunikationsmaßnahmen getroffen werden, damit das Thema nicht dauerhaft negativ besetzt ist.

Literaturempfehlungen zu Kapitel 6

Kiefer, B.-U. (1997): Noch einmal: Personalentwicklung – quo vadis? In: J. Freimuth, J. Haritz & B.-U. Kiefer (Hrsg.), Auf dem Weg ins Wissensmanagement (S. 413–435). Göttingen: Verlag für Angewandte Psychologie.
Mentzel, W. (1997): Unternehmenssicherung durch Personalentwicklung. Mitarbeiter motivieren, fördern und weiterbilden (7. Aufl.). Freiburg i. Br.: Rudolf Haufe.
Neuberger, O. (1994): Personalentwicklung (2. Aufl.). Stuttgart: Enke.
Reiß, M., **Rosenstiel**, L. v. & **Lanz**, A. (Hrsg.) (1997): Change Management. Stuttgart: Schäffer-Poeschel.
Rosenstiel, L. v. (1987): Was »bringen« partizipative Veränderungsstrategien? In: L. v. Rosenstiel, H. E. Einsiedler, R. K. Streich & S. Rau (Hrsg.), Motivation durch Mitwirkung (S. 12–38). Stuttgart: Schäffer-Poeschel.
Siemens AG. Siemens Qualifizierung und Training. Seminarunterlage »Change Management«. München 1999.

7

DAS PRAXISPROJEKT »BEURTEILUNGSSYSTEM«

Das hier beschriebene Praxisprojekt gliedert sich in zwei Phasen. Als »Fundament« bzw. Voraussetzung für die erfolgreiche Projektdurchführung wurden die Mitarbeit im Projekt als Bestandteil der Zielvereinbarung, die verbindliche Bereitstellung der personellen und monetären Ressourcen sowie die konsequente Projektpromotion durch die gesamte Führungsmannschaft – inklusive der Geschäftsleitung – definiert (Abb. 7.1).

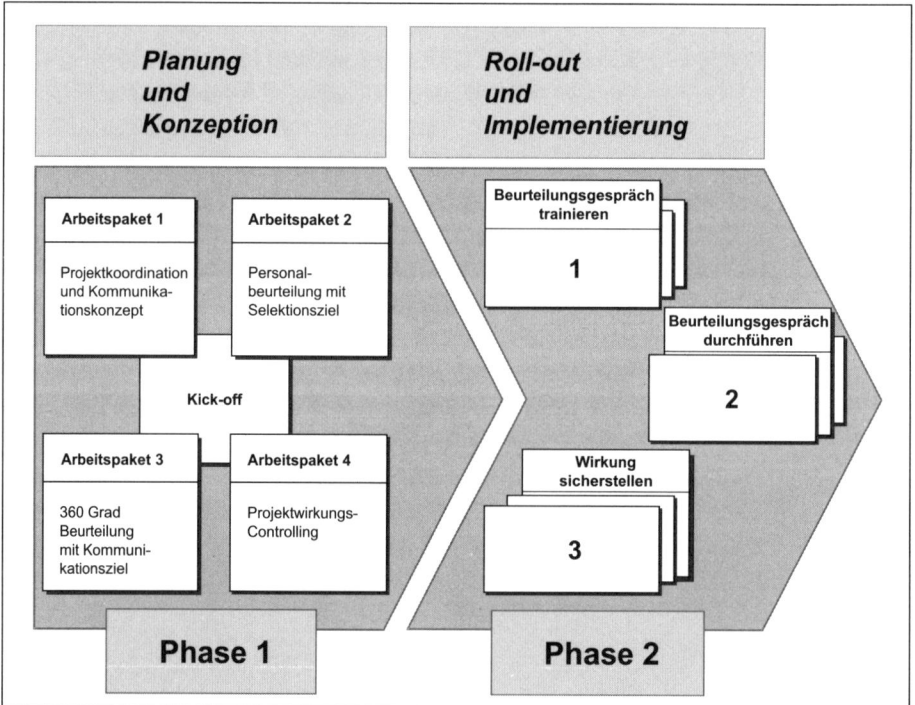

Abb. 7.1: Praxisprojekt »Beurteilungssystem«

Die Organisationseinheit, in der dieses Projekt durchgeführt wurde, besteht aus vier Abteilungen mit insgesamt rund 130 Mitarbeitern. Zwei dieser Abteilungen sind beratend tätig, eine erfüllt Dienstleistungsaufgaben, die andere nimmt Stabsaufgaben wahr. Der Auftrag für das Beurteilungssystem wurde vom Hauptabteilungsleiter erteilt und von einem externen Berater unterstützt. Das Projektteam setzte sich aus einer Führungskraft (Beratungsabteilung) und vier Mitarbeitern zusammen, die jeweils eine Abteilung repräsentierten. Betriebsrat und Personalabteilung waren zeit- und fallweise mit eingebunden.

Die nachfolgenden Handlungsempfehlungen spiegeln nicht immer den realen Projektverlauf wider, sondern beinhalten zum Teil schon die verarbeiteten Erkenntnisse aus diesem Projekt.

7.1 Projektphase 1: Planung und Konzeption

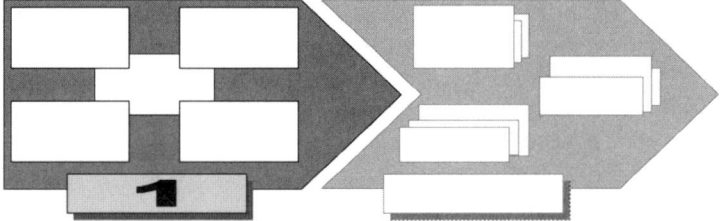

Die Planung der Vorgehensweise wird im Kick-off-Workshop mit der Leitung und dem Projektteam verabschiedet. Die Workshop-Ergebnisse gehen in zielgruppengerechter Aufbereitung so schnell wie möglich allen Mitarbeitern zu. Im Anschluß daran beginnt die Konzeptionsphase, in der die im Workshop gemeinsam definierten Arbeitspakete ausgearbeitet werden. Hierzu sollten mögliche Wissens- und Erfahrungsträger hinzugezogen werden. In den turnusmäßig stattfindenden Projektteamsitzungen werden jeweils die Ergebnisse der einzelnen Arbeitspakete zusammengetragen und aufeinander abgestimmt. In der letzten Teamsitzung der Phase 1 werden die Ergebnisse der Leitung präsentiert und abschließend diskutiert.

7.1.1 Kick-off-Workshop mit Leitung und Projektteam

Einige unternehmensstrategische Entscheidungen (beispielsweise, ob primär Kommunikations- oder Selektionsziele verfolgt werden) fallen zwar zumeist schon im Vorfeld des Workshops, sollten aber trotzdem noch einmal im Workshop kommuniziert werden. Zum einem, um Transparenz zu erzeugen, zum anderen, um gegebenenfalls noch eine gemeinsame Modifizierung vorzunehmen zu können.

Für die Durchführung des Workshops sollten mindestens eineinhalb Tage außerhalb des Unternehmens in einem Hotel eingeplant werden, damit die kommunikationsintensiven Abstimmungsprozesse ohne Störungen durch das Tagesgeschäft erfolgen können. Der hier vorgeschlagene zeitliche Rahmen gilt allerdings nur, wenn die Teilnehmer entsprechend vorbereitet sind und bereits über Erfahrungen im Umgang mit solchen Themen und Veranstaltungen verfügen.

Ein zu knapp bemessenes Zeitkontingent führt sowohl bei der Gestaltung als auch bei der Implementierung zu erheblichen Verzögerungen. Voraussetzung für den erfolgreichen Abschluß des Projektes ist, daß genügend Zeit für die Verabschiedung der gemeinsamen Vorgehensweise vorhanden ist. Die nachfolgende Abbildung zeigt am Beispiel der beschriebenen Organisationseinheit auf, welche Punkte nach dem Workshop bzw. bis zum Start der Konzeption geklärt sein sollten (Abb. 7.2).

Die erfolgreiche Umsetzung des Projekts beginnt bereits im Kick-off

SCHEMA	BEISPIEL
❑ Ziel: (wozu?)	- Die Sicherstellung der persönlichen Entwicklung jedes Mitarbeiters und damit der gesamten Organisation
❑ Methode: (wodurch?)	- Beurteilungssystem mit definierten Leitlinien - Wer beurteilt wen wann wie nach welchen Kriterien mit welchen Konsequenzen?
❑ Aufgabe: (was?)	- Prozeß entwickeln, beschreiben und installieren (kommunizieren und trainieren), der das oben genannte Ziel sicherstellt - Arbeitspakete definieren und abarbeiten
❑ Vorgehen: (wie?)	- Kick-off mit der Geschäftsleitung und dem Projektteam - Treffen der verschiedenen Arbeitspaketverantwortlichen und Weiterleitung von Zwischenergebnissen an das Projektteam. Treffen des Projektteams in regelmäßigen Abständen (10x0,5 Tage, montags oder freitags) - Vorstellung, Diskussion und Verabschiedung mit Team im Leitungskreis
❑ Zeitplan und Ressourcen: (bis wann und wieviel?)	Start: Dez 98 Ende: Sept 99 Roll out bis April Budget: ca. 170 TDM

Abb. 7.2: Phase 1: Klärung der offenen Punkte (Quelle: in Anlehnung an Siemens AG EL, 1999)

7.1.1.1 Vorbereitung des »Kick-off-Workshops«

Die inhaltliche und formale Vorgehensweise für den Workshop wird gemeinsam von dem Auftraggeber (meistens Geschäftsleitung und/oder Personalabteilung) und dem Berater festgelegt. Mit der Festlegung der am Workshop eingeladenen Mitarbeiter erfolgt zugleich die Besetzung des Projektteams.

Sind die strategische Ausrichtung, Ziele und/oder Unternehmensleitlinien noch nicht abschließend diskutiert, muß ein Strategieworkshop vorgeschaltet werden. So hat sich bei der gleichzeitigen Behandlung beider Themen gezeigt, daß Unternehmensziele und strategische Ausrichtung sehr kontrovers und zeitintensiv diskutiert wurden. Das eigentliche Workshop-Thema »Beurteilungssystem« wurde hingegen erst am Schluß nur noch oberflächlich abgehandelt. Ist also eine Diskussion strategischer Themen für diesen Workshop geplant, muß dementsprechend mehr Zeit einkalkuliert werden.

Zur Unterstützung einer möglichst strukturierten und zielführenden Diskussion im Workshop empfiehlt es sich, mit den Teilnehmern im Vorfeld eine ein- bis zweistündige Informationsveranstaltung durchzuführen. Hierzu erfolgt eine kurze Durchsprache der geplanten Inhalte (Abb. 7.3).

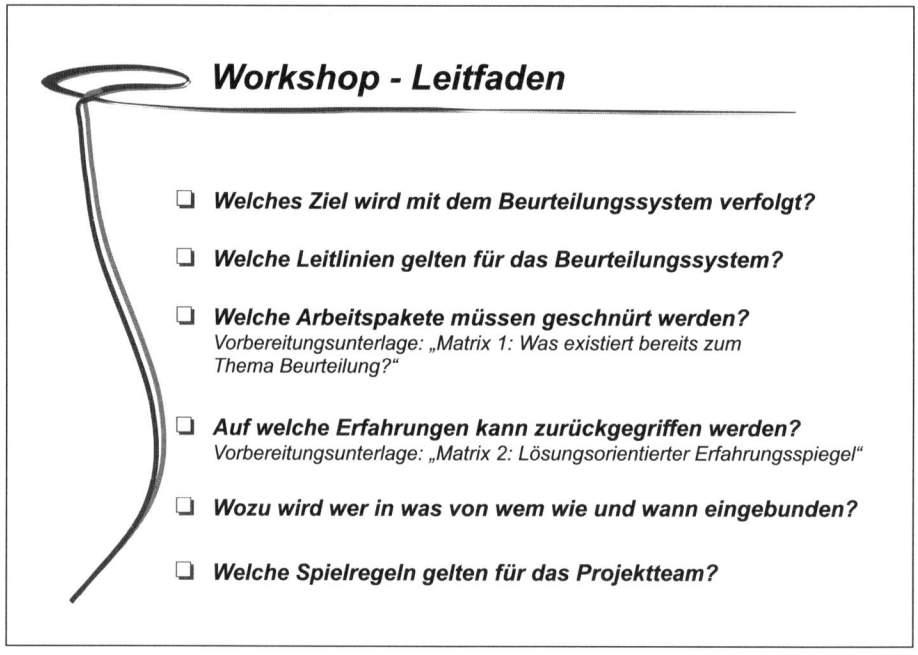

Abb. 7.3: Leitfaden für den Kick-off-Workshop

Zu den »Arbeitspaketen« und »Erfahrungen« erhalten die Teilnehmer zudem noch die entsprechenden Vorbereitungsunterlagen (Abb. 7.4 und 7.5).

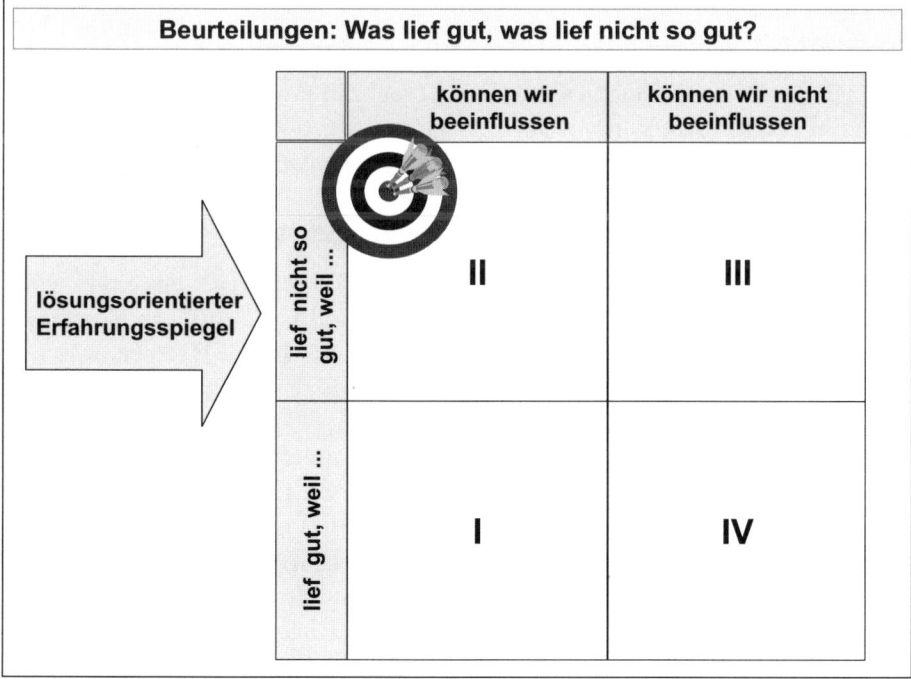

Abb. 7.4: Vorbereitungsunterlage: »Matrix 1: Was existiert bereits zum Thema Beurteilung?«

Beurteilungen: Was lief gut, was lief nicht so gut?

	können wir beeinflussen	können wir nicht beeinflussen
lief nicht so gut, weil ...	II	III
lief gut, weil ...	I	IV

lösungsorientierter Erfahrungsspiegel

Abb. 7.5: Vorbereitungsunterlage: »Matrix 2: Lösungsorientierter Erfahrungsspiegel«

7.1.1.2 Durchführung des »Kick-off-Workshops«

• Welches Ziel wird mit dem Beurteilungssystem verfolgt?

In der Einführung muß von der Leitung der Zusammenhang zwischen Wettbewerbsfähigkeit, strategischer Ausrichtung und dem Beurteilungssystem aufgezeigt werden. Darüber hinaus sollte die Entscheidung für die gewählte Zielrichtung kurz begründet werden. *Fokus auf Personalentwicklung oder Personalselektion?* Warum wird die persönliche Weiterentwicklung der Mitarbeiter in den Vordergrund gerückt (Personalentwicklung) oder warum wird eine höchstmögliche Vergleichbarkeit zwischen den Mitarbeitern favorisiert (Personalselektion)? Eine Übereinstimmung in diesen Punkten ist Basis und Voraussetzung für die gemeinsam zu erarbeitenden Leitlinien. Diese Leitlinien spiegeln den Projektauftrag wider und müssen daher auch gemeinsam getragen werden.

Das Ignorieren von Fragen und Einwänden an dieser Stelle gefährdet den Workshop und damit den gesamten Projekterfolg ebenso wie ziellose unternehmenskulturelle Grundsatzdiskussionen, die nicht selten in der Beschreibung politischer Mißstände ausarten. *Nicht das »Ob«, sondern das »Was und Wie« sind Diskussionsgegenstand* Bei der Diskussion ist also unbedingt auf die Trennung zwischen Fragen zur strategischen Ausrichtung und Fragen zum Beurteilungssystem zu achten. Grundsätzliche strategische Entscheidungen werden nicht mehr in Frage gestellt. Sie sind entweder in einem vorher angesetzten Strategieworkshop gefällt oder im ersten Teil dieses Workshops gemeinsam verabschiedet worden.

• Welche Leitlinien gelten für das Beurteilungssystem?

Die beiden nachfolgenden Abbildungen 7.6 und 7.7 zeigen jeweils ein Beispiel für Leitlinien mit Fokus auf ein Selektionsziel und Fokus auf ein Kommunikationsziel. Wie in Kapitel 5 bereits aufgezeigt, gleicht die Balance zwischen dem an der persönlichen Weiterentwicklung orientierten Kommunikationsziel und dem für die berufliche Karriere entscheidenden Selektionsziel einer Gratwanderung. Primäres Ziel in dem hier beschriebenen Praxisprojekt war die Sicherung eines kontinuierlichen Feedbackprozesses. Da die Mitarbeiter aber trotzdem entsprechend ihrer gezeigten Leistungen finanziell und beruflich gefördert werden sollen, wurde zudem eine Basis (siehe Arbeitspaket 2) für einen abteilungsübergreifenden Vergleich im Rahmen der Personalbeurteilung erarbeitet. Die Trennung dieser beiden Zielrichtungen wird durch eine Trennung der Leitlinien signalisiert.

Ausgangspunkt bei den Leitlinien für die Personalbeurteilung war eine möglichst hohe Vergleichbarkeit der einzelnen Abteilungen bzw. der Mitarbeiter dieser Abteilungen, die zum Teil recht unterschiedliche Funktionen und Aufgaben erfüllen (Abb. 7.6).

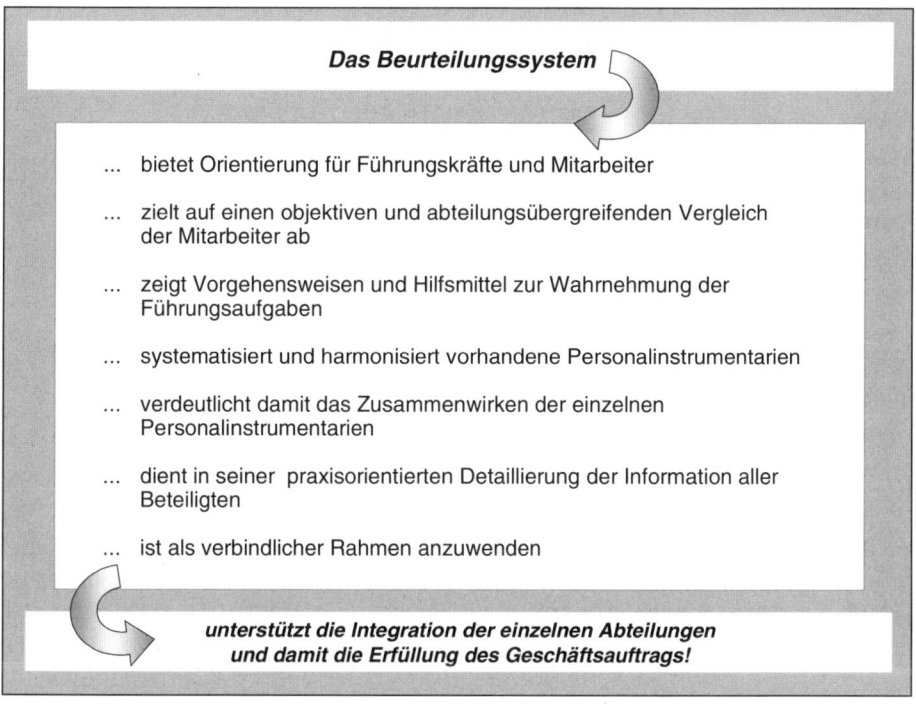

Abb. 7.6: Beurteilungssystem mit Fokus auf Selektionsziel
(Quelle: in Anlehnung an Siemens AG EL, 1999)

Im Fall des Kommunikationsziels stand weniger der abteilungsübergreifende Vergleich als die individuelle Qualifizierung der Mitarbeiter sowie die erfolgreiche Zusammenarbeit in (Kunden-)Teams im Vordergrund. In einem konstruktiven und kontinuierlichen Feedback wurden konkrete Ansatzpunkte für die gezielte und individuelle Weiterentwicklung des einzelnen gesehen, die auch zu einer Weiterentwicklung des Teams bzw. der Abteilung und damit letztendlich des gesamten Unternehmens führt. Diese Zielrichtung wurde auch sprachlich noch einmal hervorgehoben, indem der Begriff Beurteilung weitestgehend durch den Begriff Feedback ersetzt wurde (Abb. 7.7).

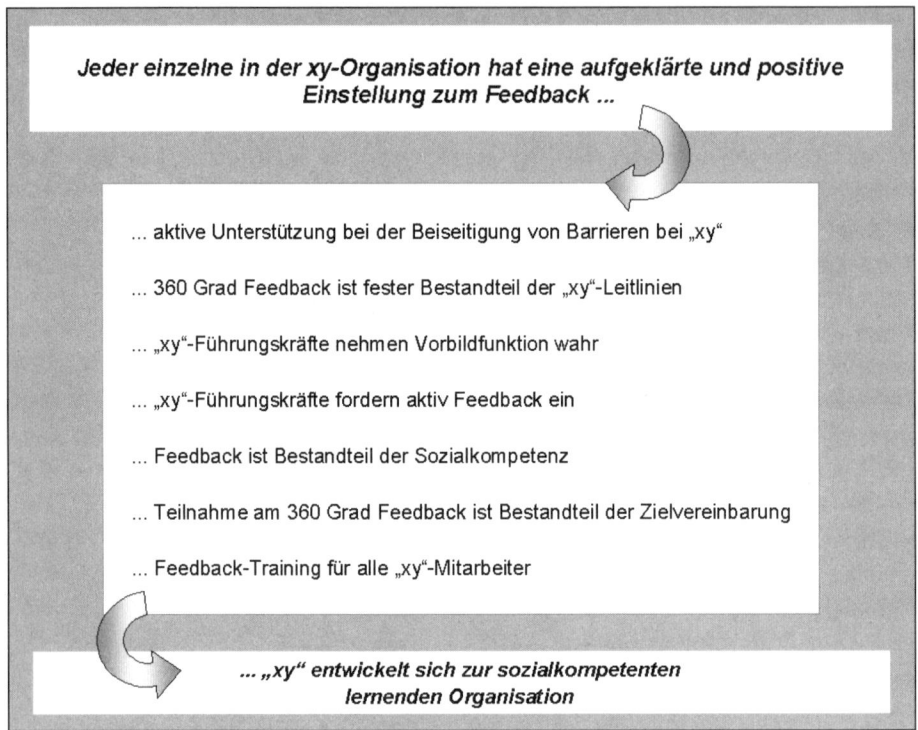

*Abb. 7.7: Beurteilungssystem mit Fokus auf Kommunikationsziel
(Quelle: in Anlehnung an Siemens AG EL, 1999)*

• **Welche Arbeitspakete müssen geschnürt werden?**

Aus den Leitlinien müssen nun konkrete Maßnahmen für die Umsetzung formuliert werden. Diese Maßnahmen werden dann zu Arbeitspaketen zusammengefaßt, für die jeweils ein Verantwortlicher benannt wird. Das nachfolgende Beispiel zeigt die erforderlichen Arbeitspakete, die organisationsspezifisch modifiziert werden können. Während im Rahmen der Gestaltung einer konventionellen Personalbeurteilung (Führungskraft beurteilt Mitarbeiter) die Arbeitspakete 1, 2 und 4 ausreichend sind, kommt im Fall der 360 Grad Beurteilung noch das Arbeitspaket 3 hinzu. Die Arbeitspakete können situationsspezifisch auch differenzierter ausfallen (Abb. 7.8).

Im nächsten Schritt wird die im Vorfeld ausgeteilte Matrix 1: »Was existiert bereits zum Thema Beurteilung?« gemeinsam ergänzt und den entsprechenden Arbeitspaketen zugeordnet, so daß eine Bestandsaufnahme vorliegt (Abb. 7.9).

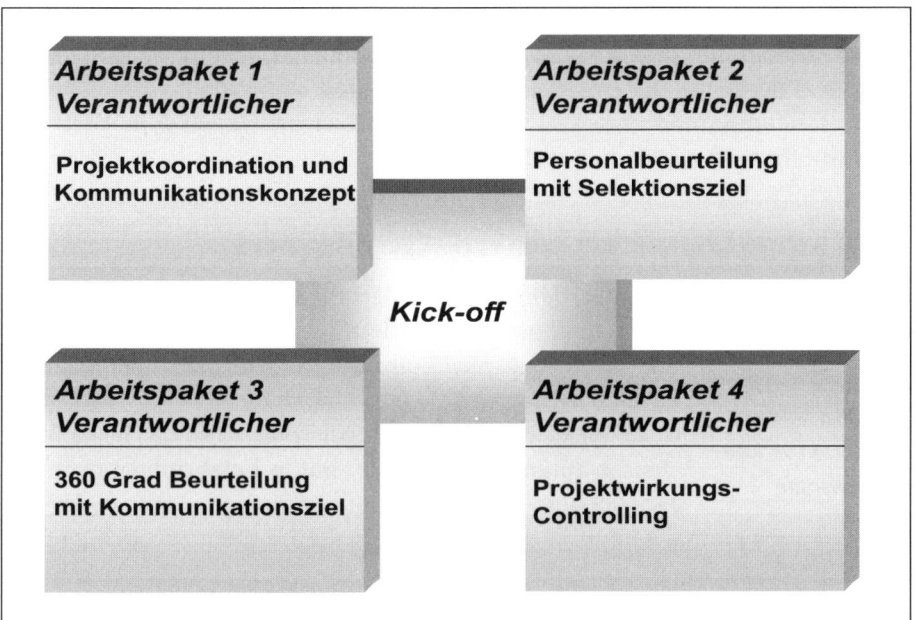

Abb. 7.8: Beurteilungssystem: Mögliche Arbeitspakete

Was? / Wer?	Arbeitspaket 1 Projektkoordination/ Kommunikationskonzept	Arbeitspaket 2 Personalbeurteilung mit Selektionsziel	Arbeitspaket 3 360 Grad Beurteilung mit Kommunikationsziel	Arbeitspaket 4 Projektwirkungs-Controlling
Abteilung XY				
Herr/Frau XY				
. . .				
. . .				

Abb. 7.9: Beurteilungssystem: Bestandsaufnahme

Abschließend werden dann weitere Mitarbeiter bestimmt, von denen konstruktive Beiträge zum Projekt erwartet werden. Die Einbindung ist nicht gleichbedeutend mit der (formalen) Zugehörigkeit zum Projektteam. Die Matrix 2:»Bestandsaufnahme« kann selbstverständlich auch nach dem Workshop noch situativ vervollständigt werden.

• Auf welche Erfahrungen kann zurückgegriffen werden?

Gerade an dieser Stelle werden häufig »Klagemauerdiskussionen« geführt, d. h., Mißstände werden angeprangert und unter Aufzählung zahlreicher,

Ziel ist die Behebung der Mißstände und nicht deren verbale Zementierung

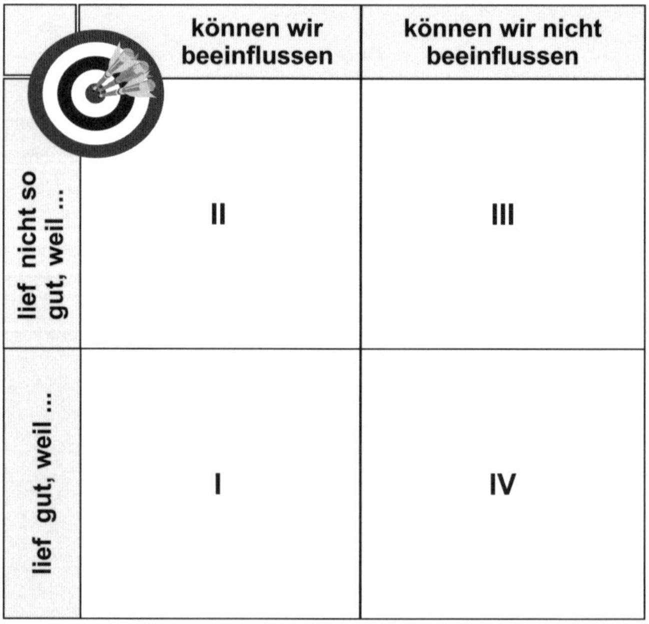

durchaus auch nachvollziehbarer Beispiele belegt. Hier hat sich die im Vorfeld ausgehändigte Matrix 2:»Lösungsorientierter Erfahrungsspiegel« (vgl. Abb. 7.8) bewährt, in der die guten sowie weniger guten Erfahrungen nach der Möglichkeit ihrer Beeinflußbarkeit eingeordnet wurden

und nun noch einmal gemeinsam den jeweiligen Quadranten zugeordnet werden (Abb. 7.10).

	können wir beeinflussen	können wir nicht beeinflussen
lief nicht so gut, weil ...	II	III
lief gut, weil ...	I	IV

Abb. 7.10: (vgl. Abb. 7.8)

Dies hat den Vorteil, daß primär der Aspekt der Beeinflußbarkeit und nicht die Schuldfrage thematisiert wird.
Es werden daher im Rahmen dieses Workshops auch
überwiegend die im III. Quadranten aufgeführten Proble-
me eingehender behandelt, um daraus die weitere Vorgehensweise abzuleiten.
Selbstverständlich werden hierbei auch die positiven Erfahrungen des I. Quadranten berücksichtigt.

Lösungsorientie-
rung statt Problem-
orientierung

• **Wozu wird wer, in was, von wem, wie und wann eingebunden?**

Der Einbindung aller Beteiligten kommt eine besondere Bedeutung zu. Die
Devise heißt hierbei: »Soviel wie möglich und so früh wie
möglich kommunizieren«. Wo immer die Möglichkeit besteht, sollte dies persönlich und mündlich erfolgen, um
auftretende Fragen sofort klären und Bedenken der Beteiligten diskutieren zu können.

Soviel wie möglich
und so früh
wie möglich
kommunizieren

Auf Basis der Kommunikationsmatrix erfolgt die Grobplanung einer gemeinsamen Vorgehensweise für das Kommunikationskonzept (Abb. 7.11).

Vorgehen Ziel- gruppen	Wozu?	In was?	Von wem?	Wie?	Wann?
Alle Mitarbeiter					
Geschäfts-leitung					
Noch hinzu-zuziehende Mitarbeiter					
Führungs-mannschaft					
Projektteam					
. . .					

Abb. 7.11: Kommunikationsmatrix: Wozu wird wer, in was, von wem, wie und wann eingebunden?

• Welche Spielregeln gelten für das Projektteam?

Projekterfolge sind nicht nur von den fachlichen und methodischen Kompetenzen der einzelnen Projektteammitglieder abhängig, sondern zum großen, wenn nicht zum überwiegenden Teil, von der Fähigkeit, das gemeinsame Ziel durch eine reibungslose Zusammenarbeit zu erreichen. Neben seiner funktionalen Teamrolle hat jeder auch seine natürliche Rolle, entsprechend seinen individuellen Stärken und Schwächen, die seine Rolle im Team prägen. Hier müssen Regeln gefunden werden, damit die Stärken im Arbeitsprozeß genutzt und Schwächen zugelassen werden können und man sich gegenseitig ergänzt (Bergander, 1999).

Erfahrungen und Ergebnisse aus dem Feedback-Workshop im Projektteam können für den Roll-out und das Projektwirkungs-Controlling genutzt werden

Es empfiehlt sich daher, mit dem Projektteam zu Beginn des Projekts einen Feedback-Workshop durchzuführen. Neben der Gelegenheit zur Vermittlung projektspezifischen Fach-Know-hows, kann dieser Pilot- und Erfahrungsworkshop für den Roll-out und das Projektwirkungs-Controlling genutzt werden. Die Durchführung und Auswertung eines solchen Workshops wird an der entsprechenden Stelle der Phase 2 noch erläutert.

7.1.1.3 Turnusmäßige Treffen des Projektteams

Die Koordination dieser Treffen übernimmt der Verantwortliche des Arbeitspaketes 1. Termin- und Raumplanung sollten langfristig vorgenommen werden. Jeweils eine Woche vor den vereinbarten Treffen sollte ein Erinnerungsschreiben an alle Teammitglieder geschickt werden.

Die Anzahl der Treffen variiert stark mit dem Umfang der Aufgabenstellung und der Arbeitsintensität der Teammitglieder. Erfahrungsgemäß steigt die Teammotivation, wenn in periodischen Abständen ein Mitglied der Geschäftsleitung an den Teamsitzungen teilnimmt. Engagement und Unterstützung der Geschäftsleitung führen zu einer erhöhten Motivation aller Beteiligten. Darüber hinaus kann so die unternehmensstrategische Ausrichtung gezielter in das Beurteilungssystem einfließen.

Sollten Unterteams gebildet worden sein, muß die Koordination der Zwischenergebnisse und deren Integration in das Projektteam sichergestellt werden.

7.1.2 Arbeitspaket 1: Projektkoordination und Kommunikationskonzept

Die Projektkoordination umfaßt sowohl inhaltliche als auch formale Gestaltungsaspekte. Im Rahmen der inhaltlichen Gestaltungsaspekte müssen die Arbeitspakete harmonisiert werden, d. h. Redundanzen gestrichen, sinnvolle Verknüpfungen hergestellt und eine einheitliche Sprachregelung gefunden werden. Die formalen Aspekte betreffen die Terminabstimmung und Sicherstellung des gesamten Wissens- und Unterlagentransfers.

Die Projektkoordination umfaßt sowohl inhaltliche als auch formale Gestaltungsaspekte

Sowohl für die Kommunikation innerhalb des Projektteams als auch für die Kommunikation im Rahmen des Kommunikationskonzepts sollten folgende Prinzipien gelten:
- schnell,
- offen,
- glaubwürdig,
- umfassend,
- aktuell und
- zielgruppengerecht.

Bei der Gestaltung des Kommunikationskonzepts müssen die nachfolgenden Fragestellungen jeweils situations- und unternehmensspezifisch beantwortet werden. Die im Workshop bereits angesprochene Kommunikationsmatrix wird also vervollständigt. Die hierzu aufgeführten Beispiele stammen aus unterschiedlichen Projekten und können als Entscheidungshilfe verwendet werden.
Des weiteren hat es sich als äußerst hilfreich gezeigt, sich anhand der nachfolgenden Graphik zu überlegen, welcher Grad der Einbindung angestrebt wird (Abb. 7.12).

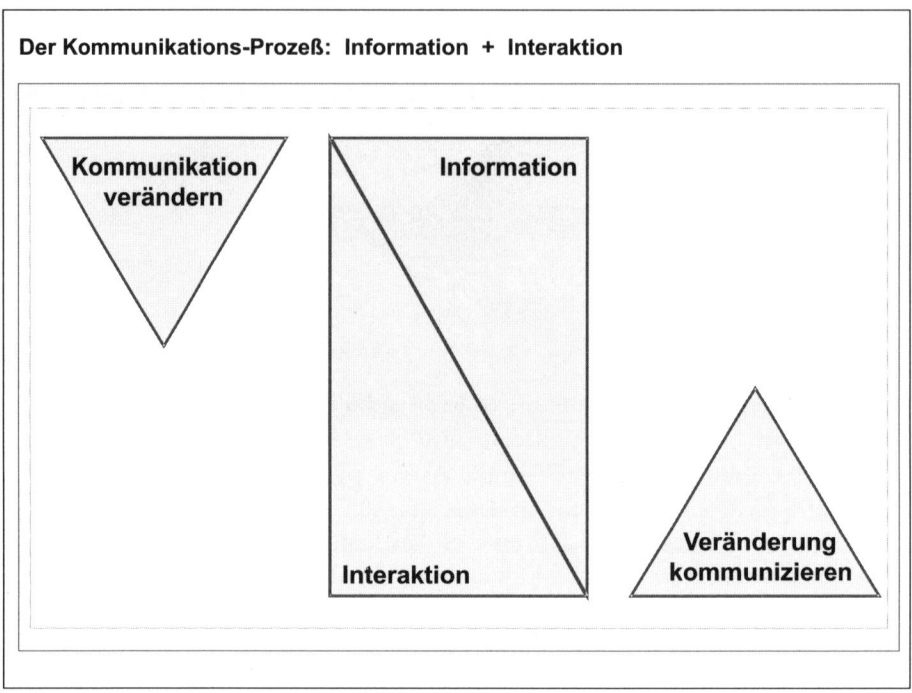

Abb. 7.12: Der Kommunikationsprozeß: Grad der Einbindung

7.1.2.1 Ziel: Wozu wird eingebunden?

Im ersten Schritt muß geklärt werden, was mit der Einbindung überhaupt bezweckt wird. Mögliche Ziele sind:
- die Information der Organisationsmitglieder über Ursachen und Ziele, Ablauf und Rahmenbedingungen sowie die Konsequenzen des Projekts sicherzustellen,
- die aktive Beteiligung der betroffenen Personen an der Konzeption und Implementierung des Projektes zu gewährleisten,
- ein vertrauensvolles Kommunikations- und Arbeitsklima zu schaffen, das von den Mitarbeitern ein laufendes Feedback über das Projekt fordert,
- …

7.1.2.2 Zielgruppen: Wer wird eingebunden?

Die Mitarbeiter werden in verschiedene Gruppen zusammengefaßt, wobei hierzu häufig eine Systematisierung nach dem folgenden Schema vorgenommen wird:

- alle Mitarbeiter,
- Geschäftsleitung,
- Führungsmannschaft,
- Erfahrungs- und Wissensträger für das Projekt,
- Projektteam,
- ...

Eine weitere Differenzierung in Teilgruppen kann situationsspezifisch durchaus sinnvoll sein:
- Mitarbeiter einer organisatorischen Einheit,
- Mitarbeiter einer Prozeßkette,
- Lieferanten und Kunden,
- ...

7.1.2.3 Kommunikatoren: Wer bindet ein?

Hier müssen die Verantwortlichen für die jeweiligen Zielgruppen verbindlich festgelegt werden. Da Kommunikation ein wechselseitiger Prozeß ist, sind die Sender (»Kommunikatoren«) zugleich auch immer Empfänger (»Kommunikanten«). Daher kann die gleiche Systematik wie bei der Einteilung der Zielgruppen verwendet werden, also:
- alle Mitarbeiter,
- Geschäftsleitung,
- Führungsmannschaft,
- Erfahrungs- und Wissensträger für das Projekt,
- Projektteam,
- ...

oder differenzierter:
- Mitarbeiter einer organisatorischen Einheit,
- Mitarbeiter einer Prozeßkette,
- Lieferanten und Kunden,
- ...

Die Leitung bzw. Führungsmannschaft übernimmt insbesondere zu Beginn des Projekts bei großen Informationsveranstaltungen die Rolle des Senders, wird aber umgekehrt zum Empfänger, wenn das Projektteam über den Projektverlauf berichtet. Das Projektteam ist wiederum Empfänger von allen Mitarbeitern.

Kommunikation ist ein wechselseitiger Prozeß

7.1.2.4 Kommunikation: Wie und wann wird eingebunden?

Erfolg oder Mißerfolg des Projekts hängen von der Identifikation und dem Engagement der Mitarbeiter ab. Es ist daher also besonders wichtig, die Mit-

Die Mitarbeiter müssen in ihrem Wirkungsfeld erreicht werden

arbeiter gezielt in ihrem Wirkungsfeld zu erreichen. Jeder Kommunikationsweg ist hierfür in der ein oder anderen Situation besser geeignet. Die Palette reicht hier von der »bloßen« Information bis zum intensiven Dialog. Grundsätzlich muß ein offener, kontinuierlicher Informations-

austausch über die Grenzen von Verantwortungsbereichen hinweg gewährleistet sein. Kooperative Kommunikation bedeutet allerdings mehr als das bloße Bereitstellen von Informationen, sondern beinhaltet auch den Dialog. Die nachfolgende Abbildung zeigt verschiedene Kommunikationsmöglichkeiten und deren Ereigniswert und Dialogpotential (Abb. 7.13).

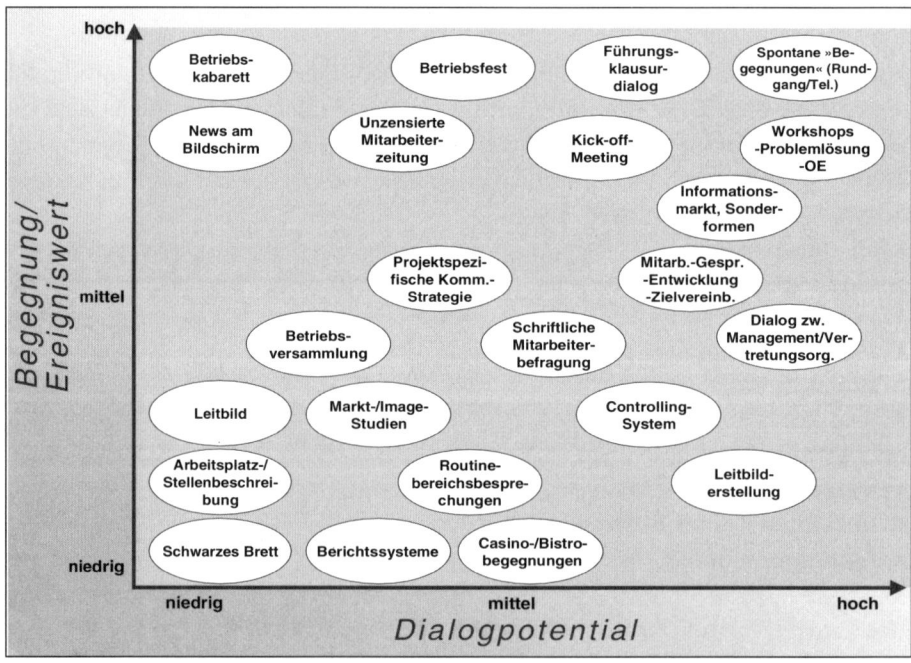

Abb. 7.13: Kommunikationswege und deren Ereigniswert und Dialogpotential (Quelle: Doppler, 1992)

Für die endgültige Entscheidung sollten die Vor- und Nachteile der jeweils diskutierten und in Frage kommenden Kommunikationswege anhand der nachfolgenden Checklisten gegeneinander abgewogen werden (Abb. 7.14 und Abb. 7.15).

	Vorteile	Nachteile
Direkte, persönliche Kommunikation	<ul><li>überzeugend</li><li>direktes Feedback</li><li>zusätzliche Erläuterungen</li><li>direkte Erfolgskontrolle</li><li>individuelle Botschaften</li><li>positive Emotionen</li><li>Vertraulichkeit</li></ul>	<ul><li>zeitaufwendig</li><li>unterschiedliche Gesprächsverläufe</li><li>Qualität des Vermittlers</li><li>negative Emotionen</li><li>mangelnde Beweisbarkeit</li></ul>

Abb. 7.14: Kommunikationswege – ihre richtige Nutzung (1) (Quelle: Schick + Partner, 1999)

	Vorteile	Nachteile
Vermittelte Kommunikation durch Papiermedien	<ul><li>nachvollziehbar</li><li>beweisfähig</li><li>niedriger Aufwand pro Empfänger</li><li>gleicher Informationsstand</li><li>schnelle Information bei großen Zielgruppen</li></ul>	<ul><li>keine Differenzierungsmöglichkeit</li><li>Dialogmöglichkeiten begrenzt</li><li>hoher Abstimmungsaufwand</li><li>Papierflut</li></ul>
Vermittelte Kommunikation durch elektronische Medien	<ul><li>schnelle Information großer Zielgruppen über große Distanzen</li><li>Dialog begrenzt möglich</li><li>große Informationsmengen, die selektiv abgerufen werden können</li></ul>	<ul><li>Kommunikationspartner benötigen spezielle Empfangseinrichtungen und spezielle Bedienungskenntnisse</li><li>hohe Kosten für Infrastruktur</li></ul>

Abb 7.15: Kommunikationswege – ihre richtige Nutzung (2) (Quelle: Schick + Partner, 1999)

Unabhängig von der Zielgruppe und gewählten Vorgehensweise steht im Mittelpunkt des Kommunikationskonzepts die Beantwortung der Frage: »Was bedeutet das Beurteilungssystem für mich?« Jeder Mitarbeiter muß sich diese Frage positiv beantworten können. Die Inhalte des Konzepts müssen nicht nur verstanden werden, sondern die Mitarbeiter müssen darüber hinaus auch damit einverstanden sein. Der Erfolg des Projekts »Beurteilungssystem« steht und fällt mit der Akzeptanz der Mitarbeiter. Nur mit einer systematischen, kontinuierlichen und empfängerorientierten Kommunikation können die Mitarbeiter auch da »abgeholt« werden, wo sie stehen.

Ohne Verständnis kein Einverständnis

Generell sollte die Erstinformation aller Betroffenen und Beteiligten so schnell wie möglich erfolgen. Der weitere Turnus hängt sehr stark von der jeweils zielgruppenspezifisch gewählten Vorgehensweise ab. Bei der Konzeption des Kommunikationskonzepts sollten auch bereits die notwendigen Schulungsmaßnahmen der Phase 2 berücksichtigt werden.

7.1.3 Arbeitspaket 2: Personalbeurteilung mit Selektionsziel

Bevor ein Leitfaden für die Durchführung des Beurteilungsgesprächs diskutiert werden kann, müssen alle derzeit eingesetzten Verfahren dahingehend überprüft werden, ob sie die Unternehmensanforderungen widerspiegeln und einen abteilungsübergreifenden Vergleich der Mitarbeiter erlauben. Diese Vorgehensweise erübrigt sich nur, wenn zum Thema Beurteilung noch gar nichts vorliegt oder keines der bisherigen Verfahren mehr eingesetzt werden soll.

Voraussetzungen für eine sinnvolle Personalbeurteilung sind daher sorgfältige Beschreibungen der Aufgabenstellung und des Verantwortungsbereiches, die auch den abteilungsübergreifenden Vergleich zulassen.

Das nachfolgende Beispiel aus einem mittelständischen Unternehmen aus der Baubranche mit rund 2250 Mitarbeitern zeigt die Konsequenzen einer fehlenden abteilungsungsübergreifenden Ausrichtung.

Beispiel

Ereignis:

Im Rahmen einer Umorganisation wurden fünf Abteilungen zu einer Hauptabteilung zusammengeführt. Betroffen waren hiervon rund 100 Mitarbeiter, die überwiegend dem außertariflichen Bereich angehörten. Die abteilungsindividuellen Anforderungen waren sehr unterschiedlich ausgeprägt, da sowohl Stabsaufgaben als auch Dienstleistungsfunktionen wahrgenommen wurden. Zudem hatten sich die Anforderungen durch die neue strategische Plazierung innerhalb des Unternehmens noch stark verändert, so daß die Anforderungsprofile mit den tatsächlichen Anforderungen nicht mehr übereinstimmten.

Bei einem der ersten Leitungskreistreffen des Hauptabteilungsleiters mit seinen fünf Abteilungsleitern wurde daher vom Hauptabteilungsleiter eine einheitliche Vorgehensweise bei der Personalbeurteilung unter Hinzuziehung eines externen Beraters vorgeschlagen. Zur Entwicklung einer abteilungsübergreifenden Systematik wurde ein Team gebildet, in dem jeweils ein Mitarbeiter aus jeder Abteilung, der Berater sowie (fall- und zeitweise) die Abteilungsleiter, der Hauptabteilungsleiter sowie Personalabteilung und Betriebsrat vertreten waren.

Das Konzept wurde von den Abteilungsleitern zwar nicht offen abgelehnt (immerhin kam der Vorschlag ja vom Hauptabteilungsleiter), aber auch nicht maßgeblich unterstützt. Immer wieder wurde auf die »Sinnlosigkeit und Praxisferne« des Vorhabens hingewiesen. Argumentiert wurde dahingehend, daß der eigene Tätigkeitsbereich derart komplex und individuell sei, daß er nicht einmal nur annähernd mit dem Arbeitsbereich eines Kollegen, geschweige denn eine Abteilung mit einer anderen Abteilung zu vergleichen sei.

Die drei halbtägigen Teamsitzungen verliefen äußerst kontrovers und destruktiv und spiegelten eine ausgeprägte Mißtrauenskultur und auffällige Abteilungsegoismen wider. Einigkeit bestand nur in dem Punkt, daß es Dringlicheres und Wichtigeres gäbe, als für die Entwicklung eines gemeinsamen Personalbeurteilungsverfahrens Zeit zu verschwenden. Daher wurde im Leitungskreis beschlossen (mittlerweile war es gelungen, auch den Hauptabteilungsleiter von der Sinnlosigkeit seines Vorhabens zu überzeugen), das Projekt auf unbestimmte Zeit zu verschieben.

Sieben Monate später fand die erste gemeinsame Einkommens- und Weiterbildungsrunde statt. Im Leitungskreis, also im Kreise der fünf Abteilungsleiter und ihres Hauptabteilungsleiters, wurden alle in Frage kommenden Förderkandidaten diskutiert. Diese waren überwiegend nur dem unmittelbaren Vorgesetzten bekannt. Da auf keine gemein-

Die Eloquenz des Vorgesetzten darf nicht das ausschlaggebende Karrierekriterium für den Mitarbeiter sein

samen Beurteilungskriterien zurückgegriffen werden konnte, erfolgte das Für und Wider einzig aus der Sicht des betreffenden Abteilungsleiters. Die Wahl für oder gegen einen Kandidaten erfolgte also für rund 83 % der anwesenden Führungskräfte (den Berater ausgeschlossen) ohne nachvollziehbare Kriterien oder Kenntnis des Mitarbeiters. So wurde die Eloquenz der jeweiligen Führungskraft zum maßgeblichen (K.o.-)Kriterium. Es wurde also nicht entschieden, sondern ausgehandelt.

Ergebnis:

Diese Vorgehensweise blieb auch den Mitarbeitern nicht verborgen. Die aktive und eigenverantwortliche Gestaltung der beruflichen Entwicklung beschränkte sich auf einen gezielten Abteilungswechsel, der sich an der »Überredungskompetenz« des Abteilungsleiters orientierte. Die Klärung persönlicher Ziele, Neigungen, Stärken und Schwächen stand in keiner Relation zur persönlichen Karriere-

Erst gehen die Mitarbeiter, dann die Kunden

entwicklung, weshalb insbesondere die qualifizierten und motivierten Mitarbeiter sich für einen Wechsel zu einer anderen Organisationseinheit bzw. zur Konkurrenz entschieden. Auf diese Weise verließen innerhalb eines Jahres ca. 25 % der Mitarbeiter die Organisationseinheit.

Zusätzlich belastet wurde die Zusammenarbeit noch durch die unklaren gegenseitigen Anforderungen der Abteilungen, so daß sich auch kein internes Kunden-Lieferanten-Verständnis entwickeln konnte. Die mangelnde interne Kundenorientierung ging mit einer unzureichenden externen Kundenorientierung einher, was sich wiederum äußerst negativ auf die Kundenzufriedenheit auswirkte.
So verlor diese Organisationseinheit nicht nur Mitarbeiter, sondern auch Kunden an die Konkurrenz, was den Unternehmensvorstand veranlaßte, über eine Auflösung bzw. Neustrukturierung dieser Organisationseinheit nachzudenken.

Erkenntnis:

Fehlende abteilungsübergreifende Anforderungs- und Beurteilungskriterien führen zum einen dazu, daß die Eloquenz des Vorgesetzten zum maßgeblichen Förderkriterium wird. Dies veranlaßt insbesondere motivierte und qualifizierte Mitarbeiter dazu, das Unternehmen bzw. die Abteilung zu verlassen. Zum anderen beeinflussen die unklaren gegenseitigen Anforderungen der Abteilungen die internen Kunden-Lieferanten-Beziehungen und damit die Kundenzufriedenheit.

Unkonstruktive und unsystematische Beurteilungen können dazu führen, daß sich nicht nur die Mitarbeiter, sondern auch die Kunden für einen Wechsel zur

Konkurrenz entschließen. Damit werden Beurteilungssysteme zu einem äußerst erfolgskritischen Wettbewerbsfaktor. Führungskräfte, die diesen Zusammenhang nicht nachvollziehen können, gefährden also nachhaltig den Unternehmenserfolg.

Führungskräfte, die den Zusammenhang zwischen Beurteilungssystem und Wettbewerbsfähigkeit nicht nachvollziehen können, gefährden den Unternehmenserfolg nachhaltig

Im Fall der hier beschriebenen Organisationseinheit konnte man sich von Anfang an auf eine gemeinsame Vorgehensweise verständigen. Hierzu wurde ein Team gebildet, in dem jede Abteilung durch zwei Mitarbeiter und einen Abteilungsleiter repräsentiert wurde. Auch hier zeichneten sich anfangs Verständigungsprobleme ab, die aber im Laufe der Zeit in konstruktive Entwicklungs- und Abstimmunsprozesse umgewandelt werden konnten. Die Transparenz der einzelnen Abteilungsbeiträge zum Gesamterfolg der Organisationseinheit sowie die Definition der gegenseitigen Anforderungen an die vor- und nachgelagerten Abteilungen führten zu mehr Verständnis für die Abteilungskollegen, was sich in kurzer Zeit positiv auf die gesamten Abläufe auswirkte.

Da sich die dabei entwickelte Vorgehensweise mittlerweile seit zwei Jahren erfolgreich bewährt, wird sie hier in Form eines Leitfadens exemplarisch dargestellt. Dieser kann jedoch den unternehmensindividuellen Entwicklungsprozeß nicht ersetzen, sondern nur als Anregung und Unterstützung dienen.

7.1.3.1 Entwicklung einer abteilungsübergreifenden Systematik

Ziel ist, eine gemeinsame Basis für die jährliche Einkommens- und Weiterbildungsrunde zu schaffen. Das hierzu notwendige abteilungsübergreifende Ordnungsschema dient zudem der gezielten Verbesserung der Abteilungskommunikation. Dabei muß soviel Standardisierung wie nötig und soviel abteilungsindividueller Spielraum wie möglich angestrebt werden.

Werden die bisher eingesetzten Verfahren berücksichtigt, müssen sie den Anforderungen des Unternehmens gegenübergestellt werden. So wird überprüft, ob und inwieweit sie die horizontale und vertikale Unternehmensausrichtung unterstützen (Abb. 7.16).

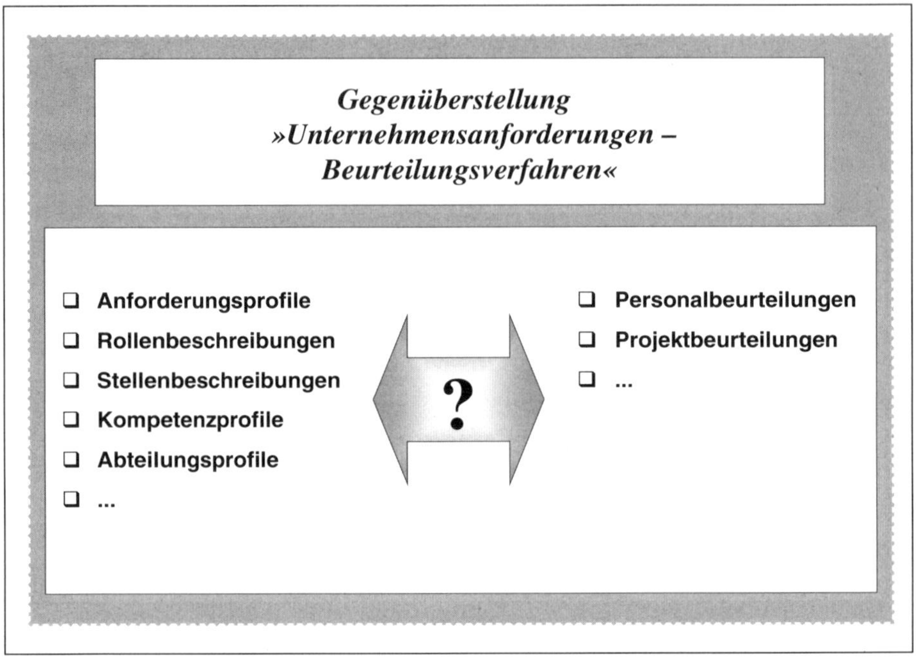

Abb. 7.16: Gegenüberstellung »Unternehmensanforderungen – Beurteilungsverfahren«

Hierzu müssen folgende Fragen positiv beantwortet werden können:

- Wird durch das Verfahren und den damit verbundenen Konsequenzen ein Leistungsbezug hergestellt, der die Erreichung der Unternehmensziele unterstützt? (Sollten sich hier Mängel herausstellen, empfiehlt sich die Durchführung eines Strategieworkshops.)
- Wird eine abteilungsübergreifende Zusammenarbeit im Sinne interner Kunden-Lieferanten-Beziehungen unterstützt?
- Ist das Verfahren relevant, transparent und nachvollziehbar?

Auch wenn Teile der aktuellen Verfahren beibehalten werden, muß trotzdem im ersten Schritt eine gemeinsame, abteilungsübergreifende Kategorisierung erarbeitet werden. In dieses Schema können dann bewährte Elemente abteilungsübergreifend modifiziert und integriert werden.

Die Basis für einen abteilungsübergreifenden Vergleich wurde in diesem Beispiel in der Tiefe und dem Umfang der fachlichen Themendurchdringung gesehen. Für jede Abteilung erfolgte hierzu eine Unterscheidung nach Themenfeld, Themengebiet, Themenbereich und Gesamtthema, was in der in Abbildung 7.17 exemplarisch für den Bereich der Logistik aufgezeigt wird.

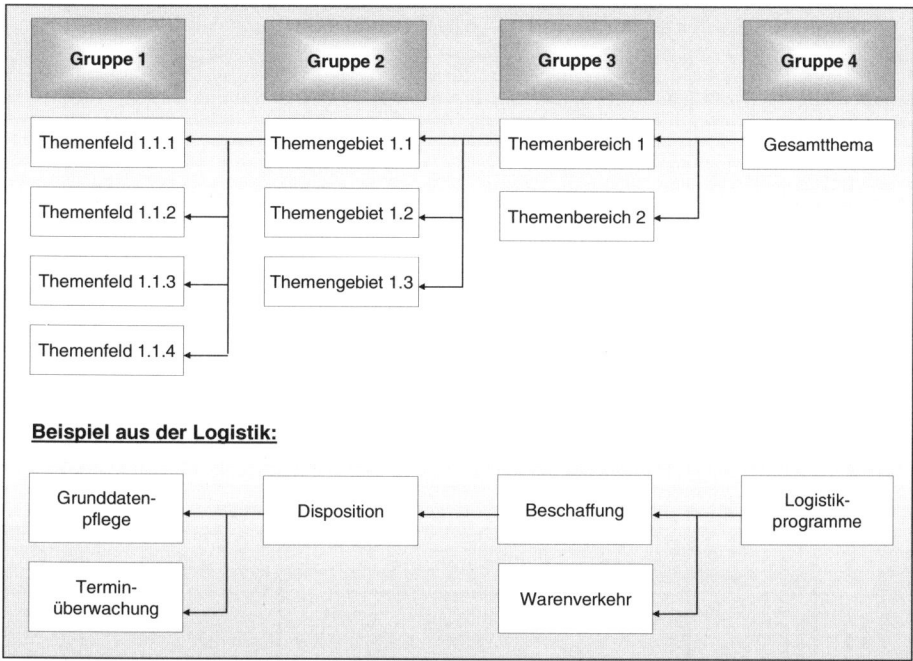

Abb. 7.17: Abteilungsspezifische Matrix: Themendurchdringung (Quelle: in Anlehnung an Siemens AG EL, 1999)

Die Gruppenbezeichnungen stehen hierbei synonym für die funktionalen Rollen. Diese können beispielsweise Berater, Projektleiter, Projektbetreuer und Coaches oder aber auch Mitarbeiter, Gruppenleiter, Abteilungsleiter und Hauptabteilungsleiter etc. sein.

Im nächsten Schritt wurde eine abteilungsübergreifende Matrix erstellt, in der eine Unterscheidung nach der Komplexität der Aufgabenstellung sowie des Verantwortungsbereichs erfolgte. Bei der Aufgabenstellung wurde eingeteilt nach

- Routineaufgaben komplexer Natur,
- Problemlösungen aufgrund bestehender Methoden,
- Problemlösungen in Fortentwicklung bestehender Methoden,
- innovativen Problemlösungen komplexer Natur.

Die Verantwortungsbereiche wurden wie folgt definiert:

- Umsetzungsverantwortung (nach außen zum Kunden),
- Zusatzverantwortung (nach innen). Hierunter wurden die Themenentwicklung, die Vertretung der Organisationsinteressen nach innen und außen sowie der Bereich der Führung zusammengefaßt (Abb. 7.18).

Komplexität \ Verantwortung		Routineaufgaben komplexer Natur I	Problemlösungen auf Grund bestehender Methoden II	Problemlösungen in Fortentwicklung bestehender Methoden III	Innovative Problemlösungen komplexer Natur IV
Umsetzungsverantwortung	Themendurchführung	Durchführung der Aufgabe (Meilensteine, Arbeitspakete) Sicherung der eigenen Aufgabenverrechnung	Durchführung der Aufgaben (Struktur, Rahmenbedingungen, Management, Erfolgsmessung) Sicherung der eigenen Aufgabenverrechnung Einhaltung (Projekt-)Budget	Durchführung komplexer Aufgaben (Verteilung und Betreuung mehrerer, übergreifender Aufgaben) Controlling der Verrechnung des Budgets Erstellung von Angeboten/ Definition von Aufgabenzielen	Durchführung herausragender Aufgaben Berichterstattung an Ausschüsse/ Unternehmensleitung Auswahl von Aufgabe, Projekten, Aufträgen und Anstoß
Entwicklungsarbeit (Vorleistungen)	Z-Interessen nach innen	Entwicklung und Pflege eines Themenfeldes Wissenstransfer innerhalb Z Einhaltung der Z-internen Standards	Entwicklung und Pflege eines Themengebiets Wissenstransfer innerhalb Z Einhaltung der Z-internen Standards	Entwicklung und Pflege eines Themenbereichs Koordination mit anderen Themenbereichen Einhaltung der Z-internen Standards Erstellung von Erfolgsstories Mitgestaltung der Z-Strategie	Definition von Entwicklungsbedarf und Initiieren neuer Themen Koordination des Themas innerhalb des Gesamtunternehmens Definition und Einhaltung des Z-internen Standards Erstellung von Vorträgen/ Veröffentlichungen Gestaltung der Z-Strategie, der Ziele und Durchführung der Zielvereinbarung Gestaltung und Controlling des Budgets Ressourcen- & Bedarfsanpassung/-ausgleich
Zusatzverantwortung	Z-Interessen nach aussen	Betreuung der Partner-Mitarbeiter Sicherung des Geschäftsauftrags im Rahmen der Aufgaben Sicherung der Partnerzufriedenheit im Rahmen der Aufgaben	Betreuung von Partner-Teams Sicherung des Geschäftsauftrags im Rahmen des Projekts/Themas Sicherung der Partnerzufriedenheit im Rahmen des Projekts/Themas	Betreuung des Partnermanagements Sicherung des Geschäftsauftrags im Rahmen der betreuten Projekte/ Themen Sicherung der Kundenzufriedenheit im Rahmen der betreuten Projekte/ Themen	Betreuung des Top-Managements Sicherung des Geschäftsauftrags Entwicklung und Pflege des Netzwerkes mit ehemaligen & potentiellen Kunden/ Mitarbeitern
	Führung	360 Grad Beurteilung Persönliche Entwicklung Beurteilung von Bewerbern Coaching des Projekts/ Aufgabenteams Patenschaft für neue Mitarbeiter	360 Grad Beurteilung Persönliche Entwicklung Beurteilung von Bewerbern Coaching eines Projekts/ einer Aufgabe Festlegung der Patenschaft	360 Grad Beurteilung Persönliche Entwicklung Beurteilung von Bewerbern Coaching eines Projekts/ einer Aufgabe Festlegung der Patenschaft	360 Grad Beurteilung Persönliche Entwicklung Entscheidung zu Neueinstellungen und Entlassungen Coaching mehrere Mitarbeiter, Coaching mehrerer Projekte/ Aufgaben disziplinarische Verantwortung Personalbeurteilung Entwicklung/Qualifizierung der Mitarbeiter

Abb. 7.18: Abteilungsübergreifende Matrix: Komplexität der Aufgabenstellung und Verantwortung (Quelle: in Anlehnung an Siemens AG EL, 1999)

Diese Matrix dient der individuellen Positionierung des Mitarbeiters, die vom Vorgesetzten und dem Mitarbeiter gemeinsam vorgenommen wird. Natürlich gibt es hier fließende Übergänge. So ist es beispielsweise durchaus üblich, daß ein Mitarbeiter aus der Gruppe 1 auch Aufgaben aus der Gruppe 2 wahrnimmt. Insbesondere in Beratungsabteilungen wechseln häufig die rollenspezifischen Anforderungen an die Mitarbeiter. So kann ein Mitarbeiter im Rahmen eines Projekts für ein halbes Jahr durch eine Projektleiterfunktion überwiegend in die 2. Gruppe fallen, nach Projektende aber durchaus überwiegend wieder Aufgaben aus der Gruppe 1 wahrnehmen.

Mitarbeiter können im Rahmen einer Projektleiterfunktion in Gruppe 2 fallen, nach Projektende aber durchaus überwiegend wieder Aufgaben aus der Gruppe 1 wahrnehmen

Welche konkreten Maßnahmen zur Festlegung des Einkommens, eventueller Pensionsansprüche, Prämien etc. abgeleitet werden können, ist in jedem Fall mit dem Betriebsrat abzusprechen und arbeitsrechtlich zu überprüfen. Die gesetzlichen Bestimmungen und jeweiligen unternehmensindividuellen Freiräume müssen unbedingt bereits bei der Konzeption geklärt werden.

Im nächsten Schritt werden vom Vorgesetzten in Vorbereitung auf die Einkommens- und Weiterbildungsrunde alle Abteilungsmitarbeiter in ein Portfolio eingetragen, das den Grad der Themendurchdringung sowie die Komplexität der Aufgabenstellung und Verantwortung enthält. Die Gruppen 1–4 sind den jeweiligen Feldern zugeordnet.

Bei der Führungsverantwortung wurde nach a und b unterschieden. Führungsverantwortung a steht für die disziplinarische Verantwortung, wohingegen Führungsverantwortung b für die Leitung (beispielsweise von Projektteams im Rahmen der Projektleiterrolle) ohne disziplinarische Befugnisse steht (Abb. 7.19).

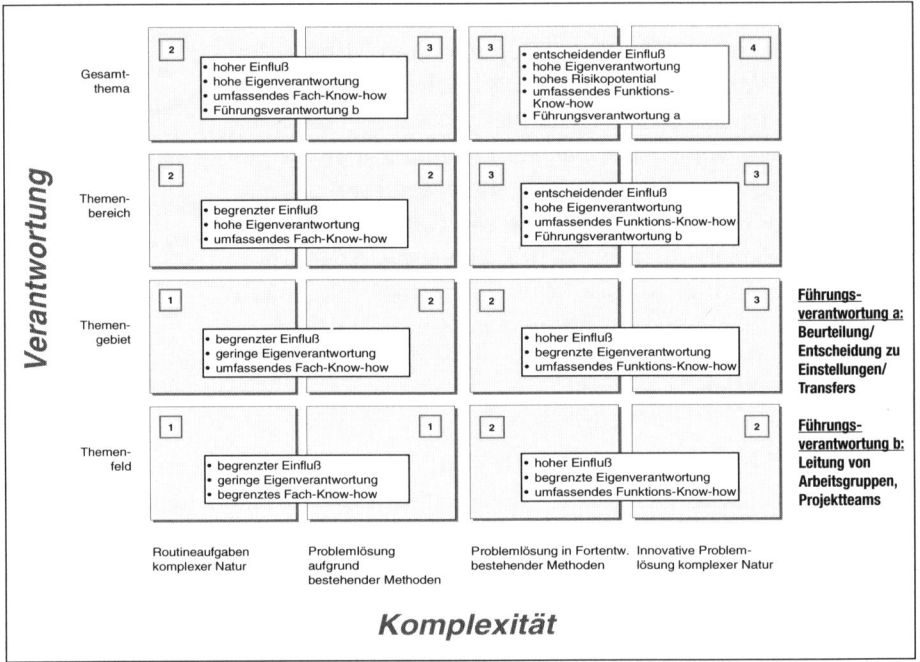

Abb. 7.19: Verantwortungs-Komplexitäts-Portfolio
(Quelle: in Anlehnung an Siemens AG EL, 1999)

7.1.3.2 Anwendung in der jährlichen Einkommens- und Weiterbildungsrunde

In der jährlichen Einkommens- und Weiterbildungsrunde wurden die fünf Abteilungsportfolios auf ein DIN-A 3-Blatt zusammengefaßt und die Förder- und Entwicklungsmaßnahmen der Mitarbeiter anhand dieser Übersicht diskutiert. Diese Matrix ermöglicht einen abteilungsübergreifenden Vergleich der Mitarbeiter und zeigt den erforderlichen Handlungsbedarf bezüglich Einkommen, Förderungen etc.

Ankerpersonen sind Mitarbeiter, deren leistungsrelevanten Verhaltensweisen allen Führungskräften bekannt sind

Im ersten Schritt werden die sogenannten Ankerpersonen durchgesprochen. Als Ankerpersonen werden Mitarbeiter bezeichnet, deren leistungsrelevanten Verhaltensweisen allen Führungskräften bekannt sind. Damit wird eine möglichst hohe Beurteilungsnähe aller Führungskräfte gewährleistet, was die Voraussetzung für die Entwicklung eines gemeinsamen Beurteilungsmaßstabs ist (Abb. 7.20).

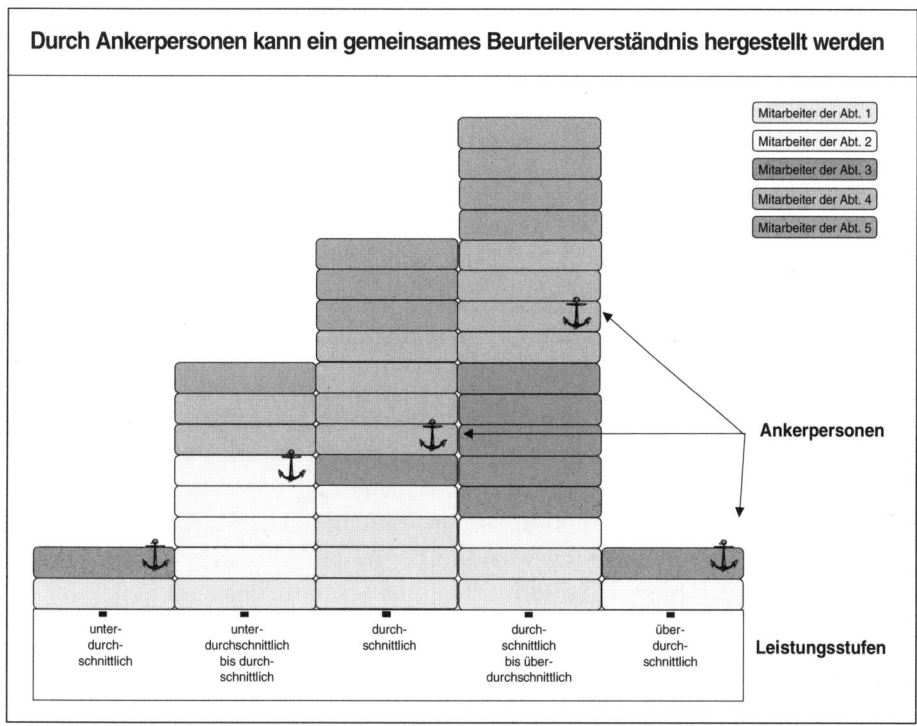

Abb. 7.20: Abteilungsübergreifender Vergleich durch Ankerpersonen

Auf diese Weise wird ein gemeinsamer Beurteilungsmaßstab der Beurteilenden festgelegt. Eine weitere Maßnahme zur Entwicklung eines gemeinsamen Maßstabs wurde im verstärkten Einsatz der Job-Rotation gesehen. Der geplante und gezielte Wechsel von Mitarbeitern zwischen den Abteilungen dient nicht nur der Mitarbeiterentwicklung und Verbesserung der abteilungsübergreifenden Kommunikation, sondern auch der Entwicklung eines gemeinsamen Beurteilungsmaßstabs durch größere Beurteilungsnähe.

Job-Rotation unterstützt die Entwicklung eines gemeinsamen Beurteilungsmaßstabs

Auch die Durchsprache der nicht abteilungsübergreifend bekannten Mitarbeiter konnte nun wesentlich gezielter erfolgen, was nicht nur an den nun transparenten, nachvollziehbaren und relevanten Kriterien lag. Vielmehr war es der Prozeß der gemeinsamen Entwicklung, der das gegenseitige Vertrauen stärkte, die Bereitschaft für eine gemeinsame Lösung erhöhte und damit destruktive Grundsatzdiskussionen überflüssig machte.
Die gemeinsame Entwicklung der Personalbeurteilungssystematik hatte äußerst positive Auswirkungen auf die Zusammenarbeit.

7.1.4 Arbeitspaket 3: 360 Grad Beurteilung mit Kommunikationsziel

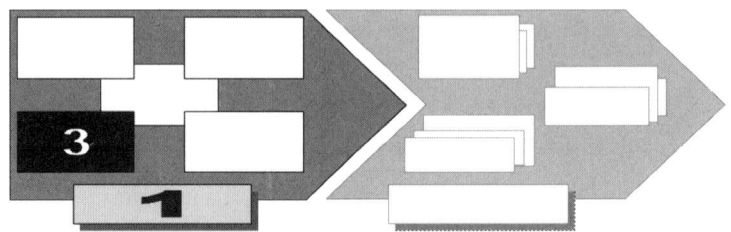

Während die Entwicklung einer Personalbeurteilungssystematik mit Blick auf

Entwicklungsorientierter Dialog, der zum einen der individuellen Weiterentwicklung dient und zum anderen die Möglichkeit bietet, Barrieren und Hindernisse in der Zusammenarbeit zu identifizieren und abzubauen

ein Selektionsziel beschrieben wurde, wird die nachfolgende 360 Grad Beurteilung unter dem Aspekt des Kommunikationsziels betrachtet. Die Stärke der 360 Grad Beurteilung wird hierbei in der Anregung eines entwicklungsorientierten Dialogs gesehen, der zum einen der individuellen Weiterentwicklung dient und zum anderen die Möglichkeit bietet, Barrieren und Hindernisse in der gemeinsamen Zusammenarbeit zu identifizieren und abzubauen. Der Weg zur Aktivierung diesbezüglicher Potentiale besteht in einem kontinuierlichen Feedbackprozeß, in dem jeder Mitarbeiter offenes und konstruktives Feedback von seinen Kollegen, seinen Mitarbeitern, Führungskräften sowie seinen Kunden erhält, weshalb in diesem Zusammenhang häufig auch von Feedback und nicht von Beurteilung gesprochen wird.

7.1.4.1 Wer sind die Beteiligten?

Anhand der nachfolgenden Matrix wurde im ersten Schritt festgelegt, wer wen beurteilt. In diesem Fall ist also jeder Beurteilter und Beurteilender zugleich. Des weiteren werden in dieser Matrix auch der vereinbarte Turnus und die ausgewählte Methode festgehalten, so daß eine Gesamtübersicht für die 360 Grad Beurteilung vorliegt (Abb. 7.21).

Wer? \ Wen?	Berater	Projektleiter	Coach (disziplinarischer Vorgesetzter)
Berater	Wann und wie?	Wann und wie?	Wann und wie?
Projektleiter	Wann und wie?	Wann und wie?	Wann und wie?
Coach (disziplinarischer Vorgesetzter)	Wann und wie?	Wann und wie?	Wann und wie?

Abb. 7.21: Feedback: Wer beurteilt wen wann und wie?

7.1.4.2 Wann wird beurteilt?

Die Beurteilung kann projektgesteuert, kalendergesteuert oder auch ereignis-gesteuert erfolgen (Abb. 7.22).

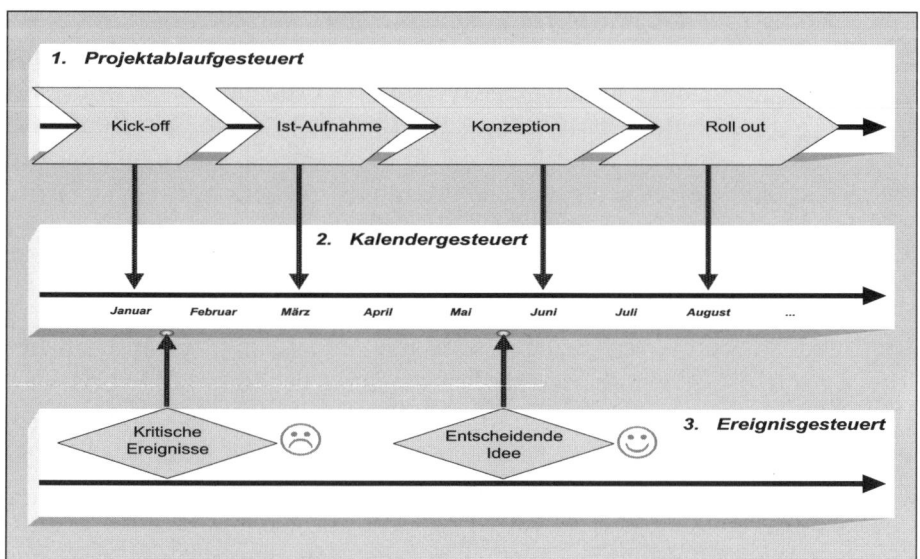

Abb. 7.22: Feedback: Wann? (Quelle: in Anlehnung an Siemens AG EL, 1999)

Projektgesteuerte Beurteilung

Bei Projekten, die länger als sechs Monate dauern, erfolgt nach Projektende eine Beurteilung des Beraters durch den Projektleiter. Dieses Gespräch wird gemeinsam zwischen dem Projektleiter, dem Coach (disziplinarischen Vorgesetzten) des Mitarbeiters und dem Mitarbeiter geführt. Die Ergebnisse fließen in die Personalbeurteilung mit ein. Bei längeren Projekten kann auch nach vereinbarten Projektphasen eine Beurteilung erfolgen, deren Ergebnisse allerdings nicht in die Personalbeurteilung mit einfließen, sondern nur zur Orientierung der Beteiligten dienen. Ebenfalls nicht relevant für die Personalbeurteilung sind die Ergebnisse aus der Kollegen-, Kunden- und Projektleiterbeurteilung.

Kalendergesteuerte Beurteilung

Hierunter fällt beispielsweise die Personalbeurteilung alle ein bis zwei Jahre, die die Basis für die Einkommensfindung und berufliche Weiterentwicklung ist. Ebenso werden Vorgesetztenbeurteilungen häufig in einem festen jährlichen oder zweijährigen Turnus abgehalten. Im Gegensatz hierzu steht die Projektleiterbeurteilung, die im Anschluß von Projekten durchgeführt wird.

Ereignisgesteuerte Beurteilung

Eine ereignisgesteuerte Beurteilung kann beispielsweise erfolgen, wenn das (Projekt-)Team oder die Abteilung bei einer Problemstellung nicht mehr weiterkommt oder aber auch etwas besonders gut gelaufen ist. Dies kann ebenso die zündende Idee für ein lange diskutiertes Problem wie die Beilegung eines hartnäckigen Konflikts sein. Sollte eine Konfliktsituation der Auslöser für das Feedback sein, empfiehlt sich die Hinzuziehung eines neutralen und erfahrenen Moderators.

Ist ein Konflikt der Grund für das Feedback, sollte ein Moderator hinzugezogen werden

7.1.4.3   Was wird beurteilt?

Die Beurteilungskriterien variieren stark mit den situationsspezifischen Anforderungen sowie den bisherigen Erfahrungen mit der 360 Grad Beurteilung. Hat ein Unternehmen beispielsweise noch keine oder nur begrenzte Erfahrung auf dem Gebiet gezielter Rückmeldungen, empfiehlt sich ein einfacher »Gesprächsleitfaden«, dem keine rollenspezifischen oder anforderungsdefinierten Kriterien zugrunde liegen. Dieser Gesprächsleitfaden kann flexibel zwischen Kollegen, Mitarbeitern und Vorgesetzten eingesetzt werden. Die Fragen können auch auf Moderationskarten übertragen werden (Abb. 7.23).

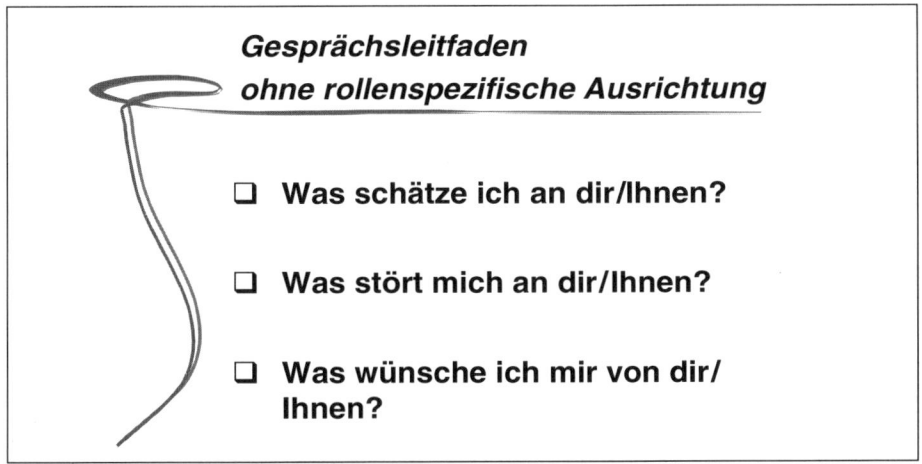

Abb. 7.23: Gesprächsleitfaden ohne rollenspezifische Ausrichtung

Der Punkt »Was wünsche ich mir von dir/Ihnen?« dient neben der Verbesserung der Zusammenarbeit auch als Anhaltspunkt für die persönlichen Verhaltensziele des Feedbacknehmers. Hier hat es sich bewährt, lieber wenige, dafür aber konkrete Verhaltensziele zu formulieren und diese dann auch tatsächlich umzusetzen. Ansammlungen von Willensbezeugungen nützen niemandem.

Lieber wenige, konkret formulierte Verhaltensziele als eine Ansammlung von Willensbezeugungen

Für die rollenspezifische Beurteilung wurden in diesem Praxisbeispiel die entsprechenden Rollenbeschreibungen für Berater, Projektleiter und Coaches zugrunde gelegt und nach Fach-, Methoden- und Sozialkompetenz unterteilt. Obwohl Fachkompetenz außerhalb der Personalbeurteilung ein eher ungeeignetes Beurteilungskriterium darstellt, gab es in diesem Fall stichhaltige Gründe für die Verwendung dieses Kriteriums. So wurde Fachkompetenz primär unter dem Aspekt des (fachlichen) Wissens- und Erfahrungsaustausches definiert, also der Fähigkeit und Bereitschaft, bereits erarbeitete Lösungen und erworbenes Know-how integrativ und zielgerichtet in die Projektarbeit einfließen zu lassen und nicht mit abrufbarem persönlichem Wissen gleichgesetzt. Die Grenze zur Methodenkompetenz gestaltet sich daher an dieser Stelle fließend.

Ausgangssituation war hierbei, daß bei einer Vielzahl von Projekten (überwiegend unwissentlich) immer wieder die gleichen Lösungen für die gleichen Problemstellungen neu erarbeitet wurden. Die Rückmeldung der wie oben definierten Fachkompetenz wurde unter dem Aspekt der Förderung einer konstruktiven Zusammenarbeit und der Vermeidung von Doppelaufwand sowie dem gemeinsamen Aufbau einer abteilungsübergreifenden Wissensbasis gesehen.

Die nachfolgenden Beispiele für einen rollenspezifischen Gesprächsleitfaden erheben keinen Anspruch auf Vollständigkeit. Die Fragen beziehen sich auf beobachtbares Verhalten und nicht auf vage beschreibende Begriffe wie »umsichtig« oder »kollegial«. Da die Leitfäden für den persönlichen vertrauensvollen Austausch der Mitarbeiter gedacht sind, standen testmethodische Fragestellungen nicht im Vordergrund. Das Gesprächsziel besteht darin, die Eigenwahrnehmung um die Wahrnehmung durch andere zu ergänzen und den persönlichen vertrauensvollen Austausch zwischen den Mitarbeitern zu fördern.

Gesprächsziel ist, die Eigenwahrnehmung um die Fremdwahrnehmung durch andere zu ergänzen und den persönlichen vertrauensvollen Austausch zu fördern

Die geschlossenen Fragen erleichtern den Gesprächseinstieg und werden im Vorfeld vom Feedbacknehmer und Feedbackgeber beantwortet und im rechten Feld stichpunktartig erläutert. Fragen, deren Beantwortung personen- und/oder situationsspezifisch keinen Sinn ergibt, werden einfach durchgestrichen.
Die nachfolgenden Abbildungen zeigen ein Beispiel aus einer Gleichgestelltenbeurteilung bzw. einem Kollegenfeedback für Berater (Abb. 7.24–7.27):

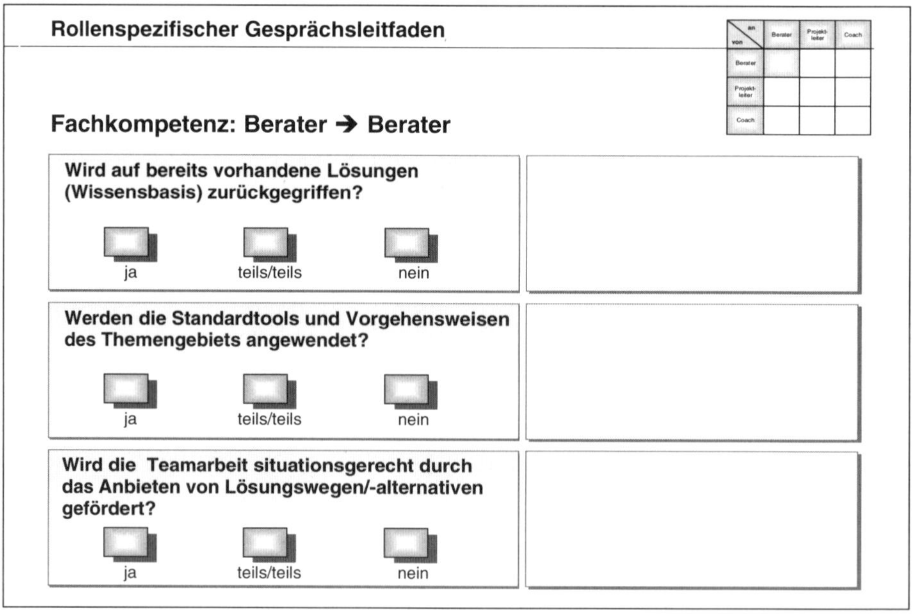

Abb. 7.24: Kollegenfeedback: Fachkompetenz (Quelle: In Anlehnung an Siemens AG EL, 1999)

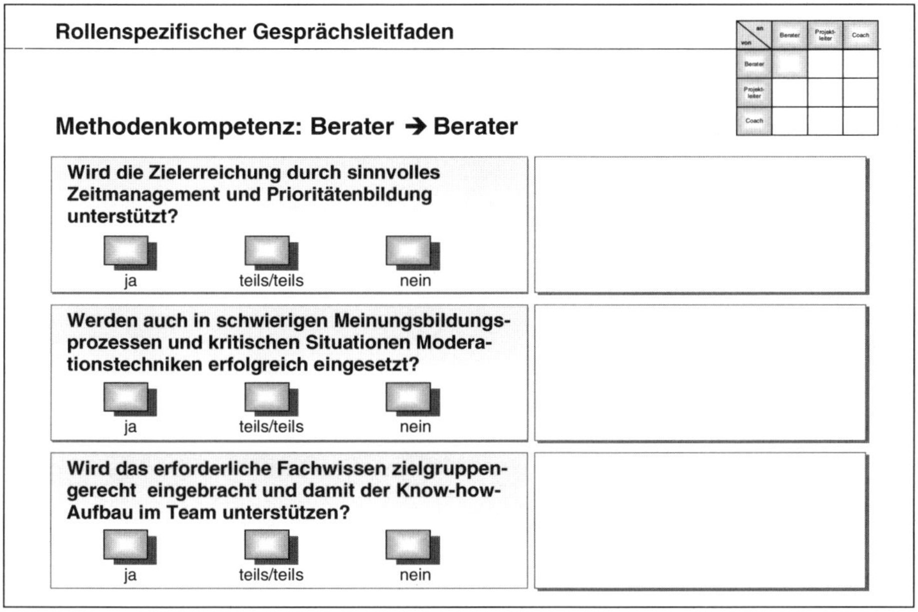
Rollenspezifischer Gesprächsleitfaden
an
von
Berater
Projekt-leiter
Coach
Berater
Projekt-leiter
Coach
Methodenkompetenz: Berater ➔ Berater
Wird die Zielerreichung durch sinnvolles Zeitmanagement und Prioritätenbildung unterstützt?
ja
teils/teils
nein
Werden auch in schwierigen Meinungsbildungsprozessen und kritischen Situationen Moderationstechniken erfolgreich eingesetzt?
ja
teils/teils
nein
Wird das erforderliche Fachwissen zielgruppengerecht eingebracht und damit der Know-how-Aufbau im Team unterstützen?
ja
teils/teils
nein

Abb. 7.25: Kollegenfeedback: Methodenkompetenz (Quelle: In Anlehnung an Siemens AG EL, 1999)

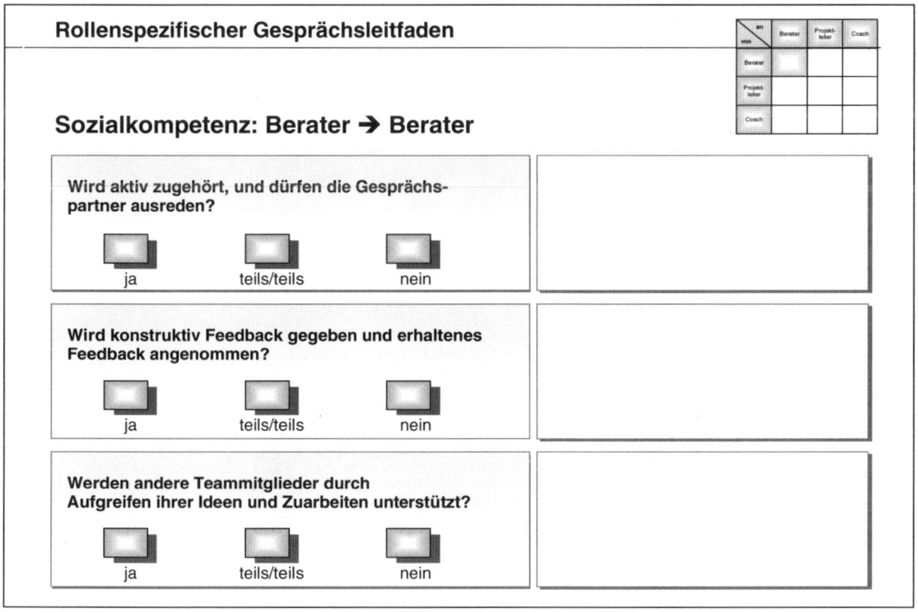
Rollenspezifischer Gesprächsleitfaden
an
von
Berater
Projekt-leiter
Coach
Berater
Projekt-leiter
Coach
Sozialkompetenz: Berater ➔ Berater
Wird aktiv zugehört, und dürfen die Gesprächspartner ausreden?
ja
teils/teils
nein
Wird konstruktiv Feedback gegeben und erhaltenes Feedback angenommen?
ja
teils/teils
nein
Werden andere Teammitglieder durch Aufgreifen ihrer Ideen und Zuarbeiten unterstützt?
ja
teils/teils
nein

Abb. 7.26: Kollegenfeedback: Sozialkompetenz (Quelle: In Anlehnung an Siemens AG EL, 1999)

Rollenspezifischer Gesprächsleitfaden

an / von	Berater	Projekt-leiter	Coach
Berater			
Projekt-leiter			
Coach			

Zusammenfassung: Berater → Berater

Was wurde in der Zusammenarbeit besonders positiv wahrgenommen?	***Kompetenz-zuordnung***

Verbesserungsvorschläge	***Kompetenz-zuordnung***

Abb. 7.27: Kollegenfeedback: Zusammenfassung
(Quelle: In Anlehnung an Siemens AG EL, 1999)

Wird ein Fragebogen im Rahmen einer anonymen Befragung verwendet, werden andere Anforderungen an das Verfahren gestellt. Zusätzlich wachsen die Anforderungen, wenn mit der 360 Grad Beurteilung ein Selektionsziel verbunden ist. Dies ist beispielsweise der Fall, wenn im Rahmen der Beurteilung des Projektleiters durch die Berater die Ergebnisse in die Personalbeurteilung einfließen.

7.1.4.4 Wie wird beurteilt?

Für die Durchführung der Beurteilung bieten sich viele Methoden an, die jeweils unternehmensindividuell und situationsabhängig ausgewählt werden müssen. In diesem Fall erfolgte eine Unterscheidung nach einer obligatorischen (verpflichtenden) und optionalen (freiwilligen) Vorgehensweise sowie einem dialogischen Feedback und einem Teamfeedback. Die Teamfeedbacks sollten im ersten Schritt unter der Leitung eines erfahrenen Moderators durchgeführt werden (Abb. 7.28).

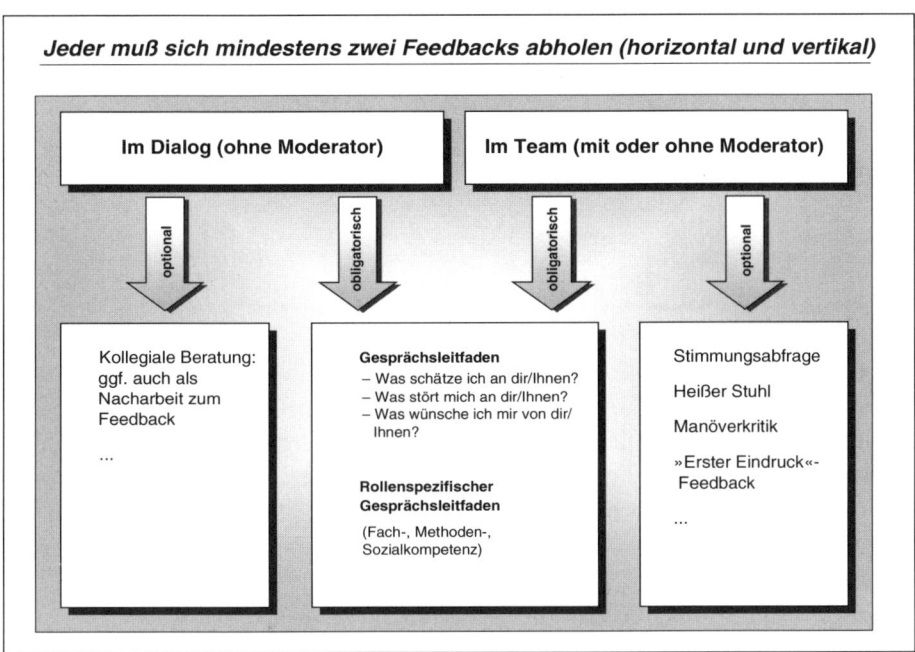

Abb. 7.28: Feedback: wie? (Quelle: in Anlehnung an Siemens AG EL, 1999)

Der (rollenspezifische) Gesprächsleitfaden kann sowohl im Workshop als auch im Dialog eingesetzt werden. Während im Workshop überwiegend Moderationskarten in Anlehnung an den Gesprächsleitfaden beschriftet (»Was schätze ich an dir/Ihnen?«, »Was stört mich an dir/Ihnen?«, »Was wünsche ich mir von dir/Ihnen?«) und ausgetauscht werden, kommt im dialogischen Feedback verstärkt der rollenspezifische Gesprächsleitfaden zur Anwendung.

Jeder Mitarbeiter muß sich jährlich mindestens zwei Feedbacks »abholen«. Dieses »Pflichtprogramm«, das auch integraler Bestandteil der Zielvereinbarung ist, schließt jedoch keinesfalls die Kür aus: soviel Feedback wie möglich zu nehmen und (auf Anfrage!) auch zu geben. Ein Feedback muß horizontal (Kollege oder Kunde/Lieferant), das andere vertikal (Mitarbeiter oder Führungskraft) erfolgen. Das vertikale Feedback ist richtungsunabhängig und kann daher sowohl von einer Führungskraft, die nicht gleichzeitig der disziplinarische Vorgesetzte sein muß, als auch von einem Mitarbeiter, der ebenfalls in keinem disziplinarischen Verhältnis stehen muß, eingeholt werden. Diese Vorgehensweise trägt insbesondere der besonderen Führungssituation in Projekten Rechnung, wo der Projektleiter oftmals keine disziplinarischen Befugnisse hat.

Das Pflichtprogramm schließt die Kür nicht aus: Soviel Feedback wie möglich nehmen und soviel Feedback (auf Anfrage!) wie möglich geben

7.1.5   Arbeitspaket 4: Projektwirkungs-Controlling

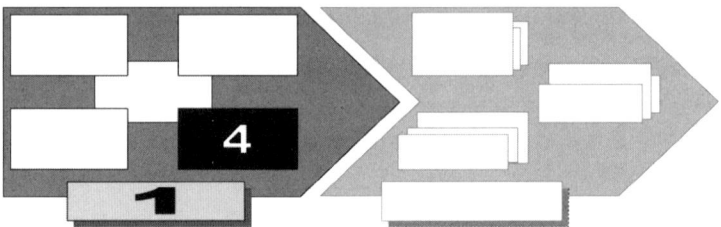

Im Rahmen der Erfolgskontrolle muß eine Systematisierung gefunden werden, die Entwicklungs- und Lernerfolge sowie deren Auswirkung auf die Zusammenarbeit und damit den Gesamterfolg der Organisation mißt. Hierbei dürfen keine vertraulichen Daten weitergegeben oder transparent gemacht werden. Darüber hinaus müssen die gleichen Fragen beantwortet werden, die sich bei der Evaluierung aller Personalentwicklungsmaßnahmen stellen (Neuberger, 1994):

- Wer evaluiert (Person, Gruppe, Abteilung, intern, extern)?
- In wessen Auftrag wird evaluiert (Unternehmensleitung, PE-Abteilung, Vorgesetzte)?
- Wo wird evaluiert?
- Wer oder was wird evaluiert (Personen, Instrumente/Methoden, Systeme)?
- Wie wird evaluiert (mündlich, schriftlich, welche Methoden)?
- Welche Ziele verfolgt die Evaluation?
- Kosten-Nutzen-Analyse der Evaluation, d. h., welche personellen, finanziellen und zeitlichen Ressourcen sind dafür vorhanden?

Diese Fragen sind organisations- und situationsspezifisch zu entscheiden. Die in diesem Praxisprojekt gewählte Vorgehensweise konzentrierte sich auf die Entwicklungs- und Lernerfolge, die im Rahmen der 360 Grad Beurteilung erzielt wurden.

Die Frage nach dem Wertschöpfungsbeitrag einer 360 Grad Beurteilung ist nur schwer unmittelbar zu beantworten. Im Fall des Kommunikationsziels ist es noch schwerer, quantifizierbare Kenngrößen zu finden, da diese weder transparent noch zugänglich sind. Geht man von den drei nachfolgenden Kontrollbereichen (Mentzel, 1997) von Personalentwicklungsmaßnahmen im allgemeinen aus, bietet sich für den Fall der 360 Grad Beurteilung der Weg der Erfolgskontrolle an.

- **Erfolgskontrolle:**

Ausrichtung auf Entwicklungs- und Lernerfolge. Es soll hierbei festgestellt werden, inwieweit die angestrebten Qualifikationsveränderungen inkl. deren Auswirkungen auf Arbeitseinsatz und -verhalten von Erfolg gekennzeichnet waren.

- **Rentabilitätskontrolle:**

Hier kann man von einer Kosten-Nutzen-Rentabilität sprechen, indem man den Erfolg der PE-Investitionen zu messen versucht.

- **Kostenkontrolle:**

Vermittelt Informationen über Art, Umfang und Verursachung der entstandenen Kosten und erleichtert durch Kostenvergleichsrechnung Alternativentscheidungen.

Die Lernkontrolle kann während oder am Ende einer Entwicklungsmaßnahme bzw. eines Feedbacks stattfinden. Die wichtigste Kontrolladresse sind hierbei die Teilnehmer selbst. Maßstab für den Lernerfolg ist der Grad der Lernzielerreichung. Diese Form macht insbesondere im Fall des Kommunikationsziels Sinn, da die Entwicklung eines jeden einzelnen auch die Voraussetzung für die Erreichung des Gesamtziels der lernenden Organisation ist. Grundidee ist hierbei, daß sich der einzelne, dadurch das Team bzw. die Abteilung und damit die gesamte Organisation, weiterentwickeln kann. Daher wurde auch nach folgenden »Meßobjekten« unterschieden:
- der einzelne Mitarbeiter,
- das Team,
- die Abteilung und,
- die Gesamtorganisation.

Das genauere Vorgehen hierzu wird in Kapitel 7.2.3 »Wirkung sicherstellen« beschrieben.

7.2   Projektphase 2: Roll-out und Implementierung

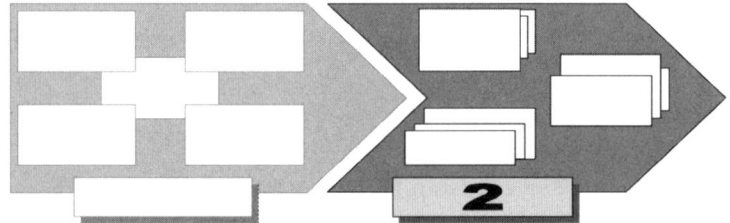

In Phase 2 werden die Beteiligten geschult, die Beurteilungsgespräche durchgeführt und die damit erzielte Wirkung sichergestellt. Die Entscheidung darüber, wer zu welchem Verfahren (Personal-, Aufwärts-, Gleichgestelltenbeurteilung) in welcher Intensität geschult wird, beruht zum überwiegenden Teil auf finanziellen Überlegungen, da umfassende Schulungsmaßnahmen auf den ersten Blick äußerst kostenintensiv erscheinen. Die Bedeutung einer positiven Wechselwirkung zwischen konzentrierten Schulungen und der Akzeptanz bei den Beurteilern und den zu Beurteilenden wird häufig unterschätzt.

Gezielte Schulungen unterstützen die erfolgreiche Implementierung des Beurteilungssystems nachhaltig und sind daher ein kritischer Erfolgsfaktor

Die Akzeptanz der »Anwender« ist jedoch die Voraussetzung für eine erfolgreiche Implementierung des gesamten Beurteilungssystems. Gezielte Schulungsmaßnahmen sind somit ein kritischer Erfolgsfaktor. Daher müssen nicht nur die Vorgesetzten, sondern auch die Mitarbeiter in der Durchführung der Personalbeurteilung bzw. eines Beurteilungsgesprächs geschult werden. Zudem sollten die Beteiligten auf die Aufwärts- und Gleichgestelltenbeurteilung vorbereitet werden. Idealerweise werden solche Themen bereits im Rahmen des Kommunikationskonzepts behandelt. Hier sollte auch schon der grobe Zeitplan der Schulungen, Durchführung der Gespräche sowie für die Sicherstellung der erzielten Wirkung festgelegt werden.

In den meisten Fällen empfiehlt sich eine sequentielle Abfolge der Schulungen und Beurteilungsgespräche. d. h., die Mitarbeiter und Vorgesetzten werden überwiegend parallel geschult, so daß die ersten Gespräche schon vor Abschluß der gesamten Schulungsmaßnahmen stattfinden können. Auf diese Weise wird auch eine längere »Stillstandszeit« zwischen Konzeption und Implementierung des Beurteilungssystems vermieden.
Im nachfolgenden Teil wird der Ablauf eines Seminars zur Durchführung des (Personal-)Beurteilungsgesprächs exemplarisch aufgezeigt. Ziele, Inhalte und Bausteine dieses Seminars sind (in modifizierter Form) auch für die Vorbereitung auf die Aufwärts- und Gleichgestelltenbeurteilung geeignet.

Da in den Seminaren überwiegend sehr sensible Fragestellungen behandelt werden, müssen die Anforderungen an die Moderatoren bzw. Trainer im Vorfeld genau definiert und eine sorgfältige Auswahl getroffen werden.

7.2.1 Beurteilungsgespräch trainieren

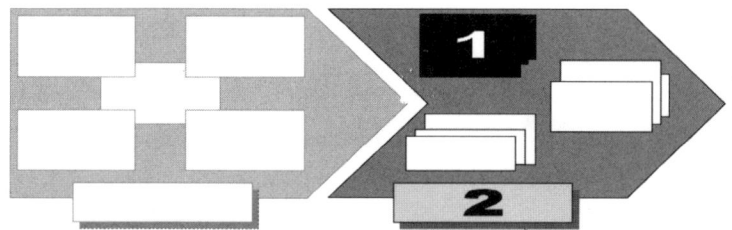

Bei der Zusammensetzung der Seminare sollte darauf geachtet werden, daß jeweils Vorgesetzte aus einer Hierarchiestufe und mit ähnlicher Führungssituation gemeinsam geschult werden. Auch die Mitarbeiter sollten nach organisatorischen Gemeinsamkeiten ausgewählt werden. Dies bietet den Vorteil, daß die Schulungen sehr praxisnah durchgeführt werden können.

Die Inhalte der Schulungen (das »Was«) ist teilnehmerunabhängig, die Vermittlung (das »Wie«) variiert teilnehmerspezifisch

Unabhängig davon, ob es sich bei den zu schulenden Teilnehmern um Vorgesetzte aus dem Topmanagement oder um Mitarbeiter aus der operativen Ebene handelt, sollten Ziele und Inhalte (das **»Was«**) der Schulungen gleich sein. Einzig die Vermittlung der Inhalte (das **»Wie«**) variiert je nach Teilnehmerkreis.

Ziele

Die wesentlichen Ziele der Schulungen lassen sich wie folgt zusammenfassen:
- Die Teilnehmer kennen Nutzen und Wirkung des Beurteilungssystems bzw. der Personalbeurteilung;
- die Teilnehmer können konstruktiv Feedback geben und empfangen;
- die Teilnehmer können die Ergebnisse aus dem Beurteilungsprozeß messen und sind damit in der Lage, eine kontinuierliche Weiterentwicklung zu betreiben.

Inhalte und Methoden

Neben den Informationen zum Beurteilungssystem bzw. zur Personalbeurteilung sollte auch Grundwissen über die Psychologie, insbesondere über die Gesetzmäßigkeiten der Wahrnehmung von Menschen und deren Reaktion auf Ziele und Feedback, erklärt werden. Ein weiterer integraler Bestandteil ist zudem die Vermittlung der Feedbackregeln in Form von »maßgeschneiderten« Rollenspielen (Abb. 7.29).

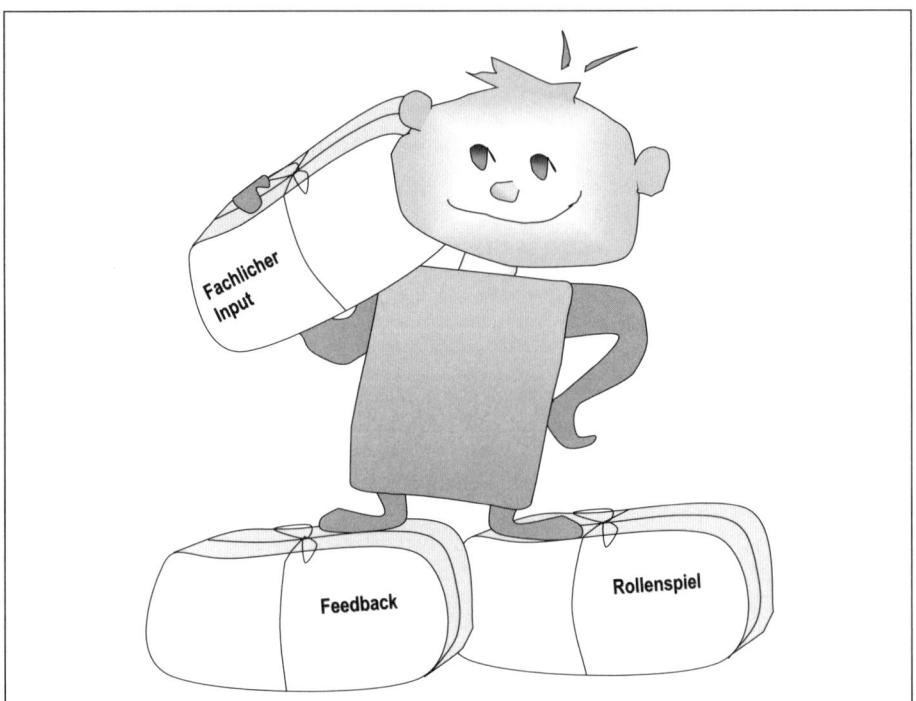

Abb. 7.29: Bausteine für Schulungsmaßnahmen

7.2.1.1 Fachlicher Input

Der fachliche Input sollte Informationen zum Projekt »Beurteilungssystem« und die Vermittlung psychologischer und methodischer Grundlagen umfassen. Der Detaillierungsgrad der jeweiligen Inhalte variiert hierbei je nach Teilnehmerkreis. Wesentliche Bestandteile dieses Bausteins sind:

- Notwendigkeit aus wirtschaftlicher Sicht: Zusammenhang zwischen dem Beurteilungssystem und dem Erreichen der Unternehmensziele;
- Notwendigkeit aus psychologischer Sicht: Wechselwirkung von Motivation, Zielen und Rückmeldung;
- Ablauf, Inhalte und Konsequenzen der Personalbeurteilung;
- Entstehung von Beurteilungsfehlern, Fehlertypen und ihren Ursachen;
- Gesprächsführung, Konfliktmanagement und Feedbackregeln.

7.2.1.2 Feedback

Feedback ist die Rückmeldung über die Wahrnehmung einer Person durch eine andere und stellt damit die Basis für die Veränderung des eigenen Verhaltens dar. In den Schulungen muß in diesem Zusammenhang vor allem vermittelt werden, daß ein Feedback keine allgemeingültige Aussage ist, sondern die Mitteilung, wie Verhalten oder die Auswirkungen des Verhaltens wahrgenommen und erlebt worden sind. Eine konstruktive Zusammenarbeit ist dadurch geprägt, daß sich die Mitarbeiter gegenseitig ihre Eindrücke mitteilen, die sie

Man wird nicht nach seiner Absicht beurteilt, sondern nach seiner Wirkung. Die Wirkung wird beim Empfänger erzeugt!

voneinander haben, was ihnen bei der Klärung und Verbesserung der zwischenmenschlichen Beziehungen hilft (Fengler, 1998). Das Ziel eines Feedbacks besteht daher auch nicht in einer zeitintensiven Auseinandersetzung über »Recht oder Unrecht«. Vielmehr muß in einem offenen Dialog das »erlebte Verhalten« und die dadurch erzeugte Wirkung aufgezeigt werden. Hierzu gibt es Regeln, die diesen sensiblen Prozeß unterstützen (Abb. 7.30). Ein Feedback sollte demnach folgende Eigenschaften aufweisen (Antons, 1998):

Abb. 7.30: Feedbackregeln (Quelle: in Anlehnung an Antons, 1998)

- **Beschreibend:**

Das steht im Gegensatz zu bewertend, interpretierend oder motivesuchend. Indem man seine eigene Reaktion beschreibt, überläßt man es dem anderen, diese Information nach seinem Gutdünken zu verwenden. Indem man moralische Bewertungen unterläßt, vermindert man im anderen den Drang, sich zu verteidigen und die angebotene Information abzulehnen.

- **Konkret:**

Das steht im Gegensatz zu allgemein.

Beispiel: Wenn man jemandem sagt, er sei dominierend, so hilft ihm das vielleicht viel weniger, als wenn man sagt: »Gerade jetzt, wo wir in dieser Sache zu einer Entscheidung kommen wollten, hast du nicht auf das gehört, was andere sagten, und ich hatte das Gefühl, daß du mich angreifen würdest, wenn ich deinen Argumenten nicht zustimme.«

- **Brauchbar:**

Es muß sich auf Verhaltensweisen beziehen, die der Empfänger zu ändern fähig ist. Wenn jemand auf Unzulänglichkeiten aufmerksam gemacht wird, auf die er keinen wirksamen Einfluß ausüben kann, fühlt er sich nur um so mehr frustriert.

- **Erbeten:**

Das steht im Gegensatz zu aufgezwungen. Feedback ist dann am wirksamsten, wenn der Empfänger selbst die Frage formuliert hat, auf die der Beobachter ihm dann antwortet.

- **Zur rechten Zeit:**

Normalerweise ist Feedback um so wirksamer, je kürzer die Zeit zwischen dem betreffenden Verhalten und der Information über die Wirkung dieses Verhaltens ist. Es müssen jedoch auch noch andere Gegebenheiten berücksichtigt werden, z. B. die Bereitschaft dieser Person, solche Informationen anzunehmen, die mögliche Hilfe von anderen usw.

- **Klar und genau formuliert:**

Das kann man nachprüfen, indem man den Empfänger auffordert, die gegebene Information mit eigenen Worten zu wiederholen und dann seine Antwort mit der Intention des Beobachters vergleicht.

- **Korrekt:**

In einer Gruppe haben sowohl der Beobachter als auch der Empfänger des Feedbacks die Möglichkeit, die mitgeteilte Beobachtung nachzuprüfen, indem auch die anderen Mitglieder der Gruppe nach ihren Eindrücken befragt werden. Dadurch werden mögliche Fehler und Ungenauigkeiten vermieden.

• **Angemessen:**

Feedback kann zerstörend wirken, wenn wir dabei nur auf unsere eigenen Bedürfnisse schauen und die Bedürfnisse der anderen Person, der wir diese Information geben wollen, nicht genügend berücksichtigt werden. Angemessenes Feedback muß daher die Bedürfnisse aller beteiligten Personen in rechter Weise berücksichtigen.

Ein Feedback muß die Bedürfnisse aller beteiligten Personen in rechter Weise berücksichtigen

Zur Unterstützung eines Feedbackprozesses empfiehlt sich ein Leitfaden (Abb. 7.31):

Feedback-Leitfaden		
Für den Geber:		**Für den Nehmer:**
Inhalte:		**Inhalte:**
Wahrnehmung:	Was habe ich gesehen, was habe ich gehört?	Wahrnehmung: Nicht argumentieren und verteidigen.
Beurteilung:	Was hat mir gefallen, was hat mich gestört?	Beurteilung: Bitte keine lange Rechtfertigung. Denk daran, daß es die Meinung einer Person ist.
Konsequenzen:	Was wünsche ich mir, was könnte anders sein?	Konsequenzen: Nimm an, was du brauchst. Sieh es als Chance zu lernen.
Form:	zeitnah, persönlich, veränderbar	**Form:** nur zuhören, nachfragen und klären

Abb. 7.31: Feedback-Leitfaden

Das Beurteilungsgespräch ist integraler Bestandteil eines kontinuierlichen Feedbackprozesses. Es stellt eine Standortbestimmung zwischen Vorgesetztem und Mitarbeiter dar. Der Vorgesetzte sollte hierzu umfassend auf die Leistung des Mitarbeiters eingehen, soweit dies in annähernd

Das Beurteilungsgespräch ist integraler Bestandteil eines kontinuierlichen Feedbackprozesses

objektivierbarer Weise möglich ist, und dabei Stärken und Schwächen konkret benennen. Zugleich kann er eine ganz persönliche Stellungnahme abgeben, welche Wirkung das Verhalten des Mitarbeiters bei ihm erzeugt. Dieser Prozeß muß von beiden Seiten gewollt sein, bzw. der Sinn muß für beide Seiten erkennbar sein.

7.2.1.3 Rollenspiel

Die konkrete Durchführung eines Beurteilungsgesprächs wird am besten in Form eines Rollenspiels eingeübt. Hierzu müssen teilnehmerspezifische Fälle konzipiert werden. So sind beispielsweise für Mitarbeiter aus dem gewerblichen Bereich andere Themen relevant als für Teilnehmer aus dem dispositiven Kreis.

Die Instruktionen für die Durchführung des Rollenspiels sollten allen Teilnehmern bereits im Vorfeld des Workshops zugegangen sein. In diesen Unterlagen sollten sich folgende Angaben befinden:
1. Situation und Hauptaufgaben der Organisationseinheit bzw. der Abteilung
2. Rollenbeschreibung für den Mitarbeiter
3. Rollenbeschreibung für den Vorgesetzten
4. Regieanweisung
5. Checkliste für das Beurteilungsgespräch

Während die Hauptaufgaben der Organisationseinheit bzw. Abteilung und die Rollenbeschreibungen zumeist »frei erfunden« sind, ist die Checkliste für das Beurteilungsgespräch mit dem tatsächlich eingesetzten Formblatt identisch. Das nachfolgende Beispiel zeigt einen möglichen Aufbau der Vorbereitungsunterlagen zum Rollenspiel.

1. Situation und Hauptaufgaben der Organisationseinheit bzw. der Abteilung

Situation und Hauptaufgaben der Organisationseinheit bzw. der Abteilung

❏   ist die Visitenkarte des Unternehmens nach außen

❏   ist maßgeblich für den Umsatz und die Qualität der Aufträge und

❏   ist Plattform zwischen Kunden (extern) und Produktentwicklung/
Produktion (intern)

Abb. 7.32: Rollenspiel: Beispiel für die Situation und Hauptaufgaben der Organisationseinheit bzw. Abteilung

2. Rollenbeschreibung für den Mitarbeiter »Heinz Schmidt«

Sie sind Sachbearbeiter einer technischen Vertriebsabteilung. Im Beurteilungsgespräch steht für Sie Ihre berufliche Entwicklung im Vordergrund. Sie kennen Ihre fachlichen Stärken und fühlen sich aufgrund Ihrer Wirtschaftsingenieurausbildung zum Generalisten befähigt. Sie denken, daß dies sowohl Ihre technischen als auch kaufmännischen Kollegen zu schätzen wissen, auch wenn einige Kollegen Ihnen manchmal mangelnde Bereitschaft zum Zuhören oder die Neigung zu vorschnellen Entscheidungen vorgeworfen haben.

Ihr Engagement ist hoch: Lange Arbeitszeiten und Überstunden machen Ihnen nichts aus. Langfristig streben Sie eine Führungsposition an, allerdings sind Sie erst seit acht Monaten in Ihrer jetzigen Funktion.

Um so wichtiger ist Ihnen das Aufzeigen von Entwicklungsperspektiven auf dem Weg zu Ihrem langfristigen Ziel.

Insgesamt geht Ihnen Ihre Karriereentwicklung ein bißchen zu langsam, vor allem weil Sie das Gefühl haben, daß einige Ihrer Kollegen mit Ihrem Engagement und Ihrer schnellen Auffassungsgabe nicht so recht mithalten können. Zu Ihrem Chef, Herrn Müller, haben Sie ein gutes Verhältnis; bisher gab es keinerlei Probleme in Ihrer Zusammenarbeit. Sie schätzen besonders die Freiräume, die er Ihnen gewährt.

Mit folgender Äußerung steigen Sie in das Rollenspiel ein:

»Ich bin jetzt seit mehreren Jahren in der Firma. Sie haben schon häufig meine Ergebnisse positiv bewertet. Welche Entwicklungschancen habe ich denn nun eigentlich?«

Bitte halten Sie das Ziel, das Sie in diesem Beurteilungsgespräch erreichen wollen, vor Beginn schriftlich fest.

3. Rollenbeschreibung für den Vorgesetzten »Karl Müller«

Ihr Mitarbeiter, Herr Heinz Schmidt, wurde von den anderen Führungskräften in der Beurteilungsrunde vorwiegend positiv gesehen. Dank seiner engagierten Art war er den meisten anderen Führungskräften bekannt, obwohl er erst relativ kurze Zeit bei Ihnen arbeitet. Geschätzt werden seine Fachkompetenz, sein sicheres Auftreten und seine schnelle Auffassungsgabe. Die Kollegen aus den technischen Abteilungen äußerten sich sehr positiv zu Herrn Schmidts technischem Sachverstand. Die kaufmännischen Kollegen lobten seinen präzisen Umgang mit Wirtschaftsdaten.

Fachkompetenz und Engagement schlagen bei Herrn Schmidt allerdings manchmal in Überheblichkeit und Ungeduld um. »Mangelnde Bereitschaft zum Zuhören« und »voreilige Lösungen« lauten einige Feedbacks. Sie haben in der Beurteilungsrunde den Eindruck gewonnen, daß Herr Schmidt manchmal zu schnell auf Lösungen drängt, ohne dabei alle notwendigen Einflußfaktoren zu berücksichtigen. So äußerte sich der Entwicklungsleiter für Systemmodule kritisch über einen Vorfall: Herr Schmidt hatte das Angebot einer französischen Unternehmergruppe favorisiert und bereits die Beschaffung eingeleitet. Die Fachleute der Entwicklungsabteilung konnten ihn in letzter Minute von einem wesentlich besseren Angebot aus Taiwan überzeugen. Dies war einer von mehreren Vorfällen, die Ihnen bis zur Beurteilungsrunde nicht bekannt waren.

Da Herr Schmidt erst vor einem Jahr eine deutliche Gehaltserhöhung bekommen hat, sehen Sie keine Notwendigkeit, ihn jetzt schon wieder überdurchschnittlich zu fördern. Dies wurde von allen Beteiligten der Beurteilungsrunde bestätigt. Vielmehr möchten Sie mit ihm über einen gezielten Kompetenzaufbau und seine weitere berufliche Entwicklung sprechen. Bei allem Potential muß Herrn Schmidt verdeutlicht werden, daß er nur dann in Richtung Führungsfunktion gefördert werden kann, wenn er noch mehrere Job-Rotations durchlaufen und seine Führungskompetenz verbessert hat.

Ihr Verhältnis zu Herrn Schmidt ist gut. Sie schätzen seine Stärken, häufig hat er Ihnen durch seine selbständige Arbeitsweise den Rücken freigehalten. Mit zunehmender Erfahrung wird Herr Schmidt aus Ihrer Sicht in eine Führungsfunktion hineinwachsen. Sie haben mit Herrn Schmidt bisher über seinen Verantwortungsbereich sowie die Ziele und Ergebnisse seiner Arbeit gesprochen. Bevor Sie jedoch über seine Fähigkeiten (inkl. dem kritischen Feedback aus der Beurteilungsrunde) sprechen können, konfrontiert Sie Herr Schmidt mit folgender Äußerung:

»Ich bin jetzt seit mehreren Jahren in der Firma. Sie haben schon häufig meine Ergebnisse positiv bewertet. Welche Entwicklungschancen habe ich denn nun eigentlich?«

An dieser Stelle steigen Sie in das Rollenspiel ein.

Bitte halten Sie das Ziel, das Sie in diesem Ausschnitt des Beurteilungsgesprächs erreichen wollen, schriftlich fest.

4. Regieanweisung

Die Rollenspiele finden im Plenum statt. Im Anschluß an das Rollenspiel erhalten zuerst die »Akteure« die Gelegenheit, das Rollenspiel anhand der Fragen »Was lief gut, was lief nicht so gut?« zu reflektieren. In diesem Zusammenhang erläutern sie auch ihre Ziele, die sie in dem Beurteilungsgespräch erreichen wollten. Anschließend werden die »Beobachter«, also das Plenum, befragt. An dieser Stelle wird die Möglichkeit gegeben, die Feedbackregeln am konkreten Fall einzuüben. Der Moderator sollte hierbei mitnotieren, was von den Teilnehmern positiv und was weniger positiv erlebt wurde. Im nächsten Schritt werden dann Alternativen (unter Berücksichtigung der im Rahmen des fachlichen Inputs vermittelten Methoden zur Konfliktlösung und Gesprächsführung) für die konstruktive Durchführung des Gesprächs erarbeitet.

5. Checkliste für das Beurteilungsgespräch

Da die Checkliste für das Beurteilungsgespräch mit dem tatsächlich eingesetzten Formblatt korrespondiert, wird sie im nachfolgenden Kapitel 7.2.2 »Beurteilungsgespräch durchführen« an der entsprechenden Stelle behandelt.

7.2.2 Beurteilungsgespräch durchführen

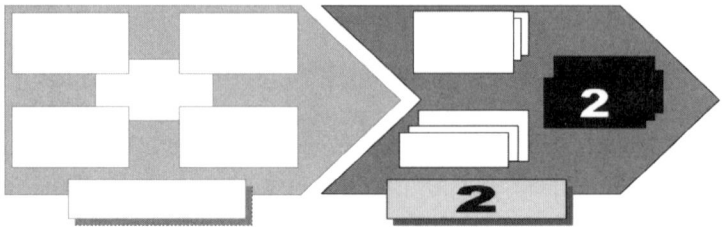

*Beurteilungs-
gespräche sind
zentrale Werkzeuge
und Dienstleistun-
gen zur Gestaltung
der Arbeitswelt*

In diesem Kapitel werden mögliche Vorgehensweisen für die Beurteilungsgespräche im Rahmen der Personalbeurteilung sowie für die Aufwärts- und Gleichgestelltenbeurteilung vorgestellt. Unabhängig vom jeweiligen Verfahren sind Beurteilungsgespräche wichtige Werkzeuge und Dienstleistungen zur Gestaltung der Arbeitswelt. Sie müssen daher, ebenso wie jede Dienstleistung, einen hohen Qualitätsstandard aufweisen.

7.2.2.1 Von oben: Personalbeurteilung

Im Rahmen der Personalbeurteilung muß der Mitarbeiter die Führungskraft über seine Vorstellungen informieren. Der Vorgesetzte wiederum sollte dem Mitarbeiter transparent machen, wie er seine Leistung und Kompetenz sieht. Diese Einschätzung sollte – wenn möglich – nicht nur die Sicht der direkten Führungskraft, sondern auch anderer Führungskräfte aus dem Umfeld des Mitarbeiters einbeziehen (z. B. Beurteilungsrunde). In diesem Zusammenhang muß unbedingt klargemacht werden, daß es sich um eine Einschätzung aus heutiger Sicht handelt, die sich in Abhängigkeit von den zukünftigen Leistungen und Anforderungen wieder ändern kann.

Dieses (Orientierungs-)Gespräch zwischen Vorgesetztem und Mitarbeiter dient also der Standortbestimmung für die Aufgabenerfüllung, der Vereinbarung künftiger Arbeitsschwerpunkte und Ziele des Mitarbeiters sowie der Definition der dazu notwendigen Unterstützung durch den Vorgesetzten. Im Vorfeld dieses ca. zwei- bis vierstündigen Gesprächs erfolgt anhand der bereits erwähnten Checkliste (Abb. 7.33) eine Selbsteinschätzung des Mitarbeiters sowie eine Fremdeinschätzung durch den Vorgesetzten. Die Selbsteinschätzung wird im Beurteilungsgespräch der Einschätzung des Vorgesetzten gegenübergestellt und diskutiert.

1. Worin besteht die **Aufgabenstellung?**
   - Worin bestehen die Ziele der Aufgabe?
   - Wie sollen diese Ziele erreicht werden?
   - Besteht über Ziele und Wege ein Konsens zwischen Vorgesetztem und Mitarbeiter?
   - Wird die besprochene Aufgabenstellung von beiden voll akzeptiert?

2. Worin liegen die besonderen **Erfolge bzw. Mißerfolge** des Mitarbeiters bei der Aufgabenerfüllung? (Bitte möglichst konkret darlegen, welche Ziele erreicht bzw. gar übertroffen und welche verfehlt wurden.)

3. Worin sieht der Vorgesetzte die **Gründe** der geschilderten positiven und negativen Ergebnisse? Sieht das der Mitarbeiter ähnlich? Stimmt er zu?

3.1 Gründe, die in den äußeren Umständen liegen
   - Ist die Aufgabenstellung klar?
   - Ist die Zielvereinbarung eindeutig?
   - Steht adäquates Arbeitsmaterial zur Verfügung?
   - Erhält der Mitarbeiter ausreichende Unterstützung und Information – auch durch den Vorgesetzten? u. ä. m.

3.2 Gründe, die in der Person des Beurteilten liegen
   - Leistungsfähigkeit (fachliche Kompetenz, Belastbarkeit, Organisation der eigenen Tätigkeit)
   - Verfügt der Mitarbeiter über das erforderliche Fachwissen?
   - Setzt er sein Wissen adäquat ein?
   - Benötigt er fremde Hilfe zur Erledigung seiner Aufgaben?
   - Hat er Wissen auch über benachbarte Arbeitsgebiete?
   - Plant und organisiert er seine Tätigkeit systematisch und umsichtig?
   - Unterscheidet er Wesentliches vom Unwesentlichen; kann er Prioritäten setzen?
   - Ist er bei starker Belastung zu konstanten Leistungsergebnissen fähig?
   - Ist er motiviert und engagiert?
   - „Beißt er sich durch", wenn sich innere und äußere Widerstände in den Weg stellen? u. ä. m.

4. Wie soll es künftig weitergehen? Wie ist Förderung möglich?
   - fachlich
   - persönlich

Abb. 7.33: Checkliste für das Beurteilungsgespräch (Quelle: v. Rosenstiel, 2000)

Die Selbsteinschätzung des Mitarbeiters ersetzt allerdings nicht das Beurteilungsgespräch. So läßt sich in der Praxis häufig beobachten, daß der Vorgesetzte nach einem kurzen »Pseudogespräch« die Selbsteinschätzung des Mitarbeiters einfach nur noch unterzeichnet. Soll das Beurteilungsgespräch ein wirklich nutzbringendes Führungsinstrument sein, muß im Zentrum der konstruktive Dialog zwischen Mitarbeiter und Vorgesetztem stehen. Hier muß geklärt werden, warum welche Ziele (nicht) erreicht werden konnten und was von wem zu tun ist, damit diese künftig erreicht werden können. In diesem Zusammenhang werden wieder neue Ziele für die Zukunft definiert. Hierunter fallen Ergebnisziele in quantitativer und qualitativer Hinsicht sowie fachliche und persönliche Ziele. Zu diesem Zweck werden auch Maßnahmen zum Kompetenzaufbau (z. B. Führungskräftetraining, Projektmitarbeit, Patenfunktion etc.) gemeinsam geplant und eine geeignete Vorgehensweise festgelegt (Abb. 7.34).

Vom Ritual zum Führungsinstrument

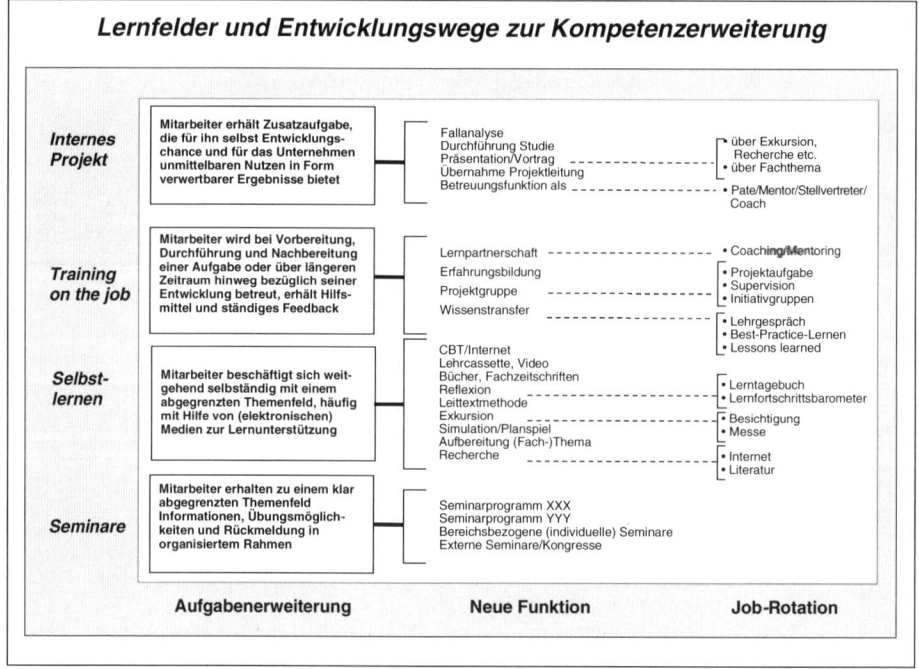

Abb. 7.34: *Lernfelder und Entwicklungswege zur Kompetenzerweiterung (Quelle: Siemens AG EL 1999)*

7.2.2.2 Von unten: Aufwärtsbeurteilung

Für die Durchführung der Aufwärtsbeurteilung gibt es mehrere Alternativen, zwischen denen jeweils unternehmensindividuell zu entscheiden ist. Die folgende Überblicksdarstellung (Abb. 7.35) zeigt einen Verlauf, wie er häufig bei der erstmaligen Durchführung bevorzugt wird.

Mitarbeiter als Beurteiler – der »Ernstfall« partizipativer Führung und Zusammenarbeit

Modul / Durchführung	1 Informationsrunde	2 Coaching-Gespräch	3 Workshop	4 Nachbearbeitung
Dauer	ca. 2–3 Stunden	ca. 2–3 Stunden	ca. 3–4 Stunden	ca. 1–2 Stunden
Teilnehmer	Mitarbeiter, Führungskraft und Moderator	Führungskraft und Moderator	Mitarbeiter, Führungskraft und Moderator	Führungskraft und Moderator
Inhalt	❑ Durchsprache des Ablaufs ❑ Durchsprache der Fragebögen ❑ Ausfüllen und Einsammeln der Fragebögen	❑ Vergleich Selbst-/Fremdeinschätzung ❑ Durchsprache und Interpretation der Ergebnisse ❑ erste Überlegungen zu Verbesserungen und Entwicklungsmaßnahmen ❑ Vorbereitung auf den Workshop	❑ Rückmeldung der Ergebnisse an die Mitarbeiter ❑ Diskussion der Ergebnisse ❑ Bereinigung von Problemen ❑ Formulierung von Verhaltenszielen ❑ Festlegung der weiteren Vorgehensweise	❑ Zusammenfassung der Ergebnisse ❑ Abschlußgespräch

Abb. 7.35: Mögliche Vorgehensweise bei der Durchführung einer Aufwärtsbeurteilung

Die einzelnen Module können teilweise auch unabhängig voneinander eingesetzt werden. Werden alle Module realisiert, sollte der Abstand zwischen Informationsrunde und Coachinggespräch nicht länger als 14 Tage sein. Ebenso sollten zwischen diesem Gespräch und dem Workshop nicht mehr als zwei Wochen verstreichen. Die zeitlichen Angaben bei den einzelnen Modulen sind nur Richtwerte. Ist beispielsweise lediglich ein Workshop ohne Informationsrunde und/oder Coachinggespräch geplant, muß mehr Zeit für den Workshop eingeplant werden. Der zeitliche Aufwand wird hingegen geringer sein, wenn das Verfahren schon häufiger eingesetzt wurde.

Der nachfolgend exemplarisch aufgezeigte Ablauf wurde jeweils mit ca. 10–15 Mitarbeitern durchgeführt. Als Ziel der gesamten Aufwärtsbeurteilung wurde der intensive Dialog zwischen Vorgesetzten und Mitarbeitern definiert, durch den die Führungskraft die Möglichkeit zur gezielten Weiterentwicklung ihres Führungsverhaltens erhält. In diesem Zusammenhang ist es ebenso wichtig, auch die erlebten Stärken des Führungsverhaltens herauszuarbeiten.

Nicht nur die Schwächen, sondern auch die Stärken müssen thematisiert werden

Die Aufwärtsbeurteilung bezieht sich nicht nur auf den Vorgesetzten mit disziplinarischen Befugnissen, sondern wird in der Praxis häufig auch im Fall des Projektleiters angewandt.

Dies gilt überwiegend dann, wenn ein Team länger als sechs Monate in einem Projekt zusammengearbeitet hat.

Unabhängig davon sollte die erstmalige Durchführung immer mit einem Moderator erfolgen. Die Hinzuziehung eines Moderators empfiehlt sich grundsätzlich dann, wenn

- eine gleichzeitige Steuerung des Prozesses durch den Vorgesetzten und die Mitarbeiter und Agieren als Betroffene nicht möglich erscheint;
- es wahrscheinlich ist, dass während des Workshops größere Konflikte ausbrechen, die die Teilnehmer nicht selbst bearbeiten und lösen können;
- es hilfreich ist, problematisches Führungsverhalten unparteiisch zu werten.

Die unterschiedlichen Rollenanforderungen des Moderators in den einzelnen Phasen der Beurteilung müssen klar voneinander abgegrenzt werden. So muß er sich als Trainer, Coach und dann wieder als Moderator bewegen können. Beispielsweise nimmt er im Coaching-Gespräch mit der Führungskraft die Rolle eines Coach ein, während er im Workshop die Rolle des Moderators bzw. des Trainers wahrnimmt. Werden diese Rollen nicht sauber voneinander getrennt und mit allen Beteiligten im Vorfeld klar festgelegt, sind Konflikte vorprogrammiert. So kann die vertrauliche Atmosphäre im Coaching-Gespräch beim Vorgesetzten zu der Erwartungshaltung führen, daß sich der Moderator im Workshop schützend vor ihn stellen bzw. den Workshop sehr »harmoniebetont« leiten wird. Entweder wird diese Erwartung nun erfüllt, was konsequenterweise den Groll der Mitarbeiter nach sich zieht, oder die Führungskraft sieht sich enttäuscht, was zu Aggression und Rückzug führen kann.

Die unterschiedlichen Rollen des Moderators in den einzelnen Beurteilungsphasen müssen ganz klar voneinander abgegrenzt sein

Modul 1: Informationsrunde

Bei der erstmaligen Durchführung ist es sinnvoll, mit einer Informationsrunde zu starten. Die Einladungen zu diesem Informationsgespräch sollten ca. drei Wochen vorher verschickt werden. In Projekt- und Beratungsorganisationen empfiehlt sich sogar ein Zeitraum von sechs Wochen, da die Mitarbeiter hier zumeist sehr viel unterwegs sind. Aus der Einladung sollten die wichtigsten Inhalte und Ziele der Informationsveranstaltung hervorgehen.

Diese »Inforunde« sollte auf ca. zwei bis drei Stunden angesetzt werden, damit auch wirklich alle Fragen geklärt werden können. Insbesondere beim ersten Durchgang ist vielen Teilnehmern neben Ziel und Ablauf des gesamten Prozederes auch der Hintergrund (Entstehung, Anzahl der eingebundenen Führungskräfte und Mitarbeiter, Einbettung in das Beurteilungssystem etc.) sowie Vergleiche mit anderen Organisationseinheiten bzw. Unternehmensbereichen wichtig.

Wird ein Fragebogen eingesetzt, sollte er sich deutlich von dem einer Mitarbeiterbefragung unterscheiden und sich nur auf das tatsächlich beobachtbare Führungsverhalten konzentrieren. Hierzu existieren in der empirischen Sozialforschung bereits eine Reihe bewährter Instrumente. Stellvertretend sei hier der FVVB (Fragebogen zur Vorgesetzten-Verhaltensbeschreibung) genannt, der 1971 von Fittkau-Garthe und Fittkau vorgestellt wurde und an dem sich heute noch viele Organisationen bei der Entwicklung eigener Beurteilungsinstrumente orientieren (Jöns, 1995). Der Fragebogen muß in zwei Varianten vorliegen: zum einen für die Selbsteinschätzung durch den Vorgesetzten und zum anderen für die Fremdeinschätzung durch die Mitarbeiter. Generell sollte bei der Konzeption darauf geachtet werden, daß

Nicht die Frage »Wer ist eine Führungskraft?«, sondern »Was tut eine Führungskraft?« ist zu beantworten

- beobachtbares Verhalten und nicht Eigenschaften abgefragt werden,
- nicht mehr als 10 Beurteilungsaspekte abgefragt werden,
- eine Skalierung von 1–5 nicht überschritten wird,
- für Fragen, deren Beantwortung im Einzelfall keinen Sinn ergibt, »keine Aussage« angekreuzt werden kann,
- die Möglichkeit für verbale Anmerkungen besteht,
- der Fragebogen mit den zwei offenen Fragen »Was empfinde ich besonders positiv in der Zusammenarbeit?« und »Was wünsche ich mir von meinem Vorgesetzten?« abschließt.

Zeitraubende Diskussionen über »Sinn und Unsinn« des ausgewählten bzw. auf die Organisationsspezifika modifizierten Fragebogens, die (teilweise bewußt) zu Lasten anderer, wichtigerer Fragestellungen gehen, lassen sich vermeiden, wenn zu Beginn der Veranstaltung bereits darauf hingewiesen wird, daß der Fragebogen nur eine »Katalysatorfunktion« erfüllt und als Diskussionsbasis für den Workshop dient. Darüber hinaus hat sich bewährt, kritische Anmerkungen bezüglich des Fragebogens von den Teilnehmern schriftlich festhalten zu lassen und dann an die entsprechende Stelle, zumeist die Personalabteilung, weiterzuleiten.

Die Ergebnisse aus der Befragung dienen vor allem als Diskussionsbasis für den Workshop

Die Teilnehmer sollten den Fragebogen »zügig und aus dem Bauch heraus« ausfüllen. Der Vorgesetzte muß an dieser Stelle noch einmal explizit darauf hingewiesen werden, daß er die Fragen dahingehend beantwortet, wie er sein Führungsverhalten selbst einschätzt und nicht so, wie es aus seiner Sicht auf die Mitarbeiter wirkt.

Die Alternative, den Fragebogen »daheim in aller Ruhe« auszufüllen, hat sich wenig bewährt, da zum einen die Rücklaufquote deutlich geringer ist und zum anderen Verständnisfragen nicht mehr geklärt werden können.

In den Inforunden wird oft mit Verweis auf die bereits weitgediehene »reife Unternehmenskultur« vorgeschlagen, den Namen auf den Fragebogen zu schreiben. Auch wenn dieser Wunsch kollektiv geäußert wird, sollte der Moderator auf der zugesagten Anonymität beharren. Sonst besteht die Gefahr, daß Mitarbeiter, die dies eigentlich nicht wollen, durch den erzeugten Gruppendruck dazu gezwungen werden. Am besten wird dieses Thema vom Moderator selbst gleich zu Beginn des Workshops angeschnitten.

Die zugesagte Anonymität muß unter allen Umständen gewahrt bleiben

Die Anonymität kann ohnedies bei Bedarf im Workshop jederzeit aufgehoben werden, indem die Teilnehmer die Ergebnisse aus eigener Sicht schildern und kommentieren.

Am Schluß der Inforunde sollten die Feedbackregeln noch erläutert werden und weiterführendes Material hierzu (wenn dies nicht bereits im Rahmen einer entsprechenden Schulung geschehen ist) als Vorbereitung für den Workshop an die Teilnehmer verteilt werden.

Das Coaching-Gespräch

Daten müssen so verarbeitet werden, daß sie zu verständlichen Informationen werden

Die Daten aus der Befragung sollten auf die spezifische Führungssituation hin interpretiert und anhand von konkreten Beispielen veranschaulicht werden (Scheinpflug, 1995). Für die Visualisierung wird häufig ein Balkendiagramm gewählt, in dem die Selbsteinschätzung des Vorgesetzten mit einem Kreuz, Punkt etc. gekennzeichnet ist (Abb. 7.36).

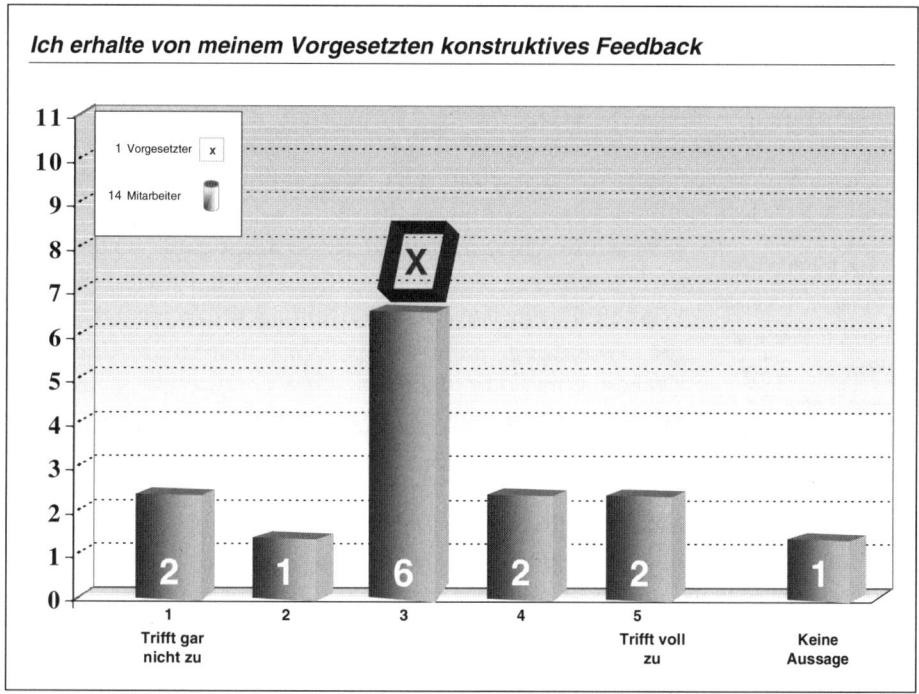

Abb. 7.36 Beispiel für die Visualisierung der Ergebnisse

Der Ausgestaltung dieses Coaching-Gesprächs kommt eine zentrale Bedeutung zu. Hier entscheidet sich, ob die Rückmeldung der Mitarbeiter Anstoß für eine Verhaltensänderung gibt oder zu einer »Verhärtung der Fronten« führt (Scheinpflug, 1995). Der Moderator sollte sich daher bereits im Vorfeld einen Gesprächs-Leitfaden überlegen. Bewährt haben sich hierbei beispielsweise folgende Fragestellungen:

Nicht die Schuldfrage, sondern die Chance auf ein verbessertes Führungsverhalten durch die Rückmeldung steht im Vordergrund

Wie sehen Sie das Verhältnis Selbst-/Fremdeinschätzung? Welche Konsequenzen ergeben sich hieraus für Sie?

Im ersten Schritt sollte der Moderator Meinungen und Interpretationen des Vorgesetzten einholen und erst im Anschluß daran eigene Interpretationen vorbringen. Die Ergebnisse sollten Frage für Frage durchgesprochen werden. Dabei ist die Reflexion des Führungsverhaltens im Hinblick auf einen notwendigen Änderungsbedarf erforderlich. Hilfreich ist hier die Stärken-Schwächen-Analyse. Bei dieser müssen jene Aspekte festgehalten werden, die von den Mitarbeitern zwar als störend wahrgenommen werden, bei denen vom

Vorgesetzten allerdings trotzdem kein Änderungsbedarf gesehen wird. Dies betrifft häufig den Wunsch der Mitarbeiter nach mehr Delegation von Verantwortung aufgrund zunehmender Führungsspannen (Scheinpflug, 1995).

An welchen Stellen glauben Sie persönlich etwas ändern zu können?
Wenn sich die Führungskraft in einer »Rechtfertigungsschleife« über die ungünstigen Rahmenbedingungen und Sachzwänge befindet, muß verdeutlicht werden, daß auf diese Weise keine persönlichen Ansatzpunkte zur Verhaltensänderung identifiziert werden können. In der Aufwärtsbeurteilung geht es ja gerade um die Ableitung persönlicher Verhaltensziele, das Aufdecken von Potentialen, die der Vorgesetzte selbst ausschöpfen kann, und nicht um Gründe außerhalb seines Einflußbereichs oder um eventuelle Fehleinschätzungen seiner Mitarbeiter. Trotzdem sollte dem Vorgesetzten an dieser Stelle auch erlaubt sein, teambezogene, strukturelle und organisatorische Einflußfaktoren zu reflektieren.

> *»Keiner kann einen anderen davon überzeugen, daß er sich ändern soll. Jeder bewacht sein Tor zur Veränderung, das nur von innen geöffnet werden kann.«*
> *(Merilyn Ferguson)*

So hat sich gezeigt, daß Führungskräfte, denen diese Möglichkeit im Coaching-Gespräch eingeräumt wurde, sich im Workshop diesbezüglich deutlich »disziplinierter« verhielten.

Wie haben Sie die Stimmung in der Inforunde erlebt, und welche Stimmung erwarten Sie im Workshop?

Hier sollten Moderator und Führungskraft die Eindrücke aus der Inforunde vergleichen und interpretieren. Daraus können Hinweise gewonnen werden, an welcher Stelle der Workshop vermutlich kritisch werden könnte. Dies ist besonders wichtig, wenn sich in der Inforunde Spannungen abzeichneten, die eindeutig in keinem unmittelbaren Zusammenhang mit der Aufwärtsbeurteilung stehen. Hierunter fallen beispielsweise Kollegenstreitigkeiten, die nicht durch das Führungsverhalten provoziert werden, sondern auf andere Ursachen zurückzugehen. Diese Konflikte sollten zwar nicht ignoriert, ihre Lösung aber auf einen anderen Zeitpunkt verschoben werden.

Welche Parallelen sehen Sie zwischen Verhaltenszielen in Ihrem Arbeitsleben und in Ihrem Privatbereich?

Werden Führungskräfte auf Verhaltensziele aus dem Privatbereich angesprochen, zeigt sich häufig, daß die geäußerte private Sicht zumeist klar formuliert ist. Dies gilt im besonderen Maße für Ziele auf dem sportlichen Gebiet. Auf dieser Basis fällt es vielen Vorgesetzten leichter, Parallelen zu den meist noch ungewohnten beruflichen Verhaltenszielen herzustellen, was sich auch auf den Workshop positiv auswirkt. Die Einteilung der Ziele sollte sich an folgenden Fragen orientieren:

- Können die Ziele selbst und sofort erreicht werden?
- Können die Ziele selbst und in absehbarer Zeit erreicht werden?
- Wird die Unterstützung des Teams/Chefs benötigt?
- Wird die Unterstützung des Unternehmens benötigt?

Modul 2: Workshop

Wird ein Workshop dieser Art das erste Mal durchgeführt, sollten vier Stunden Zeit für die Durchführung eingeräumt werden. Es empfiehlt sich den Workshop auf ca. 14.00 Uhr mit open end anzusetzen.

Nach einer kurzen Wiederholung der Feedback-Regeln, die für die gesamte Dauer des Workshops für alle Teilnehmer gut sichtbar angebracht sein sollten, werden die Ergebnisse präsentiert – meistens erst die graphischen Auswertungen und im Anschluß daran die verbalen Anmerkungen. Es empfiehlt sich, erst das Gesamtergebnis zu zeigen und dann Frage für Frage mit den Teilnehmern durchzugehen. An dieser Stelle sollte sich der Moderator mit Interpretationen zurückhalten. Die Ergebnisse sollten erst von den Mitarbeitern und dann vom Vorgesetzten kommentiert werden. Nur bei Klärungsbedarf werden die Resultate aus Sicht des Moderators kommentiert.

Häufig kommt es zu Beginn des Workshops seitens der Mitarbeiter zu Solidaritätsbezeugungen gegenüber dem Vorgesetzten. So zum Beispiel, daß die Mitarbeiter ja auch selbst an vielen Mißständen schuld seien etc. An dieser Stelle muß der Moderator konsequent auf das Workshop-Ziel, die Ableitung von Verhaltenszielen für den Vorgesetzten, verweisen. Natürlich können die Mitarbeiter ihrerseits Ziele definieren, wie sie die Führungskraft bei der Erreichung ihrer Verhaltensziele unterstützen könnten. Trotzdem sollten bei der Aufwärtsbeurteilung die Führungskraft bzw. ihre Verhaltensziele im Zentrum stehen. Der Verlauf der Diskussion wird in Stichpunkten auf Flipcharts mitnotiert. Es empfiehlt sich, Lösungsvorschläge andersfarbig festzuhalten, so daß am Ende des Workshops alle Lösungsansätze bereits übersichtlich visualisiert sind. Der Vorgesetzte formuliert mit Unterstützung seiner Mitarbeiter daraus dann seine relevanten Verhaltensziele.

Im Fokus der Aufwärtsbeurteilung stehen Verhaltensziele für den Vorgesetzten und nicht für die Mitarbeiter

Insgesamt sollten nicht mehr als drei bis fünf Ziele formuliert werden. Auch hier gilt, je weniger und konkreter, desto höher die Chancen einer erfolgreichen Umsetzung. Für die Formulierung und Aufbereitung bieten sich mehrere Alternativen an. So können beispielsweise die Ziele aufgelistet (Abb. 7.37) oder aber auch in Form eines Aktionsplanes (Abb. 7.38) festgehalten werden.

Maßnahmenkatalog aus einer Aufwärtsbeurteilung

- Vor gemeinsamen Auftritten beim Kunden treffe ich mit meinen Mitarbeitern intensive Absprachen.

- Ich gebe Hintergrundinfos bekannt, um mehr Transparenz zu schaffen.

- Nach einem gemeinsamen Auftritt bei einem Kunden gebe ich unmittelbar Feedback.

- Nach entscheidenden Veranstaltungen bereite ich die erzielten Ergebnisse auf und dokumentiere die gemeinsame Linie.

Abb. 7.37: Beispiel für Verhaltensziele

Die Führungskraft nimmt sich mehr Zeit für ihre Mitarbeiter.

<u>Wie war es bis jetzt?</u>
In der Abteilung gibt es viele Neuerungen. Es bleibt oft zu wenig Zeit, um diese den Mitarbeitern zu erklären. Es gab schriftliche Zusammenfassungen, die oft in den Schubladen der Mitarbeiter verschwanden, d.h. es waren viele einzelne Rückfragen bei der Führungsk4raft notwendig. Diese fielen aufgrund von Zeitmangel und in der Meinung, dass die Mitarbeiter die Unterlage ohnehin schriftlich besäßen, oft für die Mitarbeiter nicht zufriedenstellend aus.

<u>Konkrete Maßnahme zur Verbesserung:</u>
Neuerungen werden ab sofort den Mitarbeitern in regelmäßigen gemeinsamen Besprechungen vorgestellt. Auftretende Fragen können sofort in der Gruppe behandelt und zu erwartende Probleme gemeinsam diskutiert werden. So profitieren die Mitarbeiter voneinander und sind in der Lage, möglicherweise auftretende Fragen zum jeweiligen Thema im Team eigenständig zu lösen.

Dadurch verbleibt der Führungskraft mehr Zeit für Einzelgespräche mit den Mitarbeitern.

Abb. 7.38: Beispiel: Maßnahme aus dem Aktionsplan für die zukünftige Zusammenarbeit

Diese Listen sollten kopiert und dem Vorgesetzten und seinen Mitarbeitern als Protokoll und Erinnerungshilfe mitgegeben werden.

Am Schluß des Workshops wird der Termin (in den meisten Fällen drei bis sechs Monate später) für einen Nachfolge-Workshop festgelegt, in dem nachgesehen wird, was sich warum (nicht) verändert hat. Die gesamte Aufwärtsbeurteilung findet zumeist im Ein-bis-Zweijahres-Rhythmus statt.

Nachbereitungsgespräch

In diesem Gespräch werden die Ergebnisse und der Verlauf des Workshops sowie der gesamte Ablauf der Aufwärtsbeurteilung zwischen Moderator und Führungskraft reflektiert. Darüber hinaus werden eventuelle Veränderungen für den nächsten Durchgang besprochen.

Viele Unternehmen verzichten beim zweiten Durchgang bereits auf die Inforunde bzw. die Fragebogenaktion und führen nur noch einen Workshop durch.

7.2.2.3   Von der Seite: Gleichgestelltenbeurteilung

Im Rahmen der Gleichgestelltenbeurteilung wird nach zwei Beurteilergruppen unterschieden.

Zum einen in die Gruppe der sich gegenseitig beurteilenden **Kollegen**, also der Mitarbeiter, die

- Mitglieder einer begrenzten Einheit (Arbeitsgruppe, Projektgruppe) sind,
- der gleichen hierarchischen Stufe angehören und/oder
- ähnliche (Positionen) innehaben.

Zum anderen in die Gruppe der **Kunden** und/oder **Lieferanten**, die sich gegenseitig Rückmeldung geben. Dieses Feedback kann helfen, sich auf die jeweiligen Bedürfnisse besser einzustellen und auf diese Weise die Zusammenarbeit zu optimieren. Die direkte, intensive Kommunikation erweist sich dabei in vielen Fällen zielführender als fragebogengestützte Erhebungen zur Kunden- oder Lieferantenzufriedenheit. Dies gilt sinngemäß auch für die **internen Kunden** und/oder **internen Lieferanten**, also die vor- oder nachgeschalteten Abteilungen/Funktionen. Der gegenseitige Feedbackprozeß kann das Verständnis für die Arbeit und den damit verbundenen Problemstellungen der anderen Abteilungen fördern. So wird überprüft, ob die Arbeitsprozesse innerhalb der Organisation besser aufeinander abgestimmt werden können.

Für die Gestaltung und Durchführung der Gleichgestelltenbeurteilung exi-

Die direkte, intensive Kommunikation ist zumeist zielführender als fragebogengestützte Erhebungen

stieren zahlreiche Vorschläge und Alternativen, die vor allem im Zusammenhang mit gruppendynamischen Verhaltens- und Kommunikationstrainings diskutiert werden (Jochum, 1987). Viele dieser Methoden entstammen dem Bereich der Teamentwicklung, weshalb die Übergänge zwischen einer Gleichgestelltenbeurteilung und einer Teamentwicklung häufig fließend sind. Daher sollte auch an dieser Stelle nicht auf die Unterstützung eines professionellen Moderators verzichtet werden.

Im Gegensatz zur Teamentwicklung ist im Rahmen der Gleichgestelltenbeurteilung die Teilnahme des Team- bzw. Projektleiters besonders kritisch zu überlegen, da es durch die Vermischung der Aufwärts- und Gleichgestelltenbeurteilung sehr leicht zu einer Überfrachtung des Workshops kommen kann. Zudem sinkt auch meistens die Offenheit der Kollegen untereinander.

Im Fokus der Gleichgestelltenbeurteilung des hier geschilderten Praxisprojekts steht das kontinuierliche und konstruktive Feedback zwischen Kollegen. Neben der persönlichen Weiterentwicklung eines jeden einzelnen wird zudem auf die Verbesserung der Zusammenarbeit und damit auf die Aktivierung der Lernpotentiale des gesamten Teams abgezielt. Ein wesentlicher Schritt zur Erreichung dieses Kommunikationsziels wurde in maßgeschneiderten Workshops gesehen, in denen sich die Kollegen kalender-, projektablauf- bzw. ereignisgesteuert (vgl. Kapitel 7.1.4.2) anhand konkreter und aktueller Beispiele ihrer Zusammenarbeit Feedback geben (vgl. Hofmann, 1995). Je nach Teilnehmerzahl bzw. Teamgröße (von 6–18 Mitarbeitern) dauern die Workshops zwischen eineinhalb und drei Tage. Diese Angaben sind nur als grobe Richtwerte zu verstehen und müssen jeweils situationsspezifisch entschieden werden.

Weiterentwicklung des einzelnen, Verbesserung der Zusammenarbeit, Aktivierung der Lernpotentiale des gesamten Teams

Die gesamte Workshop-Reihe etablierte sich unter dem Namen »Feedback-Führerschein«. Der Vergleich mit einem äußerst vertrauten »Zertifikat« führte zu einem etwas unbefangeneren Umgang mit dem ungewohnten Thema »Feedback«. Viele kritische Situationen und »Regelverstöße«, sowohl in den Workshops als auch in der täglichen Zusammenarbeit, konnten durch entsprechende Vergleiche (»Konto in Flensburg«, »zu schnelles Fahren«, »bei Rot über die Ampel« etc.) ohne den Beigeschmack des »erhobenen Zeigefingers« kreativ »entschärft« und konstruktiv diskutiert werden. Darüber hinaus führte der im Anschluß an die Workshops ausgestellte »Feedback-Führerschein« zu einer höheren Identifikation mit dem Thema. Hierzu erhalten die Teilnehmer ein Zertifikat mit herausnehmbarer Führerscheinkarte (Abb. 7.39).

Abb. 7.39: »Feedback-Führerschein«

Das nachfolgende Programm zeigt die wesentlichen Inhalte des Workshops, die jeweils situationsspezifisch modifiziert, ergänzt oder gekürzt werden können (Abb. 7.40).

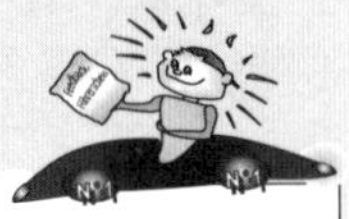

Abb. 7.40: Programm: »Feedback-Führerschein«

Der Workshop beginnt (nach der üblichen Einführung) mit einem methodischen Input zu den Feedbackregeln. Im Anschluß daran bewertet sich das Team als Ganzes und blickt dabei auf bereits abgelaufene Arbeitsprozesse zurück. Danach erhält dann jeder Teilnehmer von seinen Kollegen ein individuelles Feedback. Als Überleitung hierzu dient das im Plenum durchgeführte Rollenspiel, das zur gemeinsamen Vertiefung der Feedbackregeln dient. Im Anschluß an die Feedbackdialoge hält jeder Teilnehmer für sich persönlich fest, was er beibehalten und was er verändern möchte und wer ihn hierbei durch kontinuierliches Feedback unterstützen könnte. Sollte noch über den Workshop hinaus tiefergehender Gesprächsbedarf entstanden sein, besteht im Rahmen der »Spritztour« die Möglichkeit zur Klärung.

Methodischer Input: Feedback
Die Vermittlung der Feedbackmethoden und -regeln erfolgt in Anlehnung an die Inhalte der Schulungsmaßnahmen zur Personalbeurteilung (vgl. Kapitel 7.2.1.2).

Wir, typisch wir!

Was sind unsere größten Stärken?

Was sind unsere größten Schwächen?

Welches (Wappen-)Tier könnte symbolisch für das Team stehen? (Bitte fertigen Sie hierzu eine Zeichnung an.)

Material: Flip-charts, Moderationskarten, Folien etc.

Zeit: ca. 60 Min.

Abb. 7.41: Gruppenarbeit: »Wir, typisch wir!«

Gruppenarbeit: Stärken und Schwächen des Teams

Für die Übung »Wir, typisch wir« werden Teilgruppen gebildet, die mittels der nachfolgenden Vorgehensweise die Stärken und Schwächen des Gesamtteams herausarbeiten (Abb. 7.41).

Plenum: Teamspiegel

Anschließend kommen die Gruppen wieder im Plenum zusammen und stellen sich ihre Ergebnisse gegenseitig vor. Diese werden dann nach Schwächen und Stärken geordnet, zusammengefaßt und diskutiert. Die Symbolisierung durch ein (Wappen-)Tier hat sich in diesem Zusammenhang als Auflockerung und geeigneter Gesprächseinstieg bewährt. Nachdem die Schwächen in Potentiale umformuliert worden sind, wird ein »Teamspiegel« erstellt, in dem die Stärken und Potentiale gegenübergestellt werden. Abschließend wird noch ein gemeinsamer Leitsatz definiert (Abb. 7.42).

Durch Zeichnen Blockaden überwinden

```
┌─────────────────────────────────────────────────────────────┐
│                       Teamspiegel                           │
│  ┌──────────────────────────┐  ┌──────────────────────────┐ │
│  │ Stärken des Teams        │  │ Potentiale des Teams     │ │
│  │                          │  │                          │ │
│  │ →  Individualisten       │  │ →   Persönliche Eindrücke│ │
│  │    heterogene Gruppe     │  │     und Gefühle offener  │ │
│  │    ↳ Charaktere          │  │     mitteilen            │ │
│  │    ↳ Kompetenzen         │  │ →   bessere Information   │ │
│  │                          │  │     (mehr kritische      │ │
│  │                          │  │     Auseinander-         │ │
│  │ →  gute Atmosphäre       │  │     setzung, bessere     │ │
│  │    Humor                 │  │     Organisation)        │ │
│  │    guter Zusammenhalt    │  │ →   bessere teamexterne  │ │
│  │                          │  │     Kommunikation        │ │
│  │                          │  │     (Auftrag-            │ │
│  │ →  Eigenmotivation stimmt│  │     geber/Kunde)         │ │
│  │    mit Gruppenmotivation │  │ →   bessere Projekt-     │ │
│  │    überein               │  │     organisation         │ │
│  │                          │  │ →   mehr Freiräume für   │ │
│  │                          │  │     Kreativität und      │ │
│  │                          │  │     Erfahrungs-          │ │
│  │                          │  │     austausch            │ │
│  │                          │  │ →   mehr Effizienz und   │ │
│  │                          │  │     Effektivität         │ │
│  │                          │  │                          │ │
│  │                          │  │ ○   „Gesetz des Handelns"│ │
│  │                          │  │     mehr verfolgen!      │ │
│  └──────────────────────────┘  └──────────────────────────┘ │
└─────────────────────────────────────────────────────────────┘
```

Abb. 7.42: Beispiel: »Teamspiegel«

Plenum: Rollenspiel

Im Vorfeld des Workshops wird jeweils ein teamspezifisches Rollenspiel konzipiert. Die Vorbereitungsunterlagen hierzu erhalten die Teilnehmer rechtzeitig vor Beginn des Workshops. Für das Rollenspiel gelten dieselben Maßstäbe wie für die Rollenspiele der Schulungsmaßnahmen zur Personalbeurteilung (vgl. Kapitel 7.2.1.3). Auch hier erhalten als erstes die Akteure am Ende des Rollenspiels die Gelegenheit zur Reflexion: »Was lief gut, was lief nicht so gut?« und im nächsten Schritt die Beobachter bzw. das Plenum. Auf diese Weise werden die Feedbackregeln eingeübt und vertieft. Mit diesem Rüstzeug geht es dann für alle in die »erste Fahrstunde«.

Das Rollenspiel dient der gemeinsamen Vertiefung der Feedbackregeln und als Überleitung zu den Feedback-dialogen

Dialog im Plenum: »Feedback-Kreisverkehr«

Durch diese Methode erhält jeder Teilnehmer die Möglichkeit, von jedem seiner Kollegen ein Feedback zu erhalten und jedem seiner Kollegen ein Feedback zu geben. Hierzu werden zwei Kreise gebildet. Während der Innenkreis statisch bleibt, wechselt der Außenkreis kontinuierlich in einem festgelegten zeitlichen Takt (Abb. 7.43).

Jeder gibt jedem Feedback und erhält entsprechend von jedem Feedback

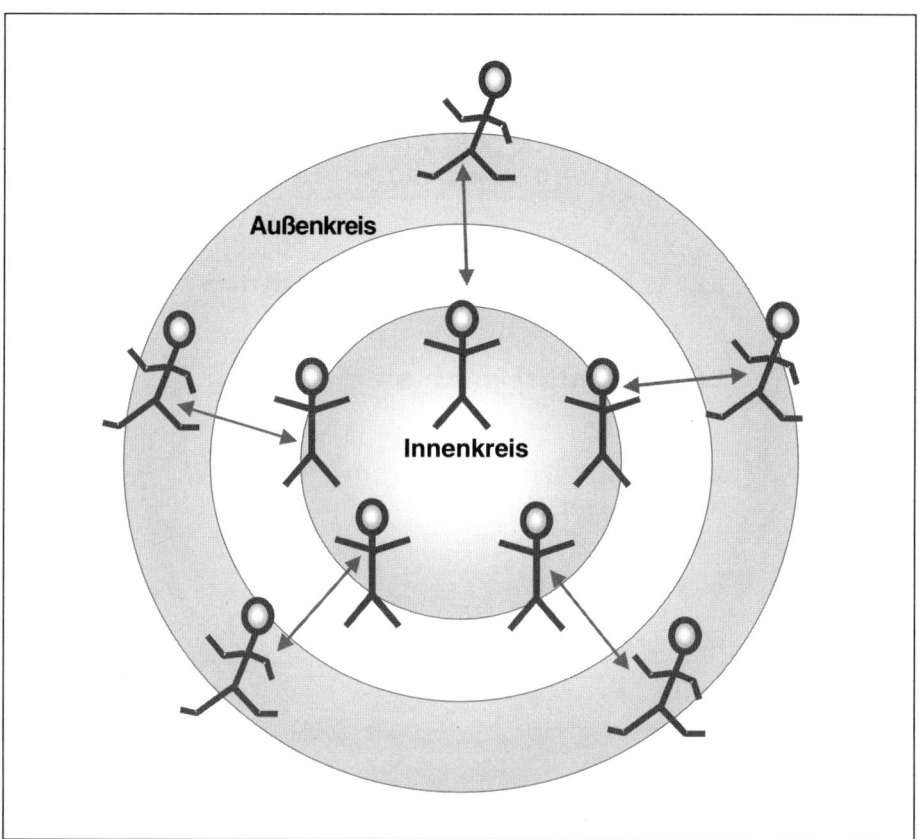

Abb. 7.43: »Feedback-Kreisverkehr«

Wenn jeweils alle Mitglieder des Außenkreises und Innenkreises einander Feedback gegeben haben, wird sowohl aus dem Innenkreis als auch aus dem Außenkreis wieder ein Innen- und Außenkreis gebildet, damit sich auch diese Feedback geben können. Dies wiederholt sich so oft, bis wirklich jeder Teilnehmer von jedem Kollegen ein Feedback erhalten hat.

Zur Strukturierung des Feedbackdialogs kann zwischen dem rollenunspezifischen Gesprächsleitfaden (Abb. 7.44 identisch mit Abb. 7.26) und dem rollenspezifischen Gesprächsleitfäden (Abb. 7.45 identisch mit Abb. 7.23) entschieden werden.

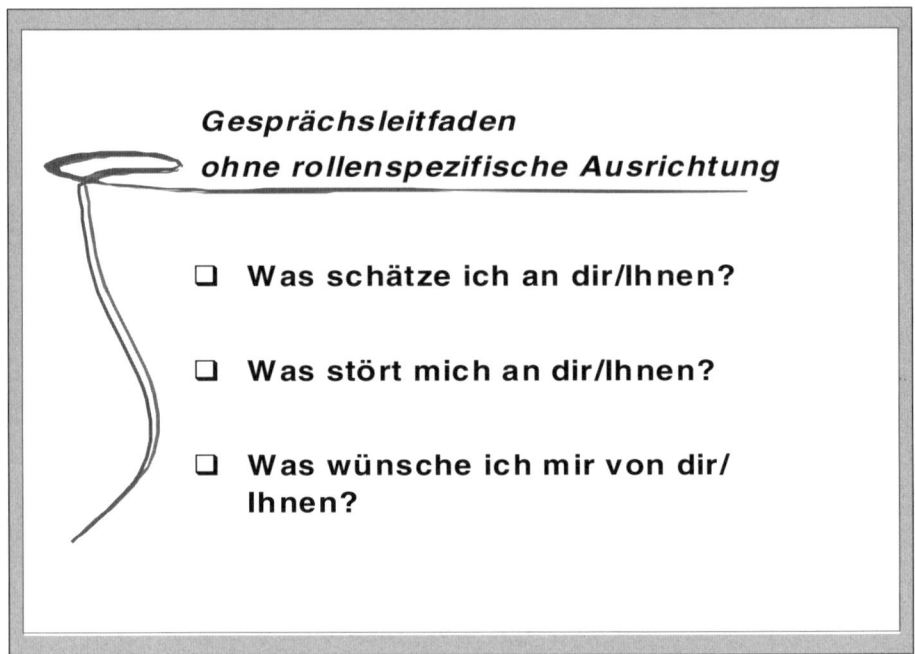

**Gesprächsleitfaden
ohne rollenspezifische Ausrichtung**

❑ Was schätze ich an dir/Ihnen?

❑ Was stört mich an dir/Ihnen?

❑ Was wünsche ich mir von dir/ Ihnen?

Rollenspezifischer Gesprächsleitfaden

Sozialkompetenz: Berater → Berater

Wird aktiv zugehört, und dürfen die Gesprächs-partner ausreden?

Wird konstruktiv Feedback gegeben und erhaltenes Feedback angenommen?

Werden andere Teammitglieder durch Aufgreifen ihrer Ideen und Zuarbeiten unterstützt?

Abb. 7.44 und 7.45: (identisch mit Abb. 7.23 und 7.26) Gesprächsleitfäden

Die rollenspezifischen Gesprächsleitfäden dienen der konkreten Ableitung von Maßnahmen und werden daher vorwiegend im Rahmen ausführlicher und intensiver Gespräche unter vier Augen verwendet. In Workshops mit hoher Teilnehmerzahl und/oder knappen zeitlichen Ressourcen sind die rollenunspezifischen Leitfäden vorzuziehen. Dies gilt insbesondere auch für die erstmalige Durchführung solcher Maßnahmen. Handelt es sich allerdings um ein Team, das bereits Übung im Umgang mit den rollenspezifischen Gesprächsleitfäden hat, können diese bei einem ausreichenden zeitlichen Rahmen durchaus eingesetzt werden.

Der Einsatz der rollenspezifischen Gesprächsleitfäden empfiehlt sich nur bei einem ausreichenden zeitlichen Rahmen und etwas Übung der Teilnehmer

Selbstfeedback: Rückblick und Ausblick

Im Anschluß an den »Feedback-Kreisverkehr« sammelt jeder Teilnehmer seine aus den unterschiedlichen Feedbacks abgeleiteten persönlichen Ziele und trägt diese in sein persönliches Zielblatt ein (Abb. 7.46).

Zielblatt von: XXX

Was nehme ich aus diesem Workshop/Dialog mit? (Welche Stärken möchte ich beibehalten, an welchen Schwächen möchte ich arbeiten?):

Ich werde daraus folgende Maßnahmen ableiten:

Ich werde die Wirkung dieser Maßnahmen daran erkennen, daß (wann, wie und wer?) ...

Abb. 7.46: Zielblatt

Wieder im Plenum zusammengetroffen, präsentiert jeder Teilnehmer seine persönlichen Ziele und stellt einen Bezug zu den Stärken und Potentialen des gesamten Teams bzw. dem Teamspiegel her. Hierzu wird beschrieben, welche persönlichen Stärken das Team unterstützen und mit welchen persönlichen Zielen zur Hebung der identifizierten (Team-)Potentiale beigetragen werden soll. Idealerweise werden in diesem Kontext auch Lernpartnerschaften gebildet, die sich gegenseitig bei der Erreichung ihrer individuellen Ziele unterstützen und begleiten. Der Lernpartner agiert hierbei als Zuhörer, Berater, Begleiter und Katalysator (Fengler, S. 46).

Die persönlichen Ziele werden an den Stärken und Potentialen des gesamten Teams gespiegelt

Dialog außerhalb des Plenums: Spritztour
Im Anschluß an diese Übung kann noch eine »Spritztour« in Form eines Spaziergangs unternommen werden. Dies empfiehlt sich besonders dann, wenn beispielsweise zwischen einzelnen Kollegen noch Gesprächsbedarf besteht oder die Lernpartnerschaften bereits konkrete Schritte für die weitere Vorgehensweise besprechen möchten. Durch die Lernpartnerschaften werden Feedbackschleifen fest installiert, und gemachte Erfahrungen können so leichter auf ihre Effektivität hin überprüft werden. Diese Erfolgskontrolle wirkt sich positiv auf den gesamten Lernprozeß aus.

Die Lernpartnerschaft ist eine Koalition des Vertrauens

7.2.3   Wirkung sicherstellen

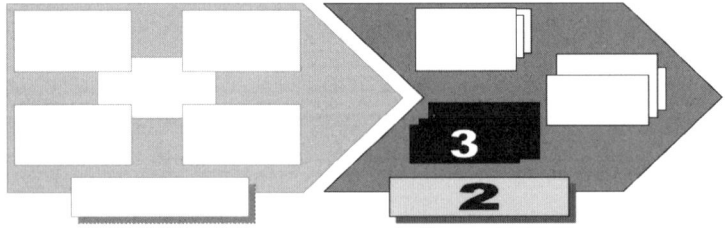

Ebenso wie bei den persönlichen Zielen muß auch bei der Erfolgsmessung des gesamten Projekts »Beurteilungssystem« klar festgelegt werden, woran zu erkennen ist, daß das Ziel – die Sicherstellung der persönlichen Entwicklung jedes Mitarbeiters und damit der gesamten Organisation – erreicht wurde.

Das Wirkungscontrolling ist ein wesentlicher Teilprozeß der Projektdurchführung

Hierzu müssen die Beurteilungsgespräche – als integraler Bestandteil des individuellen und organisationalen Lernprozesses – nicht nur auf ihren Qualitätsstandard hin geprüft werden, sondern darüber hinaus auf ihre erzeugte Wirkung (Abb. 7.47). Dieses Wirkungscontrolling ist ein wesentlicher Teilprozeß der Projektdurchführung.

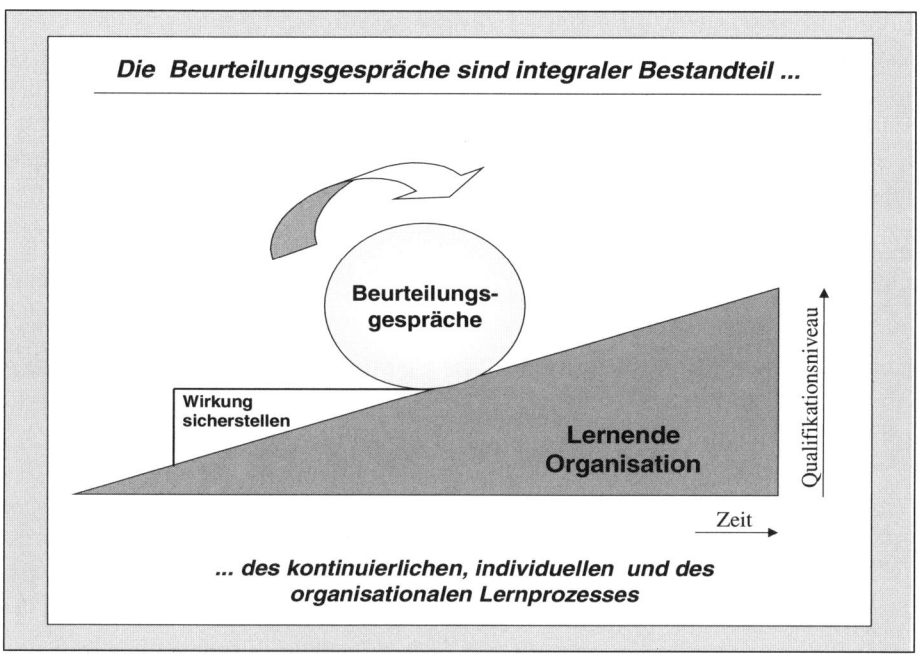

Abb. 7.47: Wirkungscontrolling

Das Sicherstellen der Wirkung besteht in einer umfassenden, systematischen und regelmäßigen Überprüfung der Tätigkeiten und Ergebnisse durch die Mitarbeiter, Vorgesetzten und die Personalabteilung. Hierbei sollten nicht zu umfangreiche und aufwendige Instrumente und Maßnahmen entwickelt werden.

Wer mißt wann, wie, was?

Im Rahmen des Wirkungscontrollings müssen Leitgrößen definiert werden, an denen erkannt wird, daß die durchgeführten Beurteilungsgespräche und damit das gesamte Projekt »Beurteilungssystem« erfolgreich waren. In diesem Zusammenhang wird auch festgelegt, wer, wann, wie, was mißt. Bei *Weniger Leitgrößen führen zu mehr Transparenz* dem hier beschriebenen Praxisprojekt wurden bewußt nur einige wenige Leitgrößen definiert, um das System nicht zu überfrachten. Als »Meßobjekte« wurden:

- der einzelne Mitarbeiter,
- das Team,
- die Abteilung und,
- die Gesamtorganisation

festgelegt (vgl. Kapitel 7.1.5).

Im nächsten Schritt wurden dann Leitgrößen definiert und durch Indikatoren näher beschrieben. Ebenso wie bei der Messung von Bildungsmaßnahmen wurden hierbei überwiegend Leistungs- und Verhaltensänderungen (Mentzel, 1997) zugrunde gelegt. In welchem Ausmaß und mit welchem Aufwand die Daten erhoben und ausgewertet werden, ist jeweils organisationsspezifisch zu entscheiden. Die nachfolgenden Beispiele sollen hierzu als Anregungen dienen.

7.2.3.1 Beim einzelnen Mitarbeiter

Beim einzelnen Mitarbeiter wurden als wichtige Leitgrößen die »Qualifizierung, Motivation und Zielerreichung« festgelegt und durch folgende Indikatoren beschrieben (Abb. 7.48).

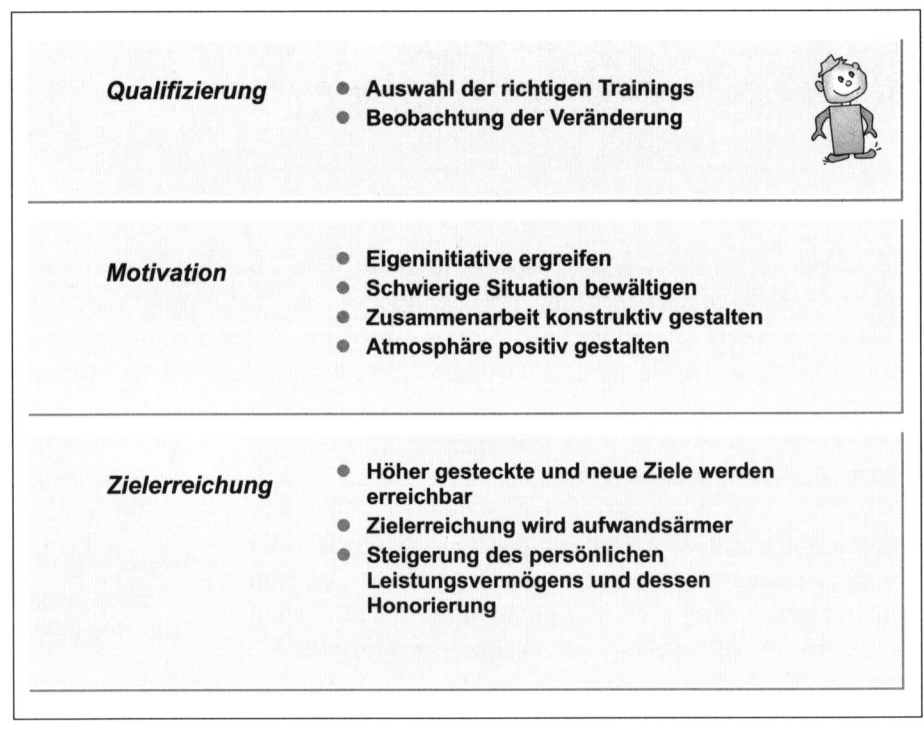

Abb. 7.48: Leitgrößen des Wirkungscontrollings beim einzelnen Mitarbeiter (Quelle: in Anlehnung an Siemens AG EL, 1999)

Der Zeitpunkt der Abfrage kann beispielsweise im Rahmen der Personalbeurteilung erfolgen. Hierzu werden die Eigen- und Fremdsicht gegenübergestellt (Abb. 7.49).

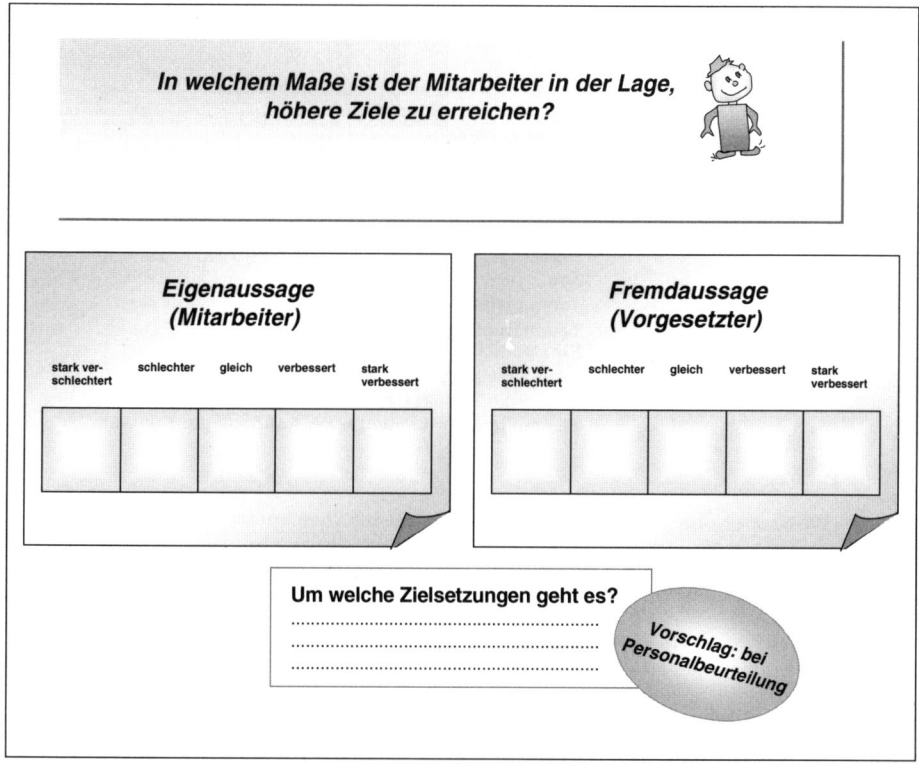

*Abb. 7.49: Durchführung des Wirkungscontrollings beim einzelnen Mitarbeiter
(Quelle: in Anlehnung an Siemens AG EL, 1999)*

7.2.3.2 Im Team

Im Team wurden neben der Zielerreichung die harmonische Zusammenarbeit und die Leistungsfähigkeit als Leitgrößen definiert (Abb. 7.50).

Es empfiehlt sich, diese Kriterien im Rahmen der Gleich-gestelltenbeurteilung (vgl. Kapitel 7.2.2.3) oder am Ende eines Projekts zu messen. Das Team kann beispielsweise in einer moderierten Runde eine Einschätzung vornehmen *Erst visualisieren, dann interpretieren und diskutieren* (erst jeder für sich, dann alle gemeinsam) und dann die visualisierten Ergebnisse interpretieren und diskutieren.

Am Beispiel der Leistungsfähigkeit lautet hierbei die Frage: Wie schätzt das Team die Entwicklung seiner Leistungsfähigkeit im Vergleich zum Zeitpunkt der Teamgründung (bzw. im Vergleich zur letzten Erhebung) ein (Abb. 7.51)?

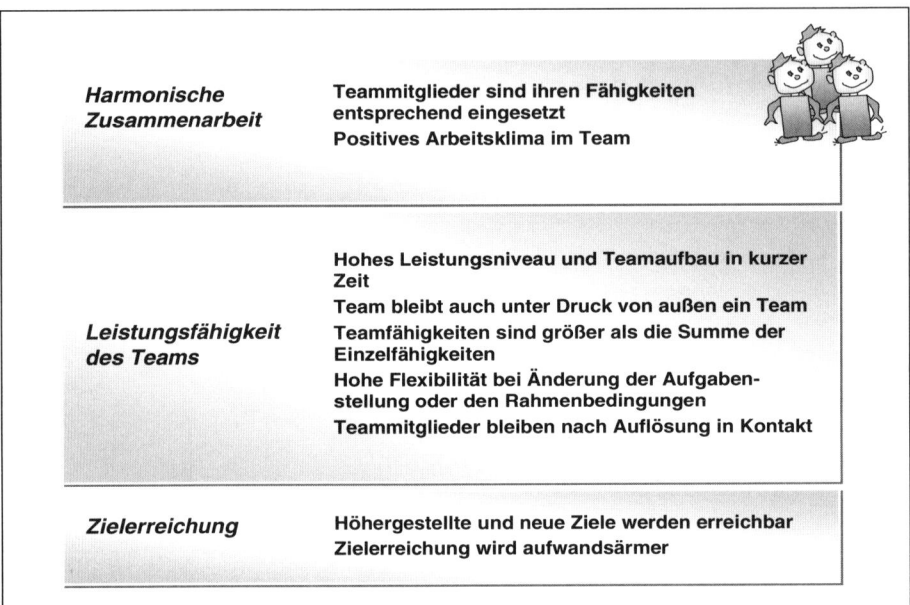

Abb. 7.50: Leitgrößen des Wirkungscontrolling im Team
(Quelle: In Anlehnung an Siemens AG EL, 1999)

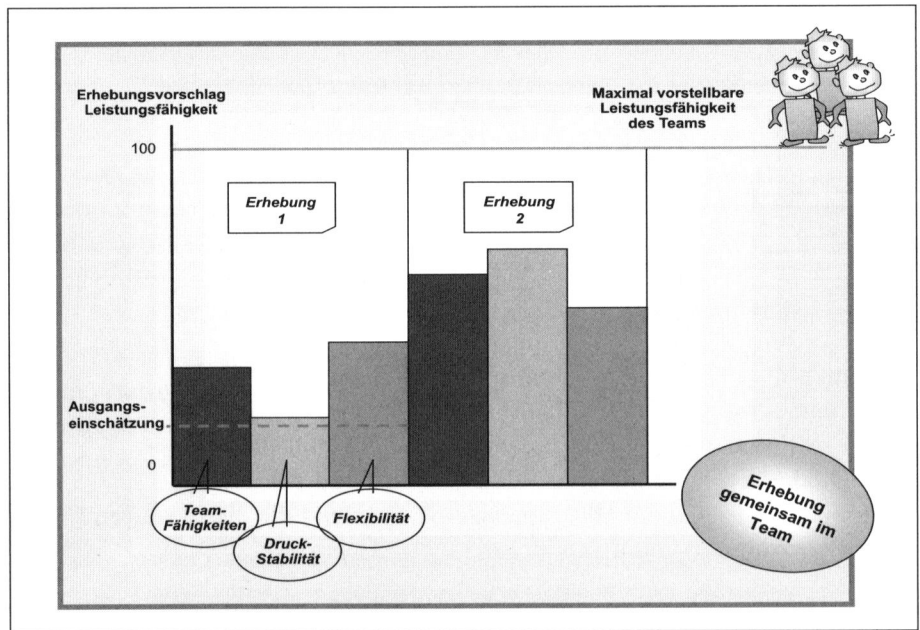

Abb. 7.51: Durchführung des Wirkungscontrollings im Team
(Quelle: In Anlehnung an Siemens AG EL, 1999)

7.2.3.3   In der Abteilung

Für die einzelnen Abteilungen wurden neben einer harmonischen Zusammenarbeit die Leistungspalette der Abteilung und die Zielerreichung als Leitgröße bestimmt (Abb. 7.52).

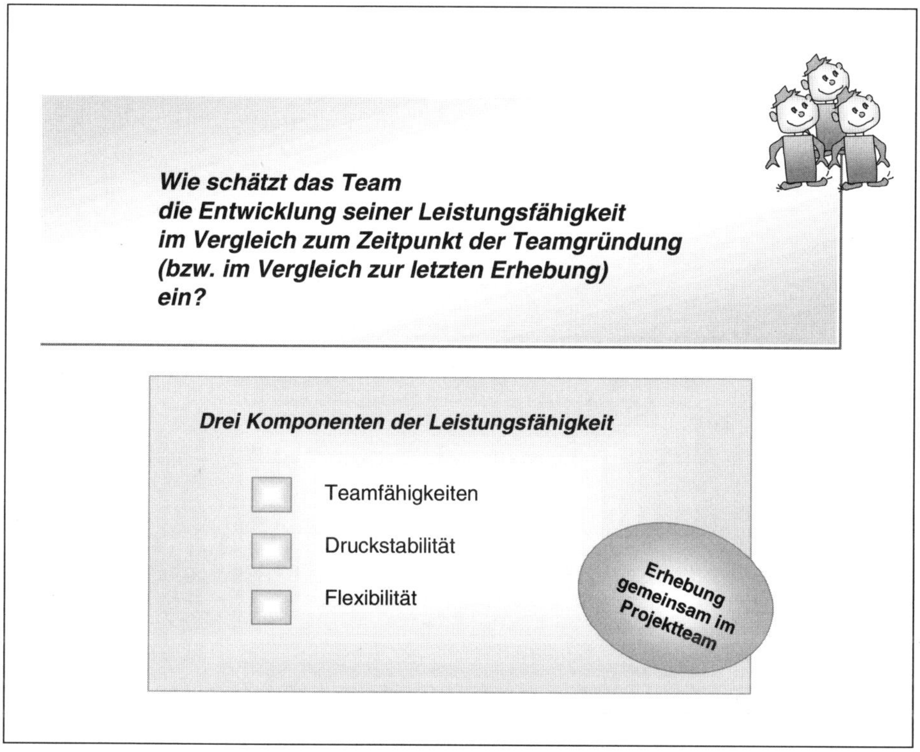

Abb. 7.52: Leitgrößen des Wirkungscontrolling in den Abteilungen
(Quelle: In Anlehnung an Siemens AG EL, 1999)

Die Messung dieser Kriterien empfiehlt sich bei Abteilungsveranstaltungen. In diesem Rahmen haben sich die beiden Fragestellungen besonders bewährt (Abb. 7.53).

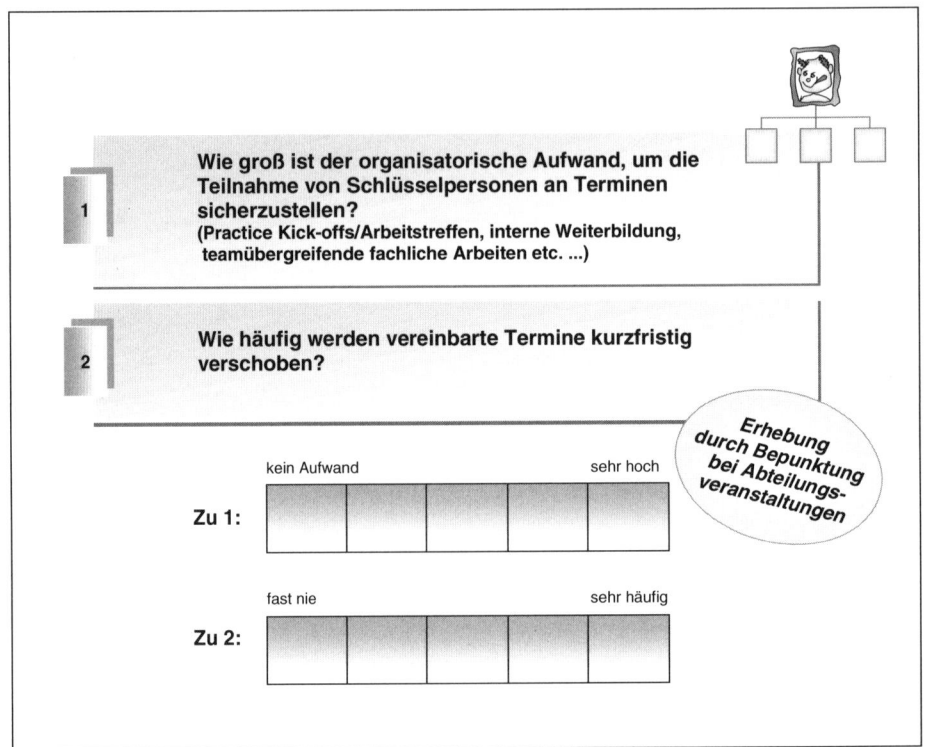

Abb. 7.53: Durchführung des Wirkungscontrollings in den Abteilungen
(Quelle: In Anlehnung an Siemens AG EL, 1999)

7.2.3.4 In der Gesamtorganisation

Für die Gesamtorganisation wurde als einzige und aussagekräftigste Leitgröße das Image und als Folge davon die Attraktivität der Organisation als Arbeitsplatz für qualifizierte und erfahrene Mitarbeiter festgehalten. Es wurde bewußt eine »positive« Leitgröße formuliert und nicht eine »negative« Leitgröße wie Fluktuation oder Krankenstand. Die Erhebung findet durch die Personalabteilung statt (Abb. 7.54).

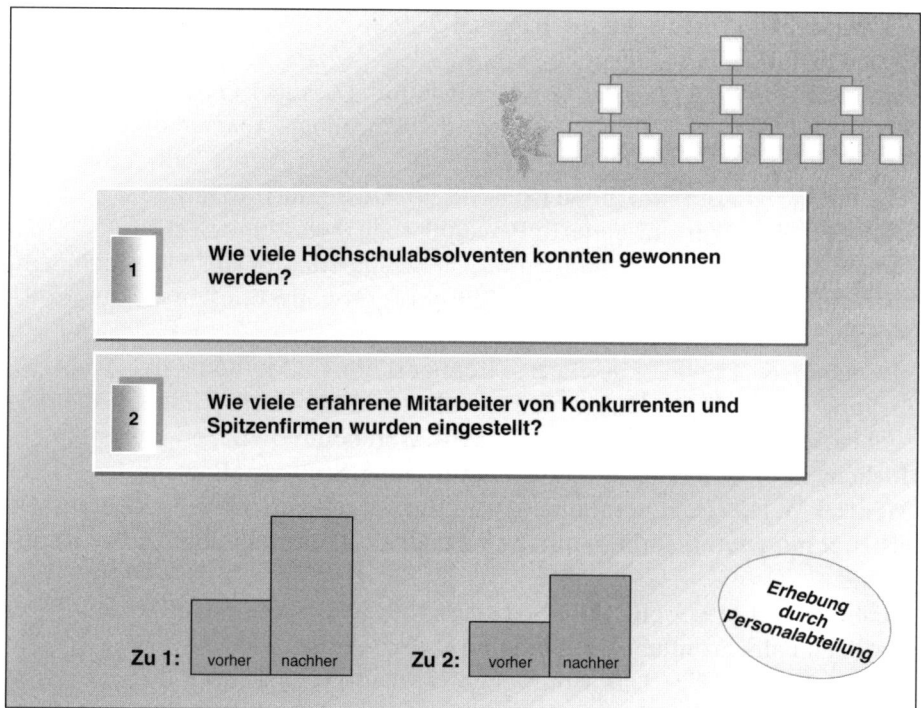

Wie viele Hochschulabsolventen konnten gewonnen werden?

Wie viele erfahrene Mitarbeiter von Konkurrenten und Spitzenfirmen wurden eingestellt?

Zu 1: vorher nachher   Zu 2: vorher nachher

Erhebung durch Personalabteilung

Abb. 7.54: Durchführung des Wirkungscontrollings in der Gesamtorganisation (Quelle: In Anlehnung an Siemens AG EL, 1999)

Qualifizierte und motivierte Mitarbeiter werden immer wieder als der zentrale Erfolgsfaktor eines Unternehmens genannt. Um so erstaunlicher ist, daß viele Unternehmen diese Aussage dahingehend interpretieren, daß sie ihren größten Erfolgsfaktor mehr oder weniger an die Konkurrenz verschenken. Dokumentiert wird dieser Vorgang häufig mittels der Leitgröße Fluktuation.

Für diejenigen, die die Aussage »Konkurrenz belebt das Geschäft« dahingehend interpretieren, daß sie bewußt die Konkurrenz stärken wollen, um ihre eigene Unzulänglichkeit in um so strahlenderes Licht zu tauchen, enthält Kapitel 8 eine Zusammenschau der wichtigsten Ratschläge, wie man Mitarbeiter gezielt zur Konkurrenz treibt. Hier finden sich wertvolle Hinweise, wie der zentrale Erfolgsfaktor des Unternehmens systematisch und gekonnt zu diesem Schritt veranlaßt werden kann.

Literaturempfehlungen zu Kapitel 7

Antons, K. (1998): Praxis der Gruppendynamik (7. Aufl.). Göttingen: Hogrefe.

Bergander, W. (1999): Projekterfolg und Teamrollen – Teamanalysen und Interplace. In: PM-Praxis 1 praxisorientierter Anwendertag zum Projektmanagement, VDI-Berichte; 1490 (S. 105–116). Düsseldorf: VDI.

Bihl, G. (1995): Werteorientierte Personalarbeit. München: Beck.

Doppler, K. (1992): Kommunikation als Schlüsselfaktor der Unternehmensentwicklung, Sonderdruck aus der Zeitschrift Organisationsentwicklung 3/92.

Fengler, J. (1998): Feedback geben. Weinheim: Beltz

Hofmann, K. (1995): Gleichgestelltenbeurteilung: Methode der Wahl bei Gruppenarbeit. In: K. Hofmann, F. Köhler & V. Steinhoff (Hrsg.), Vorgesetztenbeurteilung in der Praxis (S. 205–216). Weinheim: Beltz.

Jochum, E. (1987): Gleichgestelltenbeurteilung. Stuttgart: Poeschel.

Mentzel, W. (1997): Unternehmenssicherung durch Personalentwicklung. Mitarbeiter motivieren, fördern und weiterbilden (7. Aufl.). Freiburg i. Br.: Rudolf Haufe.

Neuberger, O. (1979): Rituelle Selbsttäuschung. Kritik der irrationalen Praxis der Personalbeurteilung. Problem und Entscheidung, 23, S. 34–57.

Neuberger, O. (1980): Das Mitarbeitergespräch. Goch: Bratt.

Neuberger, O. (1994): Personalentwicklung (2. Aufl.). Stuttgart: Enke.

v. Rosenstiel, L. (2000): Organisationspsychologie (4. Aufl.). Stuttgart: Schäffer-Poeschel.

Rüttinger, B. (1980): Konflikt und Konfliktlösen. Goch: Bratt.

Saul, S. (1995): Führen durch Kommunikation (2. Aufl.). Weinheim: Beltz.

Schick, S. (1999): Problemfelder der internen Kommunikation. Vortragsunterlagen Konferenz »Controlling der internen Kommunikation«. Management Circle. 25. Und 26. August 1999 in Frankfurt am Main.

Siemens AG. Zentralstelle Einkauf und Logistik (EL). Interne Veröffentlichung. München 1999.

Wohlgemuth, A. (Hrsg.) (1995): Moderation in Organisationen. Problemlösungsmethoden für Führungsleute und Berater. (2. Aufl.). Bern, Stuttgart, Wien: Haupt.

8

So treibt man den Mitarbeiter zur Konkurrenz – eine Zusammenschau wichtiger Punkte

Chancen für die Konkurrenz: »Der geschenkte Mitarbeiter«

8.1 Vom Nutzen der Konkurrenz

Wenn Sie als Führungskraft Verantwortung für einzelne Mitarbeiter, ein Team, eine Abteilung oder gar für ein ganzes Unternehmen tragen, sollten Sie sich des Wertes der Konkurrenz bewußt sein. Die Aussage ist vertraut: »Konkurrenz belebt das Geschäft!« Wie aber soll das Geschäft belebt werden, wenn die Konkurrenz keine Chance hat? Geben Sie ihr die Chance, indem Sie dafür sorgen, daß Sie Ihre besten Mitarbeiter an den Mitbewerber verlieren! Erst dann wird die Arbeit zur wirklichen Herausforderung für Sie.

Natürlich ist es gar nicht so einfach, einen guten Mitarbeiter zu verlieren. Er identifiziert sich ja häufig mit dem Unternehmen, ist zufrieden mit seiner Arbeit und seinen Erfolgserlebnissen, er hat seine Ziele und nicht Kündigungsgedanken im Kopf. Ihn einfach zu feuern, könnte zu teuer werden, denn er geht dann möglicherweise zum Arbeitsgericht. Nein, als kompetente Führungskraft macht man dies anders, man kennt hier subtilere Wege, zum Beispiel den, all dies, was in den letzten sieben Kapiteln stand, schlicht nicht zu beherzigen. Es gibt ja so viele Gründe, sich nicht daran zu halten, daß es Ihnen geradezu zur zweiten Natur werden kann, alle Ratschläge, die Sie soeben gelesen haben, in ihr Gegenteil zu verkehren. An einigen besonders markanten Beispielen soll dies nun gezeigt werden; Sie verfügen fraglos über die Kompetenz, es auch dort entsprechend zu tun, wo es im folgenden nicht explizit beschrieben wird. Fangen wir also – in einem exemplarischen Sinne – an:

Es ist gar nicht so einfach, einen guten Mitarbeiter an die Konkurrenz zu verlieren

8.2   Bloß nicht über die Zukunft reden

Die Zeiten wandeln sich; die Anforderungen an das Unternehmen, an Sie selbst und an Ihre Mitarbeiter verändern sich immer rascher. Sie merken an Ihren eigenen Reaktionen, daß der Gedanke an die Ungewißheit, an den Schleier über der Zukunft, Sie gelegentlich verunsichert, ja in bestimmten Phasen sogar ängstigt und Ihnen den Schlaf raubt. Wenn dies schon für Sie gilt, in wieviel stärkerem Maße dann erst für Ihre Mitarbeiter! Sie sollen ja Fürsorglichkeit zeigen, Ihre Mitarbeiter beschützen; dies bedeutet auch, daß sie nicht beunruhigt werden sollen, zumindest nicht früher als unbedingt nötig. Daher empfiehlt es sich, den Blick nach vorn auszublenden; heute ist genug zu tun, warum sollen Ihre Mitarbeiter früher erschrecken, als es notwendig ist? Das lenkt lediglich von der Arbeit ab, führt zu Gerüchten und macht unruhig. Künftige Entwicklungen sollten also ein Tabu bleiben; wenn die Zukunft zur Gegenwart wird, werden das die Mitarbeiter noch früh genug erfahren.

Künftige Entwicklungen sollten ein Tabu bleiben; wenn die Zukunft zur Gegenwart wird, werden das die Mitarbeiter noch früh genug erfahren

8.3   Strategie ist Chefsache

Im obersten Führungskreis haben Sie sich mehrfach Gedanken darüber gemacht, wie Sie das Unternehmen für die Zukunft fit machen können. Ist es richtig, nach wie vor auf die bewährte Produktpalette zu setzen, oder sollte man angesichts einer veränderten demographischen Struktur, gewandelter Werte und ganz neuartiger Freizeitaktivitäten die Angebote radikal umstrukturieren? Kann man sich die derzeitige Fertigungstiefe noch leisten, oder wäre es nicht besser, letztlich alle Teilkomponenten der Produkte aus Billiglohnländern zu importieren und sich im Stammwerk auf die Montage zu beschränken? Ist es nicht ratsam, die derzeitige streng hierarchische Organisation des Unternehmens aufzulockern und in einen Verbund flexibel und autonom agierender Profit-Center zu verwandeln, die flexibel, flink und wendig im aufgewühlten Meer des modernen Marktes schwimmen? Sie sorgen aus Überzeugung dafür, daß die Inhalte dieser Gespräche streng geheim bleiben, die wenigen Protokolle der Treffen stets verschlossen und den Mitarbeitern nicht zugänglich gemacht werden. Sie z. B. halten Ihre Protokolle daheim in einer Schublade Ihres Schreibtischs verschlossen. Allein der oberste Führungskreis ist für die strategische Ausrichtung des Unternehmens verantwortlich, eine Information der Mitarbeiter über die einschlägigen Gedanken führt nur zum Aufbau von Widerstand. Die Einbeziehung der Mitarbeiter in die Gespräche, etwa im Rahmen verschiedener Workshops, kann nur zur Konsequenz haben, daß die Klarheit der Gedanken zerredet wird. Die Mitarbeiter gilt es zu informieren, wenn die Entscheidungen getroffen sind! Der Weg zu diesen Entscheidungen, die strategische Planung ist Chefsache, und so sollte es auch bleiben.

Allein der oberste Führungskreis ist für die strategische Ausrichtung des Unternehmens verantwortlich; eine Information der Mitarbeiter über die einschlägigen Gedanken führt nur zum Aufbau von Widerstand

8.4 Am besten keine Ziele ...

Man hört in jüngerer Zeit viel darüber, daß Vorgesetzte ihren Mitarbeitern Ziele vorgeben oder diese gar mit ihnen vereinbaren sollten. Sie halten wenig davon; es würde ja auch Ihnen die Hände binden und gleichermaßen die Effektivität und Effizienz Ihrer Führung senken. Durch den Verzicht auf Ziele können Sie jeweils flexibel Ihre Anweisungen angesichts der nicht vorhersehbaren Entwicklungen am Markt und im Unternehmen geben, und Sie können jeweils den Mitarbeitern sagen, was nun von Tag zu Tag konkret zu tun ist. So behalten Sie auch jederzeit im Auge was die Mitarbeiter machen und geraten nicht in kaum erträgliche Situation, daß Mitarbeiter Wege zu den gesetzten Zielen versuchen, die von Ihren Vorstellungen und Ihrer langjährigen Erfahrung abweichen. Warum also Ziele für die Mitarbeiter? Entscheidend ist, daß Sie selbst als Vorgesetzter sich darüber im

Sie sind der Lenker des Fahrzeugs! Müssen denn die Räder wissen, wohin die Reise geht?

klaren sind, was die Mitarbeiter jeweils zu tun haben! Sie sind der Lenker des Fahrzeugs! Müssen denn die Räder wissen, wohin die Reise geht?

8.5 Aber wenn schon Ziele ...

Sie stehen aus guten Gründen Zielen skeptisch gegenüber. Manchmal aber können Sie es nicht vermeiden, sich auf Derartiges einzulassen, weil der Personalvorstand dies als Führungsmittel dringend empfiehlt, weil viele Ihrer Kollegen dies auch tun oder weil in den Führungsseminaren der vergangenen Jahre immer wieder dafür geworben wurde. Die Brisanz allerdings, die für Ihre Autorität in der Arbeit mit Zielen liegt, läßt sich entschärfen, wenn man folgendes bedenkt:

8.5.1 Bleiben Sie ganz allgemein!

Zielformulierungen lassen sich so allgemein halten, daß man als Vorgesetzter eine allzugroße Selbstbindung vermeidet und nicht später als derjenige dasteht, der die Situation nicht adäquat abschätzen konnte. Warum soll man auch im einzelnen dem Mitarbeiter sagen, wieviel Arbeitsgänge er bis wann in welcher Qualität erledigen sollte, wenn sich dann später zeigt, daß dies angesichts widriger Umstände gänzlich unrealistisch war, oder wenn der Mitarbeiter locker deutlich mehr hätte schaffen können? Hier empfiehlt es sich mit Aussagen wie »Tun Sie Ihr Bestes!«, »Wir sollten uns alle gemeinsam mehr anstrengen!«, »Alle im Unternehmen sollten sich nun wirklich verbessern!« oder – im Sinne unseres früheren Bundespräsidenten – »Es muß ein Ruck durch unser Unternehmen gehen!« Später, wenn die Arbeit getan ist, sind Sie dann bei der Bewertung frei zu beurteilen, ob hier wirklich das Beste getan, ob man sich ausreichend angestrengt hat, ob tatsächlich ein »Ruck« durch das Team gegangen ist.

8.5.2 Nicht sagen, »was« kontrolliert wird

Es gehört zu Ihren Aufgaben, die Arbeit Ihrer Mitarbeiter zu kontrollieren. Dies gilt auch – wenn Ziele schon sein müssen – für den Grad der Zielerreichung. Hier aber sollten Sie sich nicht zuvor auf das festlegen, woran Sie die Zielerreichung erkennen wollen. Es bindet ihnen die Hände, und es könnte die unerwünschte Folge haben, daß die Mitarbeiter sich nur darauf konzentrieren und das Ganze aus den Augen verlieren. Wenn Sie also z. B. das Ziel vorgegeben hatten, daß die Mitarbeiter freundlicher zu den Kunden sein sollen, so können Sie – je nachdem, was gerade geschieht – bei der Kontrolle auf die Ergebnisse bei der Kundenbefragung Bezug nehmen, die Anzahl der Reklamationen zum Maßstab machen oder auch die Häufigkeit der Lobs über die Mitarbeiter, die ihnen zugetragen wurde. Dies gibt Ihnen in flexibler Weise die Möglichkeit, Ihren Gesamteindruck von den Mitarbeitern mit beobachtbaren Fakten zu untermauern und so objektiv und fair zu erscheinen.

Es bindet Ihnen die Hände, und es könnte die unerwünschte Folge haben, daß die Mitarbeiter sich nur darauf konzentrieren und das Ganze aus den Augen verlieren

8.5.3 Reden Sie über »Nebenkriegsschauplätze«

Es gibt Wesentliches und Unwesentliches. Der Mitarbeiter hat Aufgaben, die für den Erfolg Ihrer Abteilung und damit möglicherweise auch für Ihre weitere Karriere zentral sind, während andere nur eine untergeordnete Bedeutung haben. Beschränken Sie sich bei den Zielvorgaben oder gar bei den Zielvereinbarungen auf diese eher randständigen Aufgaben, aber reden Sie ausführlich mit Ihren Mitarbeitern darüber. Dies wird Ihr Ansehen im Unternehmen steigern, da allgemein erzählt wird, daß Sie viel Zeit in die Zielgespräche investieren. Sparen Sie aber die wesentlichen Aufgaben der Mitarbeiter bei diesen Gesprächen aus, behalten Sie diese flexibel unter Ihrer Kontrolle, so daß Sie jederzeit festlegen können, was der Mitarbeiter auf diesem Feld zu tun hat. Nur so können sichern, daß das wirklich Wichtige auch so geschieht, wie Sie es für richtig halten.

Beschränken Sie sich bei den Zielvorgaben oder gar bei den Zielvereinbarungen auf eher randständige Aufgaben, aber reden Sie ausführlich mit Ihren Mitarbeitern darüber

8.5.4 Sowohl als auch

Wer komplexe Aufgaben zu erledigen hat, muß in der Regel nicht nur ein Ziel, sondern mehrere Ziele im Auge behalten. Gelegentlich widersprechen sich diese Ziele. Zumindest aber macht es die Arbeit an einem Ziel sehr viel schwerer, das andere ebenfalls zu berücksichtigen. Allerdings – Ihre Mitarbeiter werden gut bezahlt, so daß Sie durchaus nach dem Motto »Unmögliches wird sofort erledigt« arbeiten sollten. Verzichten Sie also darauf, in solchen Fällen mit ihnen über die Priorisierung der Ziele zu sprechen, sondern begnügen Sie sich mit der knappen aber klaren Aussage: »Sie werden ja auch darum gut bezahlt, weil Sie mehrerlei unter einen Hut bringen sollen!«

Verzichten Sie auf eine Priorisierung der Ziele

8.5.5   Fordern Sie viel!

Es ist ja bekannt, daß schwer zu erreichende Ziele eine besondere Herausforderung darstellen. Je schwieriger, desto mehr! Überfordern Sie mit Ihren Zielvorgaben Ihre Mitarbeiter! Diese werden sich dann ganz besonders anstrengen, und da Sie dennoch das Ziel nicht erreichen, Ihnen gegenüber ein schlechtes Gewissen haben, was sie dann zu besonderem Wohlverhalten zwingt. Ihnen kann das nur angenehm sein.

Je schwieriger, desto besser!

8.5.6   Ziele nur dort, wo man leicht kontrollieren kann

Zielgespräche sind mühselig, die Überprüfung, ob die Ziele auch erreicht wurden, ist noch lästiger. Ihre Zeit als Vorgesetzter ist knapp; Sie sollten sie nicht vergeuden. Beschränken Sie sich also auf das, was am einfachsten zu kommunizieren und leicht zu kontrollieren ist. Muß es denn wirklich Thema eines Zielgespräches sein, daß die Kunden an das Unternehmen längerfristig gebunden werden und durch den Stil des Verkaufs das Image der Firma verbessert wird? Wie soll man das formulieren, wie soll man hier die Ziele benennen, wie kann man diese kontrollieren? Umsatzzahlen dagegen lassen sich kurz, knapp und präzise nennen und überprüfen! Lassen Sie es also dabei!

Umsatzzahlen lassen sich kurz, knapp und präzise nennen und überprüfen!

8.5.7   Gesagt ist nicht gedacht

Gerade dann, wenn Sie besonders anspruchsvolle Ziele vorgeben, ist Ihnen ja klar, daß der Mitarbeiter sie nicht erreichen kann. Sie sind Realist und wissen, was möglich ist und was nicht. Überlegen Sie sich also bei jeder Zielvorgabe oder Zielvereinbarung, was Sie sagen wollen und was Sie tatsächlich beabsichtigen. Warum dem Mitarbeiter nicht sagen, daß Sie den Bericht bereits bis zum Dritten des Monats brauchen, obwohl er erst am Zwölften zum Vorstand muß? Den Mitarbeitern wird die hohe Herausforderung motivieren, Sie gewinnen dadurch einen Puffer und können sich in Ruhe anschauen, was er erarbeitet hat. Sollte dann – womit zu rechnen ist – der Bericht bis zum Dritten nicht dasein, können Sie – was Ihre Autorität stärkt – Ihre Mitarbeiter kritisieren, ohne daß dies für Sie im Verhältnis zum Vorstand irgendwelche Schwierigkeiten mit sich bringt.

Überlegen Sie sich bei jeder Zielvorgabe oder Zielvereinbarung, was Sie sagen wollen und was Sie tatsächlich beabsichtigen

8.5.8 Klar sagen, was Sache ist

Es gibt im Kreise Ihrer Kollegen einige »Softies«, die Ziele mit Ihren Mitarbeitern in langen, komplizierten Gesprächen vereinbaren. Derartige Vorgesetzte – das ist Ihre Überzeugung – untergraben Ihre eigene Autorität. Als Chef muß man die Entscheidung in der Hand behalten und klar sagen, »was Sache ist«. Unmißverständliche Zielvorgaben, über die nicht weiter diskutiert werden kann, sind im Sinne der symbolischen Führung für die Mitarbeiter ein Zeichen dafür, wo oben und wo unten ist; zugleich erspart es Ihnen Zeit und unnützes Hinundhergerede. Immerhin arbeiten Sie in einer leistungsorientierten Organisation und nicht im basisdemokratischen Ortsverein irgendeiner linken Partei.

Geben Sie unmißverständliche Ziele vor und diskutieren Sie nicht darüber

8.5.9 Möglichst Irrelevantes für das Gesamtergebnis

Ihre Mitarbeiter müssen vielerlei erledigen; manches ist – darauf wurde bereits hingewiesen – wesentlich für das Geschäftsergebnis. Anderes muß zwar auch getan werden, hat aber eine sichtlich geringere Bedeutung. Auf diesem Felde aber sollten Sie Ihre Zielvorgaben formulieren. Dies hilft gegen den Übermut Ihrer Mitarbeiter. Haben sie präzise Ziele auf dem Gebiet ihrer Kernaufgaben, die für den Unternehmenserfolg zentral sind, so wird das Erreichen dieser Ziele sie allzu stolz und übermütig machen, was unter Umständen zu der Konsequenz führen könnte, daß sie eine Gehaltserhöhung fordern oder gar auf die Idee kommen könnten, an »Ihrem Stuhl zu sägen«. Das alles läßt sich vermeiden, wenn man es bei ihnen nur zu kleinen Erfolgserlebnissen kommen läßt.

Lassen Sie Ihren Mitarbeitern nur kleine Erfolgserlebnisse zukommen

8.5.10 Detaillierte Zwischenziele

Sie haben es bei Kollegen häufig erlebt, daß deren Mitarbeiter mit Methoden oder Ideen zu einem Ziel kommen wollen, die den Vorstellungen des Vorgesetzten nicht entsprachen. Diese Mitarbeiter glaubten in einem Akt völliger Selbstüberschätzung, daß Sie dies besser wüßten als Ihr Chef. Soweit werden Sie es in Ihrem Verantwortungsbereich nicht kommen lassen! Es ist so einfach, dies zu verhindern. Man sollte sich keineswegs darauf beschränken, Ergebnisziele zu formulieren. Dies

Gehen Sie ins Detail und geben Sie den Mitarbeitern möglichst exakte Zwischenziele vor

wäre nun wirklich eine geradezu sträfliche Vernachlässigung der Führungs-verantwortung. Man muß – das ist einfach eine Pflicht – sehr viel mehr ins Detail gehen und den Mitarbeitern möglichst exakte Zwischenziele vorgeben, die im optimalen Fall Schritt für Schritt den Weg zum Ergebnis kanalisieren. Die Vorteile für die Führungsaufgaben sind offensichtlich. Sie ersparen Ihren Mitarbeitern das Nachdenken und haben jederzeit im Blick, was in Ihrem Verantwortungsbereich geschieht. Außerdem können Sie sich nur auf diese Weise sicher sein, daß die Prozesse so ablaufen, wie es nach Ihrer langjährigen Erfahrung sein sollte.

8.5.11 Nur was verboten ist …

Führung muß der Kultur entsprechen, die in einer Gesellschaft vorherrscht. Auch die Unternehmenskultur ist ein Abbild der Landeskultur im kleinen.

Weisen Sie die Mit-arbeiter in erster Linie darauf hin, was sie nicht tun dürfen, was sie unbedingt vermeiden sollten

Deutschland ist stets gut damit gefahren, daß den Menschen ihre Grenzen aufgewiesen wurden. Nur linke Literaten konnten darüber spotten, indem Sie es als typisch deutsch kennzeichneten, daß den Revolutionären das Betreten der Rasenflächen verboten sei. Gerade eine derartige Kultur hat Auswüchse verhindert. So sind – dem Himmel sei Dank! – die Revolutionen von 1848 und 1919 in Deutschland sehr viel humaner und unblutiger verlaufen als etwa jene in Frankreich oder in Rußland. Verbote sorgen wie kaum etwas anderes für Ordnung. Berücksichtigen Sie dies bei Ihren Zielvorgaben. Weisen Sie die Mitarbeiter in erster Linie darauf hin, was Sie nicht tun dürfen, was Sie unbedingt vermeiden sollten.

8.5.12 Feedback vermeiden

Sie haben vor einiger Zeit in einem psychologischen Lehrbuch gelesen. Im Grunde halten Sie ja nicht viel von der Psychologie, weil sie alles relativiert und in Ihren Augen ein »Weichmacher« ist. Da ist Schuld plötzlich keine Schuld mehr, sondern das Ergebnis einer unglücklichen Kindheit, da wird Verständnis selbst für die schlimmsten Abartigkeiten und Perversionen gefordert, da wird endlosen Besprechungen der Vorzug vor klaren Anweisungen gegeben … Nein, nicht mit Ihnen. Aber dennoch sind Sie in diesem Buch auf etwas Interessantes gestoßen, den sogenannte »Zeigarnik-Effekt«. Da hatte doch tatsächlich eine experimentell arbeitende Psychologin nachgewiesen, daß Menschen sich sehr viel länger und besser an Dinge erinnern, die nicht abgeschlossen wurden, als an solche, die offensichtlich vollendet sind und sich so zu einer prägnanten Gestalt formen konnten. Sie haben daraus Ihre Lehre gezogen. Wenn ein Mitarbeiter ein Ziel verfolgt und Rückmeldung darüber erhält, daß er es erreicht hat, so ist die Sache für ihn erledigt. Er vergißt das Ganze, hat keinen Lerngewinn und qualifiziert sich nicht vertieft an der erledigten Aufgabe. Feedback ist so etwas wie ein Abschluß. Wird das erwartete Feedback nicht ausgesprochen, so bleibt Spannung bestehen; der Mitarbeiter grübelt nach, ob das Projekt in den Augen des Vorgesetzten wohl befriedigend abgeschlossen ist oder nicht. Die Sache beschäftigt ihn weiter, und er wird über längere Zeit gespannt warten, was sein Chef ihm zu sagen hat. Dieser aber schweigt.

Wird das erwartete Feedback nicht ausgesprochen, so bleibt Spannung bestehen; der Mitarbeiter grübelt nach, ob das Projekt in den Augen des Vorgesetzten wohl befriedigend abgeschlossen ist oder nicht

8.6   Mit jedem im Team einzeln

Vom legendären ehemaligen Fußball-Bundestrainer Sepp Herberger wird berichtet, daß er mit jedem Spieler der Mannschaft vor wichtigen Wettkämpfen einzeln sprach und diesem versicherte, die gesamte Spielplanung sei auf ihn, den Gesprächspartner, abgestimmt. Auf ihn setze er als Trainer. Mit dieser Methode führte Sepp Herberger seine Mannschaft zur Weltmeisterschaft.

Für das Team im Unternehmen läßt sich daraus lernen. Kann man nicht die alte Regel »Teile und herrsche!« darin erkennen? Wenn man jedem Ziele vorgibt, jedem seine Wichtigkeit verdeutlicht, dann wird Konkurrenz entfacht, dann gilt auch hier »Konkurrenz belebt das Geschäft« und der Wettkampf eines jeden mit jedem führt das Team zu einem hohen Ziel, ohne daß es nötig gewesen wäre, mit dem Team als Ganzem die Koordination zu diskutieren. Und falls auf diese Weise die Beziehungen der Teammitglieder zueinander leiden, so macht dies nichts; zumindest können Sie sich dann kaum gegen den Vorgesetzten verbünden.

Teile und herrsche!

8.7   Warum überhaupt beurteilen?

Sie wissen von vielen Tagungen und Kongressen, daß es in großen und zunehmend auch in mittleren Unternehmen üblich geworden ist, daß Vorgesetzte Ihre Mitarbeiter regelmäßig in einer standardisierten Form beurteilen und sodann mit diesen darüber sprechen. Sie hatten die Wirtschaft immer für ein System gehalten, im dem rationale, an wirtschaftlichen Kriterien orientierte Entscheidungen üblich sind. Wie aber konnte sich dann diese »Beurteilerei« durchsetzen? Wenn Sie bedenken, wieviel Zeit es kostet, sich über jeden Mitarbeiter Gedanken zu machen und diese Überlegungen zu Papier zu bringen, wieviel Zeit dadurch verschwendet wird, alle Vorgesetzte auf den Feldern der Beurteilung und der Gesprächsführung zu trainieren, dann können Sie eigentlich nur staunen. Ganz davon abgesehen, daß horrende Honorare für die Berater ausgegeben werden, die das Beurteilungsverfahren entwickeln sollen.

Und warum das Ganze?

Sie wissen auch ohne diesen ganzen Aufwand, von welchem Ihrer Mitarbeiter Sie was zu halten haben; Sie kennen Ihre »Pappenheimer«. Und warum sollen

Sie wissen auch ohne diesen ganzen Aufwand, von welchem Ihrer Mitarbeiter Sie was zu halten haben, Sie kennen Ihre »Pappenheimer«

Sie eigentlich mit diesen darüber reden? Bringt das was? Sie haben ja nicht die Möglichkeit, die Guten zu befördern und die Schwachen auf die Straße zu setzen. Da sind einerseits die flacherwerdenden Pyramiden und andererseits das Arbeitsrecht dagegen. Also, viel Aufwand für nichts. Man sollte es besser lassen!
Jetzt aber soll – eine Entscheidung der Unternehmensspitze, die sich das sicher von irgendeinem Berater hat aufschwatzen lassen – in Ihrem Hause die Beurteilung eingeführt werden. Also wenn schon, dann …

8.8   Wenn beurteilen, dann durch den Boß

Alles mögliche hört man von Aufwärtsbeurteilung, Gleichgestelltenbeurteilung, Beurteilung durch den Kunden, wechselseitigem Feedback, 360 Grad Beurteilung und anderen modischen Schlagworten. Vergißt man denn, daß ein

Was also zählt und auch weiterhin zählen soll, das ist der Blick von oben!

Unternehmen klar hierarchisch gegliedert ist? Wer steuert denn die Prozesse? Es ist die Hierarchie! Wenn also schon beurteilt werden soll, so gehört dies in die Hand des Vorgesetzten. Auf das Bild, das er vom Mitarbeiter hat, kommt es an; er muß auf der Grundlage dieses Bildes seine personellen Entscheidungen treffen. Außerdem zeigt diese Form der Beurteilung den Mitarbeitern deutlich, wie die Hierarchie »gestrickt« ist. Es geht von oben nach unten, und so soll es ja schließlich bleiben. Was also zählt und auch weiterhin zählen soll, das ist der Blick von oben!

8.9 »Viele Köche verderben den Brei«

Aufwärtsbeurteilung, 360 Grad Beurteilung ...! Wenn Sie bedenken, wieviel Zeit ein Abteilungsleiter damit vergeudet, seine sieben Mitarbeiter zu beurteilen ... Wenn Sie sich jetzt vorstellen, er soll auch noch seinen Hauptabteilungsleiter beurteilen, seine Kollegen ebenfalls, und er soll außerdem von all diesen Personen und darüber hinaus noch von den Kunden beurteilt werden, und all dies soll dann auch noch ausführlich besprochen werden, dann kostet das annähernd die Hälfte der Arbeitszeit. Was heißt hier Arbeitszeit? Dann wird eben nicht mehr gearbeitet, sondern das Ganze wird zur Quasselzeit. Und der Effekt? Nur Verwirrung! Der eine sieht mich so, der andere so und der dritte wiederum anders. Die einen mögen mich, anderen wiederum bin ich gleichgültig, und die dritten lehnen mich ab. All das kann ich mir ohnehin denken. Und was soll ich machen, wenn ich es genau weiß? Verändern kann man sich in seinem Verhalten langfristig ohnehin nicht, und wenn man es doch in bestimmten Punkten tut, so gefällt es den einen, und die anderen lehnen es ab. Nein, gegen solche Tendenzen sollte man im eigenen Interesse und im Interesse des Unternehmens Stellung beziehen.

Der eine sieht Sie so, der andere so, und der dritte wiederum anders; all das können Sie sich ohnehin denken

8.10 Viel hilft viel

Sie hatten vor Jahren in einem Unternehmen, in dem Sie früher tätig waren, einmal einen Beurteilungsbogen kennengelernt. Den fanden Sie eigentlich nicht schlecht. Da standen wichtige Eigenschaftsbegriffe wie: Intelligenz, Kooperationsfähigkeit, Belastbarkeit, Fleiß u.ä.m. Es waren annähernd 50 Begriffe, die jeder aus seiner Muttersprache kennt und die klar verdeutlichen, was Sache ist. Und hinter jedem dieser Eigenschaftsbegriffe stand eine Skala von 1 bis 7. Sie konnten Ihre Wertungen eintragen, die Zahlen über alle Begriffe addieren und hatten so eine klare und präzise Gesamtbewertung des Mitarbeiters. Das war zwar ziemlich viel Aufwand, führte aber zu eindeutigen Wertungen.

Jetzt ist in Ihrem Hause ein ganz anderes Verfahren im Gespräch. Es soll zu einer Reduktion auf maximal zehn Beurteilungsaspekte kommen, und darin sind keine Eigenschaften vorgesehen, sondern es sollen Verhaltensweisen des Mitarbeiters beschrieben werden. Was soll das? Läßt sich der Mensch auf zehn Aspekte reduzieren? Wird dies seiner Komplexität gerecht? Diese Personalleute sollten einmal Romane renommierter

Hoffen Sie, daß der Personalvorstand diesen unsinnigen Vorschlag vom Tisch wischt

Schriftsteller lesen oder ins Theater gehen, dann würden Sie etwas mehr von der Vielschichtigkeit des Menschen begreifen! Und die Verhaltensschilderung? Was soll man mit denen anfangen? Jeder verhält sich einmal so und ein einmal so und ein drittes Mal wieder anders. Alle Klarheit und Eindeutigkeit geht verloren, dies um so mehr, als beim neuen Verfahren keine Punkte mehr addiert werden dürfen. Also ist das Ganze einerseits zuviel und andererseits zuwenig. So kann man nicht arbeiten; Sie hoffen, daß der Personalvorstand diesen unsinnigen Vorschlag vom Tisch wischt.

8.11   Bloß nichts erproben!

Wenn schon ein neues Beurteilungsverfahren eingeführt wird, so sollen Fachleute, die so etwas schließlich studiert haben, dieses entwickeln, und dann sollte es durch Vorstandsbeschluß im Unternehmen implementiert werden. Bloß

Bloß keine Projektgruppen, keine Testläufe, keine Erfahrungen sammeln

keine Projektgruppen, keine Testläufe, keine Erfahrungen sammeln. Dadurch wird nichts besser, aber alles wird zerredet. Irgendwelche Schwachpunkte gibt es ja bei jedem personalpolitischen Instrument. Der eine entdeckt dies, der andere das, und wenn man an diesen Stellen etwas ändert, zeigen sich zwei neue Probleme. Nein, durch die Testerei und Diskutiererei wird das Verfahren schlechtgeredet. Alle ärgern sich, daß es dennoch eingeführt wird, und man hat für nichts und wieder nichts gute Zeit vertan.

8.12   Schweigen ist Gold ...

Reden Sie nicht mit Ihren Mitarbeitern über das Bild, das Sie sich von ihnen gemacht haben

Es ist mühselig genug, das Bild, das man von einem Mitarbeiter hat, zu Papier zu bringen. Noch mühseliger und zeitaufwendiger ist es dann freilich, mit jedem Mitarbeiter über das zu reden, was man sich notiert hat, und ihm das auch noch zu begründen. Dabei geht es nicht nur um die Zeitverschwendung, sondern auch darum, daß man letztlich durch die Gespräche in erster Linie Porzellan zerbricht.

8.12.1   Streit im Team

Wenn man mit jedem seiner Mitarbeiter unter vier Augen spricht, so sitzen die ja bald hinterher beim Bier zusammen und erzählen sich wechselseitig, was sie im Rahmen dieser Gespräche gehört haben. Dabei ist »gehört haben« noch ein schmeichelhafter Ausdruck. Man muß wohl sagen, was sie geglaubt haben zu hören. Das ist alles Verzerrung, schiefe Darstellung und trägt dann schließlich nur Streit ins Team. »Was, dir hat er das gesagt, bei mir klang das aber ganz anders …!« und ähnliches mehr, so lauten dann die Argumentationen. Dann ist bald der eine beleidigt, der andere fühlt sich ungerecht behandelt, und der dritte glaubt nun, er sei ein »Kronprinz«. Nein, derartige Gespräche begünstigen lediglich die Gerüchtebildung. So etwas muß nicht sein.

Lassen Sie alle Mitarbeiter im unklaren und verhindern Sie damit Streit im Team

8.12.2 Klar sagen, was Sache ist

Anscheinend wird es kaum möglich sein, an den Gesprächen vorbeizukommen. Anscheinend muß das sein, und bedauerlicherweise ist auch die Mehrheit Ihrer Kollegen dafür. Wenn es aber schon sein muß, so sollte man eine klare Linie verfolgen. Man hat sein Bild vom Mitarbeiter, und dies ist immerhin das Bild, das ein erfahrener Vorgesetzter sich macht. Dies gilt es zu verkünden. Es ist letztlich ein Angriff auf die Autorität des Vorgesetzten, wenn daran Zweifel angemeldet werden und das ganze Gespräch darauf hinausläuft, daß jede Vorgesetztenaussage erst begründet, diskutiert und schließlich gar modifiziert werden soll. So bricht die Führung zusammen.

Man hat sein Bild vom Mitarbeiter, und dies ist immerhin das Bild, das ein erfahrener Vorgesetzter sich macht

Was in derartigen Gesprächen geschieht, ist dann Modell für sämtliche Anweisungen, die man gibt. Es geht ja schließlich nicht nur um die Sache, sondern es soll symbolisch die klare Ordnung im Unternehmen stabilisiert werden und zu dieser Ordnung gehört unstrittig das Weisungsrecht des Vorgesetzten. Selbstverständlich wissen auch Sie, daß es gelegentlich Sachverhalte gibt, über die man geteilter Meinung sein kann. Führung ist ja ein Handeln in Unsicherheit. Um jetzt allerdings nicht ständig von »des Gedankens Blässe angekränkelt« zu sein, heißt es auch bei Unsicherheit zu handeln. Führung in der Wirtschaft ist schließlich keine Grundlagenforschung. Es muß also zweifelsfrei gelten: »Der Ober sticht den Unter«, sonst geht doch nichts voran. Also: Klar sagen, was Sache ist, keine weitere Diskussion!

Der Ober sticht den Unter

8.12.3 Hättest du doch geschwiegen …

Es ist ja bekannt, daß fast jeder gerne etwas Positives über sich hört. Schildert man also die Stärken eines Mitarbeiters, so wird dieser kaum widersprechen,

Sprechen Sie keine Schwächen an

sondern sich die Ausführungen selig lächelnd anhören. Was aber, wenn man die Schwächen anspricht? Ändern können sich erwachsene Menschen sowieso nicht. Sich

vom Mitarbeiter trennen, ihn intern versetzen, gelingt fast niemandem. Was also ist die Konsequenz? Der Mitarbeiter ist beleidigt, fühlt sich ungerecht beurteilt, ist frustriert und läßt in seiner Leistung nach. Außerdem ist die Beziehung zum Vorgesetzten belastet und das Klima in der Arbeitsgruppe gestört. Hätte man geschwiegen, wäre das alles nicht passiert.

8.13 Wer geht, wer bleibt?

Das also waren und sind jetzt Ihre Prinzipien im Umgang mit Ihren Mitarbeitern, und dies sollen sie auch in Zukunft sein. Es ist nur ein Ausschnitt, manches mehr in diesem Sinne könnten Sie noch berichten. Und tatsächlich, Sie kommen den zuvor genannten Zielen näher, Sie stärken Ihre Konkurrenz und

Es sind vor allem die Starken, die Leistungsträger, diejenigen, die besondere Initiative zeigen und auf eine für sie unbefriedigende Situation reagierten, die gehen

erleben so neue Herausforderungen. Viele Ihrer Mitarbeiter gehen, Sie entdecken sie eines Tages bei den Mitbewerbern wieder.

Wer aber geht? Es sind vor allem die Starken, die Leistungsträger, diejenigen, die besondere Initiative zeigen und auf eine für sie unbefriedigende Situation reagierten, z. B. in dem sie sie zu ändern suchten oder mit einer Kündigung die Konsequenz ziehen. Andere bleiben, d. h., sie bleiben nur äußerlich. Innerlich kündigen sie, und die inne-

re Kündigung läßt sich ja so interpretieren, daß sich jemand endgültig dazu entschlossen hat, nie mehr zu kündigen.

Auch bei den Mitbewerbern gibt es Vorgesetzte, die haben ähnliche Führungsgrundsätze wie Sie. Auch diese werden gute Mitarbeiter vertreiben!

Sie hatten mit Ihren Maßnahmen Erfolg. Die Konkurrenz ist wirklich erstarkt, und Sie können sich mit Ihrem in Resignation und Apathie versunkenen Team dagegen kaum noch wehren. Die Existenz Ihrer Arbeitseinheit steht auf dem Spiel. Es gibt kaum noch Hoffnung, aber doch … ein kleiner Hoffnungsschimmer bleibt. Auch bei den Mitbewerbern gibt es Vorgesetzte, die haben ähnliche Führungsgrundsätze wie Sie. Auch diese werden gute Mitarbeiter vertreiben. Vielleicht weiß der eine oder andere von diesen nicht, wie Sie führen, und wird guten Glaubens zu Ihnen kommen. Das ist dann die letzte Chance, die Ihnen bleibt.

Wenn Sie dann nicht wollen, daß das gleiche noch einmal passiert, dann vergessen Sie dieses 8. Kapitel und lesen Sie sorgfältig die Kapitel 1–7 noch einmal.

Literaturempfehlungen zum Kapitel 8

Dörner, D. (1989): Logik des Mißlingens. Strategisches Denken in komplexen Situationen. Reinbek: Rowohlt.
Watzlawick, P. (1996): Anleitung zum Unglücklichsein
(14. Aufl.). München: Piper.

LITERATURVERZEICHNIS

Antons, K. (1998): Praxis der Gruppendynamik (7. Aufl.). Göttingen: Hogrefe.

Augustin, S. (1996): Der Mensch als Erfolgsfaktor für den Wettbewerb. In: A. Grütz (Hrsg.), Jahrbuch elektrotechnik '96 (S. 17–27). Berlin/Offenbach: VDE Verlag GmbH.

– (1998): Vorlesung »Logistik und Qualitätsmanagement«. Montanuniversität Leoben.

Bergander, W. (1999). Projekterfolg und Teamrollen – Teamanalysen und Interplace. In: PM-Praxis 1 praxisorientierter Anwendertag zum Projektmanagement, VDI-Berichte; 1490 (S. 105–116). Düsseldorf: VDI.

Berkel, K. (1984): Konfliktforschung und Konfliktbewältigung. Berlin: Duncker & Humblot.

Betzl, K. (1996): Entwicklungsansätze in der Arbeitsorganisation und aktuelle Unternehmenskonzepte – Visionen und Leitbilder. In: H.-J. Bullinger und H. J. Warnecke (Hrsg.), Neue Organisationsformen in Unternehmen (S. 29–64). Berlin/Heidelberg: Springer.

Bihl, G. (1995): Werteorientierte Personalarbeit. München: Beck.

Bischof, N. (1989): Das Rätsel Ödipus. Die biologischen Wurzeln des Urkonflikts von Intimität und Autonomie. München: Piper.

Bonner Institut für Kommunikation. Studie. 1996.

Comelli, G. & **Rosenstiel**, L. v. (1995): Führung durch Motivation. Mitarbeiter für Organisationsziele gewinnen. München: Beck.

Csikszentmihalyi, M. (1992): Flow. Das Geheimnis des Glücks. Stuttgart: Klett

Domsch, M. (1999): Vorgesetztenbeurteilung. In: L. v. Rosenstiel, E. Regnet & M. Domsch (Hrsg.), Führung von Mitarbeitern (S. 491–500) (4. Aufl.). Stuttgart: Schäffer-Poeschel.

Doppler, K. (1992): Kommunikation als Schlüsselfaktor der Unternehmensentwicklung, Sonderdruck aus der Zeitschrift Organisationsentwicklung 3/92.

Dörner, D. (1989): Logik des Mißlingens. Strategisches Denken in komplexen Situationen. Reinbek: Rowohlt.

Drucker, P. F. (1974): Neue Management-Praxis. Erster Band. Aufgaben. Düsseldorf/Wien: Econ.

Fecher, G. (1995): Vorgesetztenbeurteilung in Deutschland – eine Bestandsaufnahme. In: K. Hofmann, F. Köhler & V. Steinhoff (Hrsg.), Vorgesetztenbeurteilung in der Praxis (S. 15–19). Weinheim: Beltz.

Fengler, J. (1998): Feedback geben. Strategien und Übungen. Weinheim: Beltz.

Guzzo, R. A., **Jette**, R. D. & **Katzell**, R. A. (1985): The effects of psychologically based intervention programs on worker productivity: A meta-analysis. Personnel Psychology, 38, 275–291.

Hofmann, K. (1995): Gleichgestelltenbeurteilung: Methode der Wahl bei Gruppenarbeit. In: K. Hofmann, F. Köhler & V. Steinhoff (Hrsg.), Vorgesetztenbeurteilung in der Praxis (S. 205–216). Weinheim: Beltz.

Jochum, E. (1987): Gleichgestelltenbeurteilung. Stuttgart: Poeschel.

Kaschube, J. (1997): Ziele von Führungsnachwuchskräften. Berufliche Entwicklung nach der Einarbeitung. München: Hamp.

Kiefer, B.-U. (1997): Noch einmal: Personalentwicklung – quo vadis? In: J. Freimuth, J. Haritz & B.-U. Kiefer (Hrsg.), Auf dem Weg ins Wissensmanagement (S. 413–435). Göttingen: Verlag für Angewandte Psychologie.

Kirsch, W. (1997): Strategisches Management: Die geplante Evolution von Unternehmen. München: Kirsch.

Lattmann, C. (1975): Leistungsbeurteilung als Führungsmittel. Bern: Haupt.

Luft, J. (1970): Einführung in die Gruppendynamik. Stuttgart: Klett.

Mentzel, W. (1997): Unternehmenssicherung durch Personalentwicklung. Mitarbeiter motivieren, fördern und weiterbilden (7. Aufl.). Freiburg i. Br.: Rudolf Haufe.

Nerdinger, F. W. (1995): Motivation und Handeln in Organisationen. Stuttgart: Kohlhammer.

Neuberger, O. (1979): Rituelle Selbsttäuschung. Kritik der irrationalen Praxis der Personalbeurteilung. Problem und Entscheidung, 23, S. 34–57.

– (1980): Das Mitarbeitergespräch. Goch: Bratt.

– (1994): Personalentwicklung (2. Aufl.). Stuttgart: Enke.

Radtke, P. und **Wilmes**, D. (1999): European Quality Award – Die Kriterien des EQA umsetzen. München/Wien: Carl Hanser.

Reiß, M., **Rosenstiel**, L. v. & **Lanz**, A. (Hrsg.) (1997): Change Management. Stuttgart: Schäffer-Poeschel.

Rollinger, G. & **Fink**, G. (1997): Was bringt das Aufwärts-Feedback? In: Personalführung, 2, S. 452–457.

Rosenstiel, L. v. (1987). Was »bringen« partizipative Veränderungsstrategien? In: L. v. Rosenstiel, H. E. Einsiedler, R. K. Streich & S. Rau (Hrsg.), Motivation durch Mitwirkung (S. 12–38). Stuttgart: Schäffer-Poeschel.

– (1991): Vorgesetzte lernen viel durch Aufwärtsbeurteilung. In: io Management Zeitschrift, 60, 9, S. 56–58.

– (1994): In: L. v. Rosenstiel, T. Lang, & E. Sigl (Hrsg.), Fach- und Führungsnachwuchs finden und fördern. Stuttgart: Schäffer-Poeschel.

– (1999): Anerkennung und Kritik als Führungsmittel. In: L. v. Rosenstiel, E. Regnet & M. Domsch (Hrsg.), Führung von Mitarbeitern (S. 243–250). Stuttgart: Schäffer-Poeschel.

– (1996). Motivation im Betrieb (8. Aufl.). Leonberg: Rosenberger.

– (1999): Führung von Mitarbeitern. In: L. v. Rosenstiel, E. Regnet, & M. Domsch (Hrsg.), Handbuch für erfolgreiches Personalmanagement. Stuttgart: Schäffer-Poeschel.

– (2000): Grundlagen der Organsiationspsychologie. (4. Aufl.). Stuttgart: Schäffer-Poeschel.

Rüttinger, B. (1980): Konflikt und Konfliktlösen. Goch: Bratt.

Saul, S. (1995): Führen durch Kommunikation (2. Aufl.). Weinheim: Beltz

Schick, S. (1999). Problemfelder der internen Kommunikation. Vortragsunterlagen Konferenz »Controlling der internen Kommunikation«. Management Circle. 25. und 26. August 1999 in Frankfurt am Main.

Schöning, H. (1998). Vom Assessment Center zum Competencies Review. In: Personalführung, 2, S. 36–41.

Schuler, H. (1980): Das Bild vom Mitarbeiter. Goch: Bratt.

– (1989): Leistungsbeurteilung. In: E. Roth (Hrsg.), Organisationspsychologie (Enzyklopädie der Psychologie; Bd. 3, S. 399–430). Göttingen: Hogrefe.

Selbach, R. & **Pullig**, K. (Hrsg.) (1992): Handbuch Mitarbeiterbeurteilung. Wiesbaden: Gabler.

Siemens AG. Siemens Qualifizierung und Training (SQT). Seminarunterlage »Change Management«. München 1999.

– Zentralstelle Einkauf und Logistik (EL). Interne Veröffentlichung. München 1999.

Stehle, W. (1999): Mitarbeiterbeurteilung. In: L. v. Rosenstiel, E. Regnet & M. Domsch (Hrsg.), Führung von Mitarbeitern (S. 205–214) (4. Aufl.). Stuttgart: Schäffer-Poeschel.

Steinhoff, V. (1995): Vorgesetztenbeurteilung: Grundlagen – Philosophie – Anwendung. In: K. Hofmann, F. Köhler & V. Steinhoff (Hrsg.), Vorgesetztenbeurteilung in der Praxis (S. 7–15). Weinheim: Beltz.

Theis & Partner, Assessment Center-Unterlage »Beobachterbogen«. Herrsching 1998.

Vaassen, B. (1996): 360 Grad Feedback: ein Beurteilungssystem für die Teamkultur. In: io Management Zeitschrift, 65, 5, S. 59–61.

Watzlawick, P. (1996): Anleitung zum Unglücklichsein (14. Aufl.). München: Piper.

Wohlgemuth, A. (Hrsg.) (1995): Moderation in Organisationen. Problemlösungsmethoden für Führungsleute und Berater. (2. Aufl.). Bern, Stuttgart, Wien: Haupt.

Womack, J. et al. (1992): Die zweite Revolution in der Autoindustrie. Konsequenzen aus der weltweiten Studie aus Massachusetts Institute of Technology (5. Aufl.). Frankfurt am Main: Campus.

Zeitz, A. (1998): Das Survey-Feedback als Führungsinstrument zur Gestaltung strategiegeleiteter Veränderungsprozesse in großen Organisationen. (Arbeitswissenschaften in der betrieblichen Praxis, Bd. 10). Frankfurt am Main: Europäischer Verlag der Wissenschaften.

Zimbardo, P. (1995): Psychologie (6. Aufl.). Berlin: Springer.

RÜCKBLICK UND AUSBLICK

Für Rückfragen und Rückmeldungen:

Ausblick

REGISTER

Bitte beachten Sie folgende Seiten

224 Seiten, ISBN 3-7844-7376-8

Michael Gollwitzer
Rudi Karl

Logistik-Controlling

Der Konkurrenz
immer einen Schritt voraus

Im Kampf um Marktanteile ist Logistik-Controlling der entscheidende Faktor: Wie man diesen im gesamten Geschäftsprozess einsetzt und optimiert, wird hier übersichtlich und nachvollziehbar vorgestellt.

Wirtschaftsverlag
Langen Müller/Herbig

240 Seiten, ISBN 3-7844-7404-7

Norbert Herrmann

Konsens-Management

Management und Mitarbeiter:
Ein unschlagbares Team

Nur durch qualifizierte Mitarbeiterführung kann ein Unternehmen die hohen Anforderungen der Zukunft bewältigen. In diesem Buch finden Sie die besten Lösungssätze und Strategien, damit auch in Ihren Unternehmen eine kreative Atmosphäre geschaffen und optimale Ergebnisse erzielt werden.

Wirtschaftsverlag
Langen Müller/Herbig

312 Seiten, ISBN 3-7844-7403-9

Walter Tritt

Service-Management

Faktor Dienstleistung:
Der richtige Service entscheidet

In einem Markt, in dem sich Hersteller, Produkte und Preise immer ähnlicher werden, wird Service zum ausschlaggebenden Faktor bei der Kaufentscheidung. Der Autor stellt eine Vielzahl profitabler und zukunftsweisender Aspekte rund um das Produkt »Service« vor.

**Wirtschaftsverlag
Langen Müller/Herbig**